U0691307

智能网联汽车技术理论研究

李建兴◎著

中国原子能出版社

图书在版编目（CIP）数据

智能网联汽车技术理论研究 ／ 李建兴著． -- 北京 ：
中国原子能出版社， 2022.7

ISBN 978-7-5221-2017-1

Ⅰ．①智… Ⅱ．①李… Ⅲ．①汽车－智能通信网－研
究 Ⅳ．① U463.67

中国版本图书馆 CIP 数据核字〔2022〕第 126289 号

智能网联汽车技术理论研究

出版发行	中国原子能出版社（北京市海淀区阜成路 43 号　100048）
责任编辑	杨晓宇　王　蕾
责任印制	赵　明
印　　刷	北京天恒嘉业印刷有限公司
经　　销	全国新华书店
开　　本	787 mm×1092 mm　　1/16
印　　张	16.5
字　　数	310 千字
版　　次	2022 年 7 月第 1 版　　2022 年 7 月第 1 次印刷
书　　号	ISBN 978-7-5221-2017-1　　定　价 72.00 元

版权所有　侵权必究

作者简介

　　李建兴　1970 年生，哈尔滨工业大学车辆工程专业硕士毕业，目前为宁波城市职业技术学院副教授，主要研究方向为汽车新技术及汽车使用技术。副教授、长期从事汽车相关专业教学和研究工作，主讲的课程主要包括《汽车车载总线系统检修》《汽车发动机电控系统检修》《汽车整车系统检修》等专业核心课程。发表了《高职院校项目课程考核方式的改革与实践》《并联式 (PHEV) 驱动系统能量流分析》《电子诊断在汽车维修技术中的应用实践》等各类学术论文 30 余篇，主持了《汽车电器素材库的开发》《宁波车联网发展现状、问题及需求调研》《汽车专业"亦工亦读、带薪学习"现代学徒制人才培养模式研究与实践》等各类项目共计 10 余项。

前　言

　　智能网联汽车，是指车联网与智能车的有机联合，是搭载先进的车载传感器、控制器、执行器等装置，并融合现代通信与网络技术，实现车与人、路、后台等智能信息交换共享，实现安全、舒适、节能、高效行驶，并最终可替代人来操作的新一代汽车。

　　随着时代的发展，生活的方方面面都向着智能化转变，智能网联汽车也逐渐进入人们的生活，该技术以高度自动化的汽车技术为基础，在汽车中合理布置更多的传感器、控制装置和信息传输设备，实现对汽车运行状态的更好掌控，提高汽车驾驶的便捷性。与此同时，将汽车的车机系统与互联网连接，汽车的运行数据、定位信息能够更好地与交通情况、天气数据、道路状况相结合，提升汽车行驶过程的安全性与合理性。

　　本书以章节布局，共分为八章。第一章是绪论，主要介绍了智能网联汽车概述、产生以及发展等；第二章对智能网联汽车智能传感器技术做了相对详尽的分析，智能网联汽车通过先进传感器对环境进行感知，特别是先进驾驶辅助系统，以传感器采集的信息作为系统的输入，传感器的质量和性能直接影响先进驾驶辅助系统的功效；第三章介绍了智能网联汽车无线通信技术，它是智能网联汽车实现的基础，它直接决定了信息交互的实时性和有效性，用于智能网联汽车的无线通信技术有短距离无线通信技术和远距离无线通信技术；第四章是智能网联汽车网络技术，智能网联汽车是智能汽车与互联网相结合的高新技术产品，它通过集成多种通信技术将汽车内部各部件、汽车内部与外部之间连接成网络，形成智能网联汽车系统；第五章是智能网联汽车环境感知技术，环境感知技术是智能网联汽车关键技术之一，它是通过安装在智能网联汽车上的传感器或自组织网络，对道路、车辆、行人、交通标志、交通信号灯等进行检测和识别的技术，主要应用于先进驾驶辅助系统，如自适应巡航控制系统、车道偏离报警系统、道路保持辅助系统、汽车并线辅助系统、自动刹车辅助系统等，保障智能网联汽车安全、准确到达目的地；第六章主要从智能网联汽车导航定位技术进行分析，智能网联汽车需要通过定位技术准确感知自身在全局环境中的相对位置以及所要行驶的速度、方向、路径等信息；第七章是智能网联汽车驾驶辅助技术，先进驾驶辅助系统是智能网联汽车的重要组成部分，它除了帮助持续改进在驾驶过程中的安全性和舒适性以外，同时也在不断实现驾驶行为的最优化，如经济驾驶和智能化车流控制，随着先进驾驶辅助系统技术的快速发展，将帮助车辆逐步实现自动化驾驶，并最终达到无人驾驶的目标；第八章是智能网联汽车安全技术，主要介绍了汽车安全技术、主动安全技术以及被动安全技术等内容。

本书在撰写过程中，参考、借鉴了大量优秀著作与部分学者的理论与作品，在此一一表示感谢。由于作者精力有限，加之行文仓促，书中难免存在疏漏与不足之处，望专家、学者及广大读者批评、指正，以使本书更加完善。

目　录

第一章 绪论

第一节 智能网联汽车概述

智能网联汽车（Intelligent Connected Vehicle，ICV）是指在网络环境下用计算机技术、信息技术和智能控制技术等装备起来的汽车，或者可以说是有着汽车外壳兼顾汽车性能的移动机器人。

智能网联汽车是在传统汽车的基础上融入了智能化、自动化、电动化以及互联网等技术的新一代智能车辆。"传感器＋高精地图＋高级辅助驾驶技术（ADAS）"＋"车联网"是目前被业内所认定的"最靠谱的智能网联汽车方案"。传感器是智能网联汽车的"眼睛"，用来观察行驶时环境的动态变化；高精度地图为汽车提供全局视野，尤其擅长预告检测范围外的道路情况，它始终处于最新版本并下发至车辆，保证智能网联汽车可以与周边环境保持实时同步的更新状态；ADAS 辅助实现部分自动驾驶；车联网保证传感器数据更新上传。

智能网联汽车包含硬件和软件两大部分。

硬件部分。智能硬件是实现智能网联的基础。通过智能感知设备对周边环境进行信息采集，由植入深度学习算法的芯片处理器进行决策分析，通过控制执行设备对芯片处理器做出的决策实施执行。人机交互设备属于汽车内部的信息采集设备，通过交互设备接收驾乘者的指令，并提供导航和车内娱乐等服务。

一辆完整的智能网联汽车通常需要配置的主要智能零部件包括激光雷达、超声波传感器、测距传感器、GPS 定位装置、前视摄像头、毫米波雷达以及（内置）计算机系统（担任系统平台）等。

软件部分。深度学习算法、云服务、车联网、系统平台以及人机交互等是人工智能的核心技术，也是实现智能网联的核心技术。地图导航系统是智能网联发展的前提，能够增加智能网联汽车收集外部地理位置信息的完整度。娱乐通信生活服务内容则能够大大丰富智能网联汽车生活，满足消费者娱乐、社交及办公等需求。

第二节　智能网联汽车的产生

实现智能网联是人类一直以来的追求。在军事应用需求的推动下，智能网联车辆技术得到了不断发展和完善。

1956—1977年，美国无线电公司、通用公司、美国斯坦福大学研究所和英国道路研究实验室均有利用导向装置或传感器引导的自动驾驶测试车辆诞生。

在我国，1980年国家确立了"遥控驾驶的防核化侦察车"项目，哈尔滨工业大学、沈阳自动化研究所和国防科技大学共同参与了该项目的研究制造。"八五"期间，由北京理工大学、国防科技大学等五家单位联合研制成功了ATB-1（Autonomous Test Bed-1）智能网联汽车，这是我国第一辆能够自主行驶的测试样车，其行驶速度可以达到21 km/h。ATB-1的诞生标志着中国智能网联汽车正式起步并进入探索期，智能网联汽车的技术研发正式启动。

1984年之后，国外有多所企业和大学展开了对智能网联汽车技术的研究。包括美国卡内基梅隆大学、慕尼黑联邦国防军大学、奔驰和意大利帕尔马大学视觉实验室。其中1998年的ARGO项目（意大利帕尔马大学视觉实验室Vislab在EUREKA资助下完成的项目）利用立体视觉系统和计算机制定的导航路线进行了2000 km的长距离试验，其中949 km的路程使用自主驾驶，平均时速为90 km/h，最高时速达到123 km/h。

在2000年之前，美国卡内基梅隆大学的机器人研究所就研制了NavLab系列智能车辆，包括NavLab-1系统、NavLab-5系统和NavLab-11系统；意大利帕尔马大学开展了ARGO项目，我国有关部委"八五"和"九五"计划支持的"ATB系列地面机器人"，都代表了20世纪90年代国内智能网联汽车技术研究领域的先进水平。

第三节　智能网联汽车的发展

21世纪以来，美国、英国和德国等西方发达国家在智能网联汽车的控制和商用化方面取得了突破性进展。2009年，谷歌在DARPA（美国国防先进研究项目局）的支持下，开始了自己的智能网联汽车项目。谷歌通过一辆改装的丰田普锐斯在太平洋沿岸行驶了14万英里，历时一年多。许多在2005—2007年参与工作研究的DARPA工程师都加入了谷歌的团队，并且使用了视频系统、雷达和激光自动导航。2010年，Vislab团队（就是当年的ARGO项目团队）开启了自动驾驶汽车的洲际行驶。四辆自动驾驶汽车从意大利帕尔马出发，穿越 9 个国家，最后成功到达中国上海。整个期间 VisLab 团队面对了超过 1.3 万 km 的日常驾驶环境挑战。以制造业闻名的德国，汽车制造商与高等院校研究院合作共同开发了智能网联汽车。目前，欧盟设立了 Cybercars 智能网联汽车研究项目用来推动欧盟成员国之间的研究信息共享。2013 年，奥迪、福特、沃尔沃、日产和宝马等传统汽车制造厂商纷纷布局智能网联汽车，以 nuTonomy 和 Zoox 为代表的创业公司纷纷入局智能网联汽车领域。2015 年特斯拉推出了半自动驾驶系统 Autopilot。2016 年，Uber 智能网联汽车在 Uber 先进技术中心正式上路测试，通用汽车收购了 Cruise Automation，正式进入智能网联领域。

据汤森路透知识产权与科技最新报告显示，在 2010—2015 年，与汽车智能网联技术相关的发明专利超过 22 000 件。目前占据领先地位的依然是老牌汽车制造商，而非硅谷科技公司。丰田、博世、电装、现代、通用和日产等汽车制造业巨头成为智能网联汽车技术的领导者。丰田公司在 5 年间一共获得了超过 2000 个智能网联技术发明专利。在全球智能网联技术创新排名前 20 强的企业中，有 11 家来自亚洲。

我国也从 20 世纪 80 年代开始进行智能网联汽车技术的研究，1992 年国防科技大学成功研制出我国第一辆智能网联汽车。2011 年 7 月 14 日，红旗 HQ3 首次完成了从长沙到武汉 286 km 的高速全程智能网联试验，实测全程自主驾驶平均时速 87 km，创造了我国自主研制的智能网联汽车在复杂交通状况下自主驾驶的新纪录。这标志着我国智能网联汽车在复杂环境识别、智能行为决策和控制等方面实现了新的技术突破。近年来，上汽、广汽、吉利和奇瑞等汽车公司开始开展智能网联汽车技术的开发。百度、图森和小马智行等新兴的科技公司也加入智能网联汽车行业，研究智能网联系统。

经过不断的发展与革新，智能网联汽车正逐渐成为现实。智能汽车有两个发展方向：智能化和网联化。

智能网联汽车是沿智能化方向发展的汽车领域中最热门的技术，这种实现了该技术的自主式智能汽车（图 1-1）是一种基于车载装置，像人一样具有环境感知与决策控制能力的汽车。而另一种沿网联化方向发展的智能汽车则成为网联式智能汽车，如图 1-2 所示。网联式智能汽车是一种搭载了先进的车载传感器、控制器、执行器，融合现代通信与网络技术，使车辆具备远近程环境感知、智能决策与自主控制功能，可实现安全、节能、舒适行驶的新一代智能汽车。

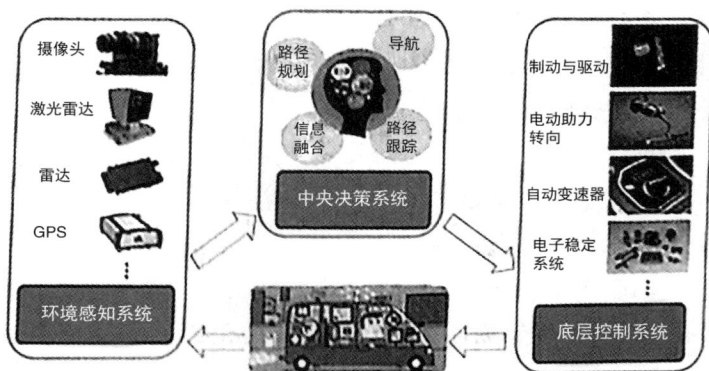

图 1-1　自主式智能汽车

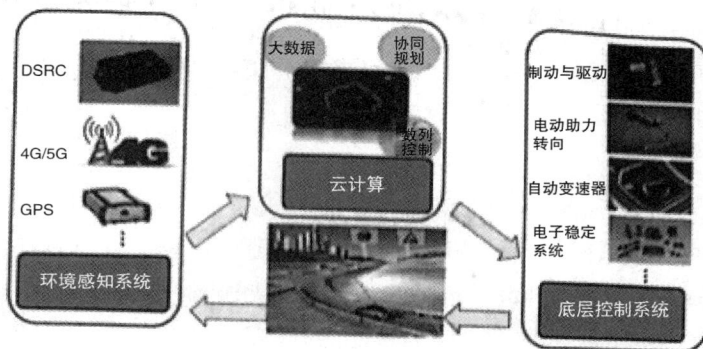

图 1-2　网联式科能汽车

第四节　智能网联汽车的关键技术

智能网联汽车的关键技术包括感知技术、通信技术、定位技术及导航技术等。

一、感知技术

感知技术可分为摄像头感知技术、雷达感知技术和环境感知技术等。

（一）摄像头感知技术

摄像头感知技术的主要任务包括：①车道线检测；②车辆、行人、障碍物的识别和分类；③交通标志的识别。

（二）雷达感知技术

雷达感知技术离不开车用雷达，车用雷达包括超声波雷达、毫米波雷达和激光雷达。

超声波雷达主要分为两种。安装在汽车前、后保险杠上，用于测量汽车与前、后障碍物的倒车雷达，业内称为 UPA；安装在汽车侧面，用于测量汽车与侧方障碍物距离的超声波雷达，业内称为 APA。

超声波雷达应用于泊车库位检测和高速横向辅助等方面，它具有受雨雪等恶劣天气影响小的优势，但也存在对温度敏感和无法精确描述障碍物位置等缺陷。

目前市场主流使用的车载毫米波雷达按照频率的不同，主要可以分为 24 GHz 毫米波雷达和 77 GHz 毫米波雷达，两者的对比见表 1-1。

表 1-1 24 GHz 毫米波雷达与 77 GHz 毫米波雷达的对比

分类／比较项目	24 GHz 毫米波雷达	77 GHz 毫米波雷达
距离	短／中距离	长距离
应用	盲点监测（BSD）系统：10 m 变道辅助（LGA）系统：70 m 泊车辅助（PA）系统：5 m 倒车侧后方盲点警告（RCTA）系统：70 m 自动跟车（S&G）：70 m	自适应巡航（ACC）系统：150~199 m 前向碰撞预警（FCW）系统：69 m
特点	频率越低，波长越长，绕射能力越强，信号损失衰减越小	体积更小，所需的工艺更高，检测精度更好，射频芯片获取难度大

激光雷达按照技术原理分为两种：旋转式激光雷达和固态激光雷达。

旋转式激光雷达通过多束激光竖列而排，绕轴进行 360° 旋转，每一束激光扫描一个平面，纵向叠加后呈现出三维立体图形。多线束激光雷达可分为 16 线、32 线和 64 线：线束越高可扫描的平面越多，获取目标的信息也就越详细；线束低的激光雷达由于点云密度较低，容易导致分辨率不高的问题。固态激光雷达摒弃了原有的机械扫描方式，采用相控阵原理，有多个固定的细小光束组层，通过每个阵元点产生光束的相位与幅度，以此强化光束在指定方向上的强度，并抑制其他方向的强度，从而实现光束方向的改变。

（三）环境感知技术

作为智能网联汽车的基础，同时也是智能驾驶的四大核心技术（环境感知、精确定位、路径规划和线控执行）之一，环境感知技术利用传感器获取道路、车辆位置和障碍物信息，并将这些信息传输给车载控制中心，为智能网联汽车提供决策依据，是智能驾驶汽车的"通天眼"。

环境感知系统由信息采集单元、信息处理单元和信息传输单元组成。系统基于单一传感器、多传感器信息融合或车载自组织网络获取周围环境和车辆的实时信息，经信息处理单元根据一定算法识别处理后，通过信息传输单元实现车辆内部或车与车之间的信息共享。

常见的环境感知传感器有超声波传感器、毫米波雷达、激光雷达和视觉传感器等，各传感器的原理和特点不同，在环境感知技术中的使用也不同。

二、通信技术

（一）专用短程通信

专用短程通信（Dedicated Short Range Communication，DSRC），是智能交通系统（Intelligent Transport System，ITS）的基础技术之一。

DSRC 能保证高速的数据传输和通信链路的低延时，有较高的系统可靠性，是专门用于车辆通信的技术，一般泛指所有短距离的无线通信技术，包含不同的技术和不同的规格。

（二）5G 通信技术

1. 连续广域覆盖，保证用户业务服务连续性，无论静止还是高速移动，都能获得 100 Mbit/s 以上的体验速度。

2. 热点高容量，在人流密集热点区域可满足极高的网络密度需求。

3. 低延时高可靠，主要面向车联网与工业互联网，毫秒级端到端时延与接近 100% 的可靠性。

4. 低功率大连接，面向环境监测、智能农业等以数据采集为主的应用场景，支持每平方公里百万的连接数密度。

（三）车用无线通信技术

车用无线通信技术（Vehicle to Everything，V2X）是将车辆与一切事物相连接的新一代信息通信技术，如图 1-3 所示。其中，V 代表车辆，X 代表任何与车交互信息的对象，V2X 交互的信息模式主要包括车与车（Vehicle to Vehicle，V2V）、车与路（Vehicle to Infrastructure，V2I）、车与人（Vehicle to Pedestrian，V2P）以及车与互联网（即云）（Vehicle to Network，V2N）的交互。

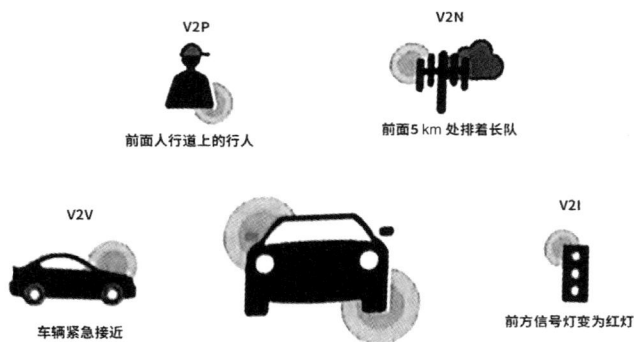

图 1-3　V2X 技术

三、定位技术

高精度地图，通俗来讲就是精度更高、数据维度更多的电子地图。精度更高体现在精确到厘米级别，数据维度更多体现在其包括了除道路信息之外的与交通相关的周围静态信息。许多智能网联汽车模块都依赖于高精地图，有了高精地图就需要在该地图上进行自定位。这意味着，需要弄清自己在地图上的位置，也就是定位——智能网联汽车在地图上的确切位置。高精度地图与定位技术具有以下特点：

1. 运用高精度定位（DGPS、北斗、RFID）和地图技术。
2. 定位精度：10 m 级、1 m 级、0.1 m 级。
3. 动态地图构建：道路几何线形信息、交通标志、标线信息、交通状态、信号灯、邻车、行人状态及动态地图重构。

四、导航技术

利用电、磁、光、力学等科学原理与方法，通过测量与空中飞机、海上舰船、陆地上的车辆以及人流等运动物体每时每刻位置有关的参数，从而实现对运动体的定位，并正确地从出发点沿着预定的路线，安全、准确、经济地引导至目的地，这种技术就是导航技术。导航引导车辆从某一地点到达指定目的地，它由硬件平台、导航电子地图和导航引擎三部分组成。

五、智能互联技术

智能互联技术是指汽车与互联网相连，从而使驾驶人更加便利、智能且安全地驾驶汽车，获得别样的驾驶体验。通俗来讲就是在车上接入互联网，让驾驶人的操作简单化，一个指令便可达成其所想。目前比较热门的车载智能互联技术有百度的 Carlife 系统、通用的安吉星、上汽的斑马智行系统以及吉利的 GKUI 系统等。

六、先进驾驶辅助技术

先进驾驶辅助系统（Advanced Driver Assistance System，ADAS），是利用安装于车上的各式各样的传感器，在第一时间收集车内外的环境数据，进行静、动态物体的辨识、侦测与追踪等技术上的处理，从而使驾驶人可以在最短的时间内察觉可能发生的危险，以引起注意并提高安全性的主动安全技术。ADAS 采用的传感器主要有摄像头、雷达、激光和超声波等，可以探测光、热、压力或其他用于监测汽车状态的变量，通常位于车辆的保险杠（前、后）、后视镜、变速杆内部或者风窗玻璃上。早期的 ADAS 技术主要以被动式报警为主，当车辆检测到潜在危险时，会发出警报提醒驾车人注意异常的车辆或道路情况。对于最新的 ADAS 技术来说，主动式干预也很常见。

七、信息融合技术

多传感器信息融合技术是实现精确可靠的车辆定位的核心技术。例如基于ABS/ASR（汽车防抱死制动 / 驱动防滑转）开发的汽车 ABS/ASR/ACC（防抱死制动 / 驱动防滑转 / 自适应巡航控制）集成系统，就是通过把各种传感器信号有机地融合起来，实现资源共享，协调不同系统之间的相互关系，提高控制系统的稳定性和可靠性。

八、信息安全与隐私保护技术

伴随车联网智能化和网联化进程的不断推进，车联网网络安全事件开始出现，用户生命财产安全受到威胁。车载互联网涉及驾车人的生命安全，车载系统极易受到攻击，对于自身系统安全性缺乏直观的认知，并无系统安全预警，非法人员可以通过技术手段侵入车载系统。关于车联网安全标准的研究及制定工作正在积极推进，国内率先开展针对车内总线、各电控单元（ECU）、车载诊断（OBD）接口以及车载综合信息系统（IVI）等技术的安全研究，已具备针对多种型号车辆进行安全测试服务的能力，可有效评估其安全性，为安全改进提供可靠数据支持。

九、人机界面技术

（一）人机界面产品的定义

连接可编程序控制器（PLC）、变频器、直流调速器及仪表等工业控制设备，利用显示屏显示，通过输入单元（如触摸屏、键盘、鼠标等）写入工作参数或输入操作命令，实现人与机器信息交互的数字设备就是人机界面（HMI）产品。

（二）人机界面产品的组成及工作原理

人机界面产品由硬件和软件两部分组成。硬件部分包括处理器、显示单元、输入单元、通信接口及数据存储单元等，其中处理器的性能决定了HMI产品的性能高低，是HMI的核心单元。HMI软件一般分为两部分，即运行于HMI硬件中的系统软件和运行于PC机Windows操作系统下的画面组态软件（如JB-HMI画面组态软件）。

人机界面技术，尤其是语音控制、手势识别和触摸屏技术，在全球未来汽车市场上将被大量采用。

智能网联汽车人机界面的设计，其最终目的在于提供好的用户体验，增强用户的驾驶乐趣或驾驶过程中的操作体验，它更加注重驾驶的安全性，必须在好的用户体验和安全之间做好平衡，在很大程度上安全始终是第一位的。

十、异构网络融合技术

通信技术近些年得到了迅猛发展，层出不穷的无线通信系统为用户提供了异构的网络环境，包括无线个域网、无线局域网、无线城域网、公众移动通信网、卫星网络、Ad-Hoc（点对点）以及无线传感器网络等。尽管这些无线网络为用户提供了多种多样的通信方式、接入手段和无处不在的接入服务，但是，要实现真正意义的自组织、自适应，并且实现具有端到端服务质量（QoS）保证的服务，还需充分利用不同网络间的互补特性，实现异构无线网络技术的有机融合。异构网络是由不同制造商生产的计算机和其他种类网络设备和系统组成的，大部分情况下运行在不同的协议上支持不同的功能或应用。

第五节 智能网联汽车体系结构

一、分层递阶式与反应式体系结构

分层递阶式体系结构由感知、建模、任务计划、运动规划、运动控制和执行器等模块串联起来构成，前者的输出结果为后者的输入，又称为感知模型规划行动结构。在这种体系结构下，执行器产生的动作不是传感器直接作用的结构，而是经过了一系列由感知、模型到规划、控制等阶段，具有解决特定任务的能力。分层递阶式体系结构的构建根据用户对环境中已知对象的了解及互相关系的推测与分析，另一部分根据传感器模型的自主构造，这种体系结构缺乏实时性和灵活性，串联的结构系统导致可靠性不高，当一个模块出现故障时，将导致整个系统瘫痪。

反应式体系结构是针对各种目标设计的基本行为，形成各种不同层次的能力的并联体系结构。每个控制层根据传感器的输入进行决策，高层次对低层次施加影响，低层次具备独立的控制系统，因而可以产生快速的响应，实时性强。

二、硬件层

（一）摄像头

摄像头主要用于车道线、交通标示牌、红绿灯以及车辆、行人的检测，有检测信息全面、价格便宜的特点，但受雨雪天气和光照的影响较大。摄像头由镜头、镜头模组、滤光片、CMOS/CCD、ISP 和数据传输部分组成。光线经过光学镜头和滤光片后聚焦到传感器上，通过 CMOS 或 CCD 集成电路将光信号转换成电信号，再经过图像处理器（Image Signal Processing，ISP）转换成标准的 RAW、RGB 或 YUV 等格式的数字图像信号，通过数据传输接口传到计算机端。

（二）激光雷达

激光雷达（Light Detection and Ranging，LiDAR）主要用于高精地图的制作，

障碍物识别及跟踪和自身定位，是目前公认 L3 级以上自动驾驶必不可少的传感器。激光雷达具有高精度、高分辨率的优势，同时具有建立周边 3D 模型的前景，但其劣势在于对静止物体（如隔离带、护栏等）的探测较弱且成本高昂（一套 64 线 Velodyne 激光雷达高达 70 万元）。它由激光发射机、光学接收机、转台和信息处理系统等组成。其工作原理是向目标发射探测信号（激光束），然后将接收到的从目标反射回来的信号（目标回波）与发射信号进行比较，作适当处理后，就可获得目标的有关信息，如目标距离、方位、高度、速度、姿态，甚至形状等参数，从而对目标进行探测、跟踪和识别，输出的数据称为"点云"（Point Cloud），目前有 PCL（Point Cloud Library）开源库支持这类数据的读写处理。

（三）毫米波雷达

毫米波雷达（Radar）主要用于交通车辆和行人的检测，具有检测速度快、准确，穿透雾、烟、灰尘能力强以及全天候（大雨天除外）和全天时的特点，但其劣势在于雨、雾和雪等较潮湿环境下的信号衰减，以及对树丛穿透能力差和无法检测车道线、交通标志等。毫米波雷达工作在毫米波段。通常毫米波是指 30~300 GHz 频段（波长为 1~10 mm）。毫米波的波长介于厘米波和光波之间，因此毫米波兼有微波制导和光电制导的优点。

毫米波雷达由芯片、天线和算法共同组成，基本原理是发射一束电磁波，观察回波与入射波的差异来计算距离、速度等。成像精度的衡量指标为距离探测精度、角分辨率和速度差分辨率。毫米波频率越高，带宽越宽，成像越精细。

（四）超声波传感器

超声波传感器（Ultrasonic Sensor）主要用于近距离和低矮障碍物的探测，避免车辆周围近距离感知盲区。超声波具有易于定向发射、方向性好、强度易控制以及与被测量物体不需要直接接触的优点，但易受环境温度影响，测量精度不够。虽然目前超声波的测距量程能达到百米，但测量的精度往往只能达到厘米级。

超声波传感器一般由超声波发射器、超声波接收器、计时器和温度感知器等组成，其测距原理是利用超声波在空气中的传播速度为已知（20℃下为 344 m/s），测量声波在发射后遇到障碍物反射回来的时间，根据发射和接收的时间差计算出发射点到障碍物的实际距离。由此可见，超声波测距原理与雷达原理是一样的。

测距的表达式为

$$L = CT \qquad\qquad (1-1)$$

式中，L 为测量的距离长度；C 为超声波在空气中的传播速度；T 为测量距离传播的时间差（即发射到接收时间数值的一半）。

三、软件层

软件层（Software Layer）在 Apollo 架构上分成了三层，分别是实时操作系统、运行时框架和各应用算法模块。

（一）实时操作系统

实时操作系统（Real Time Operating System，RTOS）一般是针对自动驾驶定制化的高实时、高并发、低时延的 Linux 操作系统。

（二）运行时框架

运行时框架（Runtime Framework）是基于操作系统层的各算法模块调度框架，主要负责各模块之间的消息通信、资源分配和运行调度等。目前主要的框架有开源的 ROS（Robot Operating System）和百度自研的 Cybertron 框架。

（三）算法模块

1. 地图引擎（Map Engine）提供车道线拓扑结构、红绿灯位置、交通标志位置和类型以及道路限速等信息服务，供感知、决策规划和定位等模块查询使用。

2. 定位模块（Location）为各算法模块提供厘米级的高精度定位信息，包括车辆的世界坐标、车辆姿态和朝向等信息。

3. 感知模块（Perception）其主要功能为检测车道线标志，识别红绿灯状态，检测跟踪识别车辆、行人以及交通标识牌识别等。

4. 规划模块（Planning）主要为基于定位信息和感知信息，结合行驶目的地信息，实时对行驶路线做出规划，为自动驾驶车辆提供行驶轨迹点。

5. 控制模块（Control）基于规划路径，对车辆行驶下发控制命令，主要包括转向、加速、制动、灯光、喇叭及车内空调等的控制。

6. 端到端（End-to-End）主要为数据采集、车辆状态和软件监控以及在线升级客户端等为云端服务的各软件模块的集合。

7. 人机交互接口（HMI）主要为驾乘人员或远程控制员，提供与车辆交互的功能，包括规划行驶路径、打开车载娱乐系统和查看车辆行驶状态等。

8. 云端服务层（Cloud Service Layer）该层主要运行在分布式计算的云端，为智能网联汽车提供各种服务，包括信息安全控制、仿真训练和车辆数据收集等。

9. 高精地图（HD Map）提供高精地图数据，包括静态地图、反射值地图等，供车端高精地图服务引擎查询或更新使用。

10. 仿真（Simulation）提供评测或训练各算法模块的服务平台，可以基于实车采集的数据，不断丰富更新各种测试场景或训练数据，以提高自动驾驶系统的智能和适应性。

11. 数据平台（Data Platform）实时存储从智能网联汽车上传来的各种数据，包括感知、车辆状态、行驶轨迹、各软件模块状态及关键 log 文件等以供云端平台做离线统计、分析、定位问题和训练模型使用。

12. 安全（Security）主要是对车端各种外部请求的认证、鉴权等，保证车端和云端的信息安全，避免遭受黑客攻击。

13. 在线升级（Over the Air, OTA）提供对智能网联汽车的各软件模块的升级、数据更新以及证书更新等功能，使得智能网联汽车随时保持最新的高精地图数据、配置信息和软件模块。

第六节　中国智能网联汽车的发展状况

一、中国智能网联汽车行业发展概况

（一）建立智能网联汽车自动化标准，出台智能网联法规

自动驾驶并不是一步到位的，随着技术的进步，有不同的发展阶段。在我国，无人驾驶汽车发展已上升至国家战略层面，并明确规定了发展的目标。2015 年我国根据智能网联汽车的自动化程度，建立了智能网联汽车的自动化标准。我国制定的自动化标准与 NHTSA 和 SAE 的对比，见表 1-2。智能网联技术正实现人类操控向车辆操控的转变，现阶段研发级别聚集在我国规定的 PA 和 HA（SAE 的 L2-L4）阶段。

表 1-2 智能网联汽车的自动化标准

NHTSA 标准	L0 无智能网联功能	L1 单一功能辅助驾驶	L2 多功能协同辅助驾驶	L3 有限智能网联	L4 完全智能网联	
SAE 标准	L0 无智能网联功能	L1 驾驶人辅助	L2 部分智能网联	L3 有限智能网联	L4 高度智能网联	L5 完全智能网联
《中国制造2025》	DA 驾驶辅助		PA 部分智能网联		HA 高度智能网联	FA 完全智能网联
功能	无	ABS/ESP/CCS/ACC/LKA	转向+速度控制	智能网联（有条件）	智能网联（限制场景）	智能网联
操纵	人类控制	人类（主）车辆（辅）	人类（主）车辆（辅）	人类+车辆	人类（辅）车辆（主）	车辆控制
智能网联应用场景	无	限定场景				全部场景

2017 年 12 月，北京市印发《北京市关于加快推进自动驾驶车辆道路测试有关工作的指导意见（试行）》和《北京市自动驾驶车辆道路测试管理实施细则（试行）》两个指导性文件，成为全国首个出台智能网联路测指导意见和管理细则的城市。此后，又有 8 个城市陆续出台了相关路测指导意见。

（二）中国智能网联汽车行业处于探索期，未来发展依赖政策环境、技术进展及基础设施建设等多方支持

智能网联汽车市场是技术驱动型市场，智能网联落地后技术成熟与否直接关乎人的生命财产安全，整体市场需要更多的时间进行技术研发。中国城市道路复杂多变，智能网联研发商需反复训练算法，以便车辆更好地适应驾驶环境。高级别智能网联技术有望率先落地特定道路场景，如货运物流、公共交通等，伴随联网环境的完善，智能网联车辆上路指日可待。

（三）智能网联汽车行业投资集中在早期，单笔项目融资金额高

中国智能网联汽车企业融资集中在 A 轮以前，早期融资数量占比较高。整体市场处于发展初期，融入资本多用于技术研发和人才引进，融资情况呈现单笔融资金额大的特点，整体行业呈现较高的技术壁垒，一旦行业护城河形成，进入市场较晚的商家发展阻力加大。

（四）行业热点事件聚焦政策、市场、技术和投资 4 个维度，助力智能网联汽车行业快速发展

政策环境、战略合作、技术进展和投融资是决定行业发展的重要因素，现阶段智能网联汽车行业在各个方面的动作都比较频繁，政策环境有望不断完善，各个商家在自己的赛道中不断发展探索，推动行业格局的形成。

（五）智能网联车辆事故频发，安全保障是智能网联的应用前提

保障驾驶安全是智能网联的应用前提。通过公开资料整理显示，即便是智能网联行业的领先企业 Waymo，也依然存在交通事故隐患。事故发生的原因主要归结为三个层面。

1. 传感器组合缺陷。一些智能网联车辆为降低生产成本，没有搭配成本较高的激光雷达，导致对环境的识别存在漏洞。

2. 机器学习训练不足。车辆在算法训练时对识别特殊形态车辆或车身两侧图像训练不足，也会造成行驶过程中的识别漏洞。

3. 驾驶人接管不及时。在行车过程中非完全智能网联需要驾驶人随时接管车辆，若驾驶人对智能网联过度依赖，在系统失效时接管不及时，则会导致交通事故。

（六）百度 Apollo 平台助力合作伙伴快速构建智能网联解决方案

百度 Apollo 平台不仅是一家智能网联解决方案研发商，还通过开源平台的软硬件服务和技术代码吸引行业内各类厂商接入 Apollo 生态，促进智能网联行业发展，降低智能网联研发门槛，助力合作伙伴构建智能网联解决方案。

1. 技术方面 Apollo 为合作伙伴提供完整的软硬件服务，并开放环境感知、路径规划及车辆控制等功能的代码或能力。

2. 资源方面 Apollo 在传感器等领域为接入 Apollo 平台的合作伙伴推荐协同性更好的供应商。

3. 推进技术进步方面 Apollo 生态中的各类厂商在研发过程中将脱敏后的数据贡献出来，有助于提升 Apollo 平台自身的技术水平，加速推进智能网联技术研发。

（七）Robo-taxi 场景落地对智能网联行业意义重大

Robo-taxi 是智能网联中较为复杂的应用场景，对智能网联算法、传感器组

合以及高精地图的要求更高。目前国内有 3 家智能网联初创公司专注于 Robotaxi 场景下的智能网联技术研发，该场景的落地可以有效解决用户的出行痛点，并为行业创造价值。

（八）智能网联货运场景更易实现，场景落地有助于推进货运物流行业发展

智能网联货运场景相比城市交通场景更易实现，因为该场景相对封闭，多为端到端的高速路段或集中在港口码头一类的固定场景，发生因路况复杂、陌生所造成行车环境难以感知的情况概率较低，各个厂商对智能网联货运场景的推进速度也会更快。此外，智能网联货运场景的落地将有效推进货运物流行业的发展，为其创造更多的价值。

（九）低速智能网联围绕限定场景展开布局，提升用户出行体验

相比其他智能网联场景，围绕限定场景展开低速智能网联解决方案的研发门槛较低，更易推动智能网联技术的场景化落地，因此国内很多智能网联初创企业聚集于此，针对智能网联"大脑"、传感器组合，结合应用场景展开探索。

1. 低速智能网联技术

（1）自动泊车。汽车自动寻找可停放车位，并安全泊车，全程无须人工干预。

（2）摆渡车。在机场、客运码头及园区等场景，摆渡车搭载乘客按既定线路自动行驶至固定站点。

（3）车辆调度。共享汽车按用户出行需求自动行驶至停车点。

2. 应用场景

应用场景主要包括停车场、客运码头、机场及共享汽车停车网点。

3. 价值点

低速智能网联的价值可以体现在以下方面：节省寻找车位的时间，方便驾驶人停车入位，减少因驾驶不善导致的人员伤亡和财产损失，提升客运物流速度，方便乘客抵达目的地，提升车辆运营效率，节省人工测度成本。

二、中国智能网联汽车市场发展趋势

（一）智能网联汽车发展的"智能化"

近年来，互联网技术的迅速发展给汽车工业带来了革命性变化的机会。汽车智能化技术正逐步得到广泛应用。这项技术使汽车的操作更简单，行驶安全性也更好，而其中最典型也是最热门的未来应用就是智能网联。

1. 智能网联起于安全、达于智能。智能网联技术最初的发展是从减少、防止机动车事故开始的。1950—2000 年，OEM 车厂和 Tierl 的零部件制造商对车辆做了许多结构性的改进。最核心的就是四大安全系统：安全带、防抱死制动系统（ABS）、安全气囊和电子稳定控制（ESC）。安全是推动智能网联汽车发展的主要因素。

2. 智能网联的发展之路。根据美国 NHTSA 和 SAE 公布的划分标准，智能网联汽车可以分为 4 个级别（不包含 L0 的完全无智能网联功能），可参见表 1–2。其中 L4（完全智能网联）是汽车自动化、智能化程度最高的级别。但目前仍处于路测阶段，距离商用还有较长的一段时间。

3. 多维度推进智能网联发展

通常认为，政府监管、安全可靠的技术解决方案及消费者的接受度和支付意愿是未来智能网联能否快速发展并进入正常商业运作的关键因素。具体来说，智能网联需要在五个维度：消费者接受度、技术整合度、生态体系、立法及基础设施投资同时推进。

（二）智能网联汽车产业图谱日趋完善

"传感器 + 高精地图 +ADAS+ 车联网"目前被业内认定为"最可能实现的智能网联方案。"

1. 激光雷达——智能网联的"眼镜"

智能网联汽车需要借助多重探测系统才能确保高速驾驶时的安全性，主要感知系统包括摄像头图像处理、短程和远程雷达以及激光雷达。其中，以雷达和摄像头为主，未来的发展趋势是多传感器融合发展。目前主流的传感器包括超声波雷达、激光雷达、毫米波雷达、摄像头及红外探头等。

2. 高精地图——智能网联的"心路"

伴随汽车智能化的提升，智能网联对导航应用的要求日益提高。传统导航应用由于商品化程度较深、地图格式各不相同和较低的地图精度等原因，难以为智能网联系统所用。对智能驾驶和安全驾驶的迫切需求，业界推动了高精地图的研发。高精地图是智能网联汽车发展的基础，在特殊气候条件下，传感器采集周边实时路况信息的功能可能受到影响，地图导航精度越高，保障性越强。智能网联时代，高精地图供应商的地位得到显著提升。受国内法律法规等限制，高精地图是目前国内智能网联产业图谱中受益确定性最高的环节。

3. 车联网——连接智能网联的"图谱"

车联网即"汽车移动物联网技术"。传统汽车联网和智能汽车作为车联网的智能硬件是其重要组成部分。较高的汽车保有量和销售预计、成熟的移动互联网都是车联网发展必不可少的条件。公安部交通管理局发布统计数据显示，2018年全国新注册登记机动车3172万辆，机动车保有量已达3.27亿辆，其中汽车2.4亿辆，小型载客汽车首次突破2亿辆。机动车驾驶人达4.09亿人，其中汽车驾驶人3.69亿人。全国汽车保有量比2017年增加2285万辆，增长10.51%。其中，私家车（私人小微型载客汽车）持续快速增长，2018年保有量达1.89亿辆，近五年年均增长1952万辆。另外，2018年全国新能源汽车保有量达261万辆，占汽车总量的1.09%，增加107万辆，同比增长70%。

（三）科技企业、整车厂商各显神通，智能网联殊途同归

目前的智能网联发展以ADAS和人工智能作为两条主要的发展路径。

1. 路径一：以传统车企为代表，如上汽集团、长安汽车等。通过不断完善和发展ADAS功能和技术，逐步提高汽车的自动化、智能化程度来不断向完全智能网联发展。发展的根本目的是缓解驾驶人的驾驶压力，改善其驾驶体验。汽车主机厂具备丰富的整车制造经验，完善的配套服务体系。核心技术是ADAS的各项自动控制系统，在汽车的行驶决策过程中，更多地是由人对周边的状况做出判断，并采取执行措施，机器决策仅起到辅助作用。

2. 路径二：以互联网企业为代表，如谷歌、百度等。通过提高移动式机器人深度学习能力和自主决策能力来完成智能网联汽车的各项任务。发展的根本目的是以计算机来控制汽车彻底取代人工驾驶。互联网企业拥有先进的互联网技术、成熟的算法和云服务平台，能够通过人工智能技术不断提高机器的"驾驶经验"，从而对行驶路况进行准确的判断，降低人为因素干扰带来的事故率。核心技术是人工智能技术，在汽车的行驶决策过程中，完全由机器对周边状况进行决策并控制执行，人工智能完全控制汽车的所有驾驶决策。

第七节　其他国家智能网联汽车研究现状

目前，以美国、欧盟和日本等为代表的全球主要国家和地区，都将智能网联汽车作为汽车产业发展的重要方向，纷纷加快产业布局、制定发展战略，通过政策支持、技术研发、标准法规、示范运行等综合措施，加快推动产业化进程。

目前，全球多个国家对智能网联立法，以确定其地位并推动发展。

法国：第一批智能网联立法草案于 2018 年底制订完成。

德国：通过智能网联路测法案。

英国：提出《自动和电动车辆法案》，聚焦保险问题，使公共道路上的智能网联合法化。

芬兰：批准智能网联公交车在公共道路上测试。

瑞典：完成《智能网联公共道路测试规范》初稿。

丹麦：修改《丹麦道路交通法案》，允许智能网联车辆在公路上测试。

加拿大：安大略省宣布允许在公共道路进行测试。

美国：33 个州开放智能网联路测，加州和亚利桑那州允许没有驾驶人陪同的智能网联汽车上路行驶。

荷兰：开放智能网联道路测试，允许智能网联车辆无驾驶人陪同。

日本：颁布《智能网联汽车道路测试指南》，允许智能网联汽车道路测试。

韩国：《韩国汽车管理法》出台，允许智能网联汽车在城市道路上测试。

新加坡：通过道路交通法修正案，允许智能网联汽车在公共道路进行测试。

第二章　智能网联汽车智能传感器技术

第一节　汽车传感器概述

汽车传感器作为汽车电子控制系统的信息源，把汽车运行中各种工况信息转化成电信号输送给中央控制单元，再经过分析和处理传输给执行单元，使汽车发挥最佳性能。

一、汽车传感器的特点

汽车传感器具有以下特点。

① 适应性强，耐恶劣环境。汽车行驶环境复杂，有低于 –40℃的极寒地区，有超过 40℃的酷热地区，也有海拔 5000 m 以上的高原地区，因此，要求汽车传感器具有极强的环境适应性，要能在这些特殊环境下正常工作。另外，汽车传感器还应具有很好的密封性、耐潮湿、抗腐蚀性等。

② 抗干扰能力强。汽车传感器除了能够适应外界恶劣环境，也要能够抵抗来自汽车内部的各种干扰。例如发动机工作时的高温、汽车行驶时的振动、汽车电源产生的高压电脉冲等，都会对传感器信号产生干扰，汽车传感器必须能够抵抗汽车产生的各种干扰。

③ 稳定性和可靠性高。汽车传感器特性对汽车电子控制系统有非常大的影响，必须具有高稳定性和高可靠性。

④ 性价比高，适应大批量生产。随着汽车越来越电子化、智能化、网络化、无人化，汽车所用传感器越来越多，达到数百个，这就要求汽车传感器必须性价比高，否则难以大批量推广使用。

二、汽车传感器的分类

汽车传感器有很多种分类方法，例如有按测量对象划分的、有按工作原理划分的、有按功能划分的、有按使用区域划分的，但目前还没有统一的分类方法。

（一）按测量对象划分

汽车传感器按测量对象可以分为温度传感器、压力传感器、流量传感器、气体浓度传感器、位置传感器、转速传感器、加速度传感器、距离传感器等。

1. 温度传感器。温度传感器主要用于检测发动机温度、吸入气体温度、冷却水温度、燃油温度、环境温度等。

2. 压力传感器。压力传感器主要用于检测气缸负压、大气压、涡轮发动机升压比、气缸内压、油压等。

3. 流量传感器。流量传感器主要用于检测发动机空气流量和燃料流量等。

4. 气体浓度传感器。气体浓度传感器主要用于检测车辆内气体和废气排放等。

5. 位置传感器。位置传感器主要用于检测曲轴转角、节气门开度、制动踏板位置、车辆位置等。

6. 转速传感器。转速传感器主要用于检测发动机转速、车轮转速和行驶车速等。

7. 加速度传感器。加速度传感器主要用于测量纵向加速度、横向加速度和垂直加速度等。

8. 距离传感器。距离传感器主要用于测量汽车行驶的距离以及汽车至障碍物之间的距离等。

（二）按工作原理划分

汽车传感器按工作原理可以分为电阻式传感器、电容式传感器、电感式传感器、压电式传感器、电磁式传感器、热电式传感器、光电式传感器、电化学式传感器等。

1. 电阻式传感器。是将被测量变化转换成电阻变化的传感器，如空气流量传感器、压力传感器、节气门位置传感器等。

2. 电容式传感器。是将被测量变化转换成电容量变化的传感器，如机油传感器、碰撞传感器、燃油液位传感器等。

3. 电感式传感器。是将被测量变化转换成电感量变化的传感器，如位置传感器、爆震传感器、加速度传感器等。

4. 压电式传感器。是将被测量变化转换成由于材料受机械力产生静电电荷或电压变化的传感器，如进气压力传感器、减振器传感器等。

5. 电磁式传感器。是指利用磁通量的变化，将被测量在导体中转换成电信号变化的传感器，它利用导体和磁场发生的相对运动而在导体两端输出感应电势，如发动机转速传感器、车轮转速传感器、转向盘转角传感器等。

6. 热电式传感器。是将被测量变化转换成热生电动势变化的传感器，如水温传感器、空气流量传感器、进气温度传感器等。

7. 光电式传感器。是将光通量转换成电量的传感器，如曲轴位置传感器、红外传感器等。

8. 电化学式传感器。是利用被测量的电化学反应，将其变化转换成电位或者电导率变化的传感器，如氧传感器、湿度传感器等。

（三）按功能划分

汽车传感器按功能可以分为汽车控制用传感器和汽车性能检测用传感器。

1. 汽车控制用传感器又可以分为发动机控制系统用传感器，如流量传感器、压力传感器、气体浓度传感器、温度传感器、爆燃传感器等；底盘控制系统用传感器，如悬架控制用传感器、制动防抱死系统（ABS）传感器、驱动防滑系统（ASR）传感器、稳定性控制系统（ESP）传感器、自适应巡航控制系统传感器、车道偏离报警系统传感器、车道保持辅助系统传感器、汽车并线辅助系统传感器、汽车自动刹车辅助系统传感器、自动泊车辅助系统传感器等；车身控制传感器，如汽车姿态控制传感器、智能空调传感器、安全气囊传感器、汽车自适应前照明系统传感器、汽车夜视辅助系统传感器、汽车平视显示系统传感器等；导航控制用传感器，如微机械陀螺仪、电子罗盘等。汽车控制用传感器，经常一个传感器用于多个控制系统。

2. 汽车性能检测用传感器主要包括汽车动力性能检测传感器、汽车燃料经济性检测传感器、汽车制动性能检测传感器、汽车操纵稳定性检测传感器、汽车行驶平顺性检测传感器、汽车灯光检测传感器、轮胎压力检测传感器等。

（四）按使用区域划分

汽车传感器按使用区域可以分为发动机传感器、底盘传感器、车身传感器、电器传感器、导航传感器等。

三、汽车传感器的发展趋势

未来汽车传感器技术研究领域将主要涉及力学传感器技术、影像传感器技术、安全防卫传感器技术、电化学或磁方法传感器技术等。

汽车传感器技术的发展趋势是微型化、多功能化、集成化、智能化、网络化。

1. 微型化。微型传感器具有体积小、成本低、可靠性高等优点，而且它还可以通过微机械加工技术和微米 / 纳米技术，将微传感器、微执行器以及信号和数据处理装置集成在一个微系统中，以提高系统测试精度，使测量更加精准。

2. 多功能化。是指一个传感器能检测 2 个或 2 个以上的特性参数或者化学参数，从而减少汽车传感器数量，提高系统可靠性。

3. 集成化。是指利用集成电路制造技术和精细加工技术制作成集式传感器。

4. 智能化。是指传感器与大规模集成电路相结合，带有 CPU（中央处理器），具有智能作用，以减少 ECU（电子控制单元）的复杂程度，减少其体积，并降低成本。

5. 网络化。随着汽车智能化和网络化的发展，各种控制系统间的数据通信变得更加频繁，以分布式控制系统为基础构造汽车车载传感器网络是十分必要的，大量数据的快速交换、高可靠性、抗电磁干扰及低成本是车载传感器网络系统的要求。

另外，功能材料对传感器的发展也起着不可替代的作用。随着材料科学的不断进步，在进行各种材料的制造过程中，可以有效地控制其成分，设计制造出多种应用于传感器的功能材料，有效地降低生产成本。传感器的敏感元件除了由功能材料决定外，加工工艺也对其影响巨大。随着技术的发展，半导体、陶瓷等新型材料广泛应用于传感器的敏感元件，很多现代的制造技术被广泛地引入汽车传感器领域。例如微细加工技术、薄膜技术、离子注入技术等，能制造出可靠性高、体积小、质量轻的微型化敏感元件。汽车传感器必定会朝着安全可靠、微功耗及无源化的方向发展。

智能网联汽车与一般汽车相比，车载传感器数量更多，而且需要更先进的传感器，这些先进传感器主要用于实时性、可靠性非常高的先进驾驶辅助系统。下面主要介绍与智能网联汽车先进驾驶辅助系统密切相关的车轮转速传感器、加速度传感器、微机械陀螺仪、转向盘转角传感器、超声波传感器、激光雷达、毫米波激光雷达、视觉传感器、电子罗盘以及车载传感器网络等。

第二节　车轮转速传感器

车轮转速传感器用于测量汽车车轮的转速，转速信号借助于电缆传送给汽车上的 ABS、ASR、ESP 等控制单元，调节每个车轮的制动力，保证汽车行驶稳定性和操纵性。另外，智能网联汽车的导航系统、车道偏离报警系统、车道保持辅助系统、自适应巡航控制系统等，也需要将采集到的车轮转速信号根据预设的车速计算公式换算成车速信号发送到 CAN 总线，通过 CAN 总线获取车速信号。车速信号的准确与否直接关系到智能网联汽车行驶的安全性及可靠性。

车轮转速传感器类型主要有电磁式转速传感器和霍尔式转速传感器。

一、电磁式转速传感器

电磁式转速传感器主要结构是齿圈和由永磁体、感应线圈、极轴组成的传感头，其中极轴头部结构有凿式和柱式两种。它是属于无源传感器。

齿圈是运动的，一般安装在随车轮一起转动的部件上；传感头是静止的，安装在车轮附近，一般前轮传感头固定在车轮转向架上，后轮传感头固定在后车轴支架上。

车轮的旋转引起传感头和齿圈的齿顶与齿隙间距不同，引起磁通量的交替变化，从而产生感应电动势，此信号通过感应线圈末端的电缆输入 ABS 的电控单元。当齿圈的转速发生变化时，感应电动势的频率也变化。ABS 电控单元通过检测感应电动势的频率来检测车轮转速。感应电动势的频率为

$$f = Zn / 60 \qquad (2-1)$$

式中，f 为感应电动势的频率；Z 为齿圈齿数；n 为齿圈转速，即车轮转速。电磁式转速传感器优点是结构简单、成本低。

电磁式转速传感器具有以下缺点。

① 输出信号的幅值随转速的变化而变化，当转速比较低时，电控单元可能检测不到信号。

② 频率响应低，当汽车速度超过规定值时，容易产生错误信号。

③ 抗电磁波干扰能力差，输出信号弱时比较明显。

目前，国内外 ABS 的控制速度范围一般为 15~160 km/h，如果要求控制速度范围扩大到 8~260 km/h 乃至更大，则电磁式转速传感器很难适应。

二、霍尔式转速传感器

霍尔式转速传感器也是由传感头和齿圈组成。传感头由永磁体、霍尔元件和电子电路等组成，永磁体的磁力线穿过霍尔元件通向齿圈，如图 2-1 所示。它属于有源传感器。

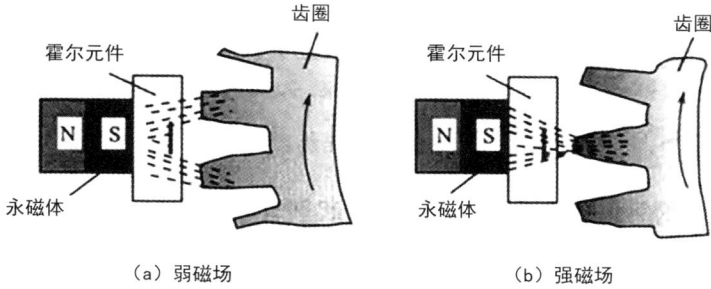

（a）弱磁场　　　　　　　　　　（b）强磁场

图 2-1　霍尔式转速传感器的磁路

当齿圈位于图 2-1（a）所示位置时，穿过霍尔元件的磁力线分散，磁场相对较弱；而当齿圈位于图 2-1（b）所示位置时，穿过霍尔元件的磁力线集中，磁场相对较强。齿圈转动时，传感头在齿圈齿顶和齿隙之间交替变化，使得穿过霍尔元件的磁力线密度发生变化，因而引起霍尔电压的变化，霍尔元件将输出一个毫伏级的准正弦波电压，此信号还需由电子电路转换成控制单元要求的信号输入使用。

霍尔式转速传感器可以把永磁体、霍尔元件和电子电路等用塑料密装，体积小，质量轻，为选择安装位置提供了极大的灵活性。图 2-2 所示为霍尔式转速传感器安装在车轮轴承上。

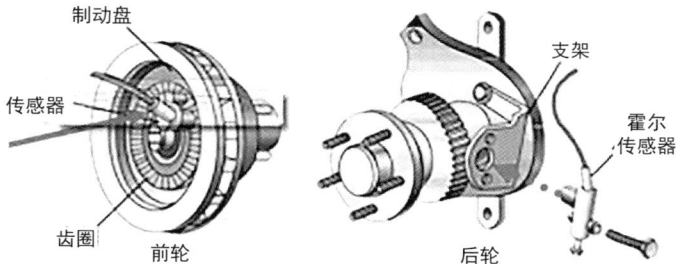

图 2-2　霍尔式转速传感器安装在车轮轴承上

霍尔式转速传感器具有以下优点。

① 输出电压信号稳定，在车轮转速范围内和蓄电池标准电压下，传感器输出电压能稳定在 11.5~12 V 不变，输出电压幅值不受转速的影响。

② 频率响应高，其响应频率高达 20 kHz，相当于车速为 1000 km/h 时所检测的信号频率，最高响应频率能够保证汽车高速运行时的测量精度。

③ 抗电磁波干扰能力强。

霍尔式转速传感器与电磁式转速传感器相比，制造成本高。

霍尔式转速传感器不仅广泛应用于 ABS 轮速检测，也广泛应用于其控制系统的转速检测。

第三节　加速度传感器

具有 ABS、ASR、ESP 的汽车，除了车轮转速传感器外都装有加速度传感器，用以测量汽车行驶时的纵向和横向加速度。另外，为了保持汽车行驶舒适性，也需要测量垂直加速度，用于控制汽车的垂直振动。

一、加速度传感器的分类

加速度传感器有多种分类方式。例如按检测方式可以分为电容式加速度传感器、压阻式加速度传感器和压电式加速度传感器；按敏感轴数量可以分为单轴加速度传感器、双轴加速度传感器和三轴加速度传感器；按输出信号可以分为模拟式加速度传感器和数字式加速度传感器。

（一）电容式加速度传感器

电容式加速度传感器是通过将电容的可动电极用运动的质量块来代替，当质量块在加速度的作用下发生位移时，质量块与固定极板间的电容量也随之发生变化，通过外围的检测电路即可测出这种电容的变化量，由此便可间接地测量出物体的加速度大小。

与其他类型的加速度传感器相比，电容式加速度传感器具有较高的灵敏度和测量精度、良好的稳定性、较小的温度漂移、极低的功耗等优点；但它也存在着工作带宽窄、信号处理电路复杂、抗电磁干扰能力差等缺点。

（二）压阻式加速度传感器

压阻式加速度传感器是利用敏感材料的压阻效应制成的，当敏感材料在敏感轴方向受到压力的作用而发生形变时，敏感材料的电阻率也随之发生变化，该现象被称为压阻效应，利用该效应制成的加速度传感器被称为压阻式加速度传感器。

当质量块在材料敏感轴方向受到加速度作用而对敏感材料施加一定的压力，相应的敏感材料的电阻值就会发生变化，通过惠斯通电桥电路就可以对电阻值变化进行测量，以达到间接测量物体所受加速度大小的目的。

压阻式加速度传感器具有加工工艺简单、成本低、结构和输出电路简单、线性度好等优点；但同时也存在温度漂移过大、灵敏度较低的缺点。

（三）压电式加速度传感器

压电式加速度传感器的结构与压阻式加速度传感器结构类似，只是将压阻材料替换为压电材料，以此来完成对物体所受加速度的测量。压电式加速度传感器的工作原理是应用敏感材料的压电效应。

质量块在受到加速度作用以后，会对敏感材料产生一定的压力，这压力使得压电材料的表面积累一定量的电荷，通过外围放大电路可将这些电荷加以检测，由于输出电荷信号与物体所受的加速度大小成比例，因此可达到测量物体所受加速度大小的目的。

压电式加速度传感器具有结构简单、稳定性好、耐高温、输出线性好等优点；但由于压电材料极化产生的是直流电荷，故在低频下进行压电测量时就变得很困难，而且很难对压电材料进行 COMS 工艺集成。

除上述三种应用最为广泛的加速度传感器之外，由于测量原理的不同，还有一些新型的加速度传感器也正在成为人们关注和研究的对象。

谐振式加速度传感器是通过作用在谐振器上的应力大小随着加速度的不同而发生变化，导致该谐振器频率也会相应地发生变化，以此来测量传感器所受到的加速度大小。此类传感器的优点是可以直接数字输出测量结果，测量精度高，但热激励源偶尔引起的热应力也会影响测量精度，而且结构复杂。

隧道电流式加速度传感器是通过质量块因加速度作用导致其尖端和衬底间的常电流发生变化，以此来测得输入加速度的大小。它具有极高的灵敏度、固有频率和测量精度，但在低频下却存在噪声。

光纤加速度传感器是利用因加速度导致光纤形变而引起反射光的强度、偏振面、光波长等随之改变的原理研制的。

电磁式加速度传感器是通过利用磁钢、铜环及线圈之间的相对振动来感生出与加速度成正比的电压信号，以此来完成对加速度的测量。

二、霍尔加速度传感器

霍尔加速度传感器结构主要由霍尔传感器、永久磁体、弹簧、阻尼板等组成。霍尔加速度传感器有一个竖放的带状弹簧，一端夹紧，另一端固定着永久磁体，以作为振动质量。在永久磁体上面是带有信号处理集成电路的霍尔传感器，在下面有一块铜阻尼板。如果传感器感受到横向加速度，则传感器的弹簧质量系统离开它的静止位置而偏移，偏移程度与加速度大小有关。运动的永久磁体在霍尔元件中产生霍尔电压，经过信号处理集成电路处理后输出信号电压，它随加速度增加而线性增加。加速度范围为 ±1g，传感器频率很低，只有几赫兹，并具有阻尼作用。

加速度传感器已被广泛应用于汽车电子领域，主要集中在车身操控、安全系统和导航，典型应用如汽车安全气囊、ABS、ASR、ESP、电控悬挂系统、导航等。

加速度传感器针对不同的应用场景，在特性上体现为不同的规格。用户需根据自身的具体需要选取最适合的产品。加速度传感器的选取还需要考虑满量程、灵敏度及解析度等元件的特性。满量程表示传感器可测量的最大值和最小值间的范围；灵敏度与模数转换器等级有关，是产生测量输出值的最小输入值；解析度则表示了输入参数最小增量。除此之外，模拟式加速度传感器输出值为电压，还需要在系统中添加模数转换器；数字式加速度传感器的接口芯片中已经集成了模数转换电路，可直接以 SPI（串行外设接口）或 I2C 总线等实现数字传输。

第四节　微机械陀螺仪

陀螺仪是一种具有对载体角度或角速度变化敏感的惯性器件，在姿态控制和导航定位等领域有着非常重要的作用。陀螺仪正朝着高精度、高可靠性、微型化、多轴测量和多功能测量的方向发展。

微机械陀螺仪属于微电子机械范畴，它是利用科里奥利力现象研制而成的。科里奥利力现象是对旋转体系中进行直线运动的质点由于惯性相对于旋转体系产生的直线运动的偏移的一种描述。

科里奥利力来自物体所具有的惯性，在旋转体系中进行直线运动的质点，由于惯性的作用，有沿着原有运动方向继续运动的趋势，但由于体系本身是旋转的，在经历了一段时间的运动之后，体系中质点的位置会有所变化，而它原有运动趋势的方向，如果以旋转体系的视角去观察，就会发生一定程度的偏离。

一、微机械陀螺仪的分类

微机械陀螺仪可以根据制作材料、振动方式、有无驱动结构、检测方式及加工方式等进行分类。

1. 按制作材料可将微机械陀螺仪划分为硅陀螺仪和非硅陀螺仪。非硅陀螺仪包括压电陶瓷陀螺仪和压电石英陀螺仪，压电陶瓷陀螺仪不采用微加工工艺，但需要微光刻技术来保证陀螺的几何尺寸，其尺寸大小与微加工陀螺的尺寸大小相当；压电石英陀螺仪精度高，但生产加工工艺复杂，成本高。所以，硅陀螺仪是发展方向，硅材料又分单晶硅材料和多晶硅材料。

2. 按振动方式可将微机械陀螺仪划分为角振动陀螺仪和线振动陀螺仪。角振动陀螺仪是围绕一个轴来回振动，线振动陀螺仪是沿一条线来回振动。

3. 按有无驱动结构可将微机械陀螺仪划分为有驱动结构和无驱动结构两种方式。有驱动结构方式又根据不同驱动方式分为静电驱动陀螺仪、电磁驱动陀螺仪和压电驱动陀螺仪。静电驱动陀螺仪是采用在驱动电极上施加变化电压产生变化的静电力作为驱动力；电磁驱动陀螺仪是在电场中，给陀螺内部的质量块施加垂直于电场方向的变化电流产生的力作为驱动力；压电驱动陀螺仪是在陀螺的驱动电极上施加变化的电压，陀螺随之发生形变。无驱动结构方式主要是利用旋转体自身旋转作为动力来源，省略驱动装置，结构简单、成本低、可靠性高，它是专用于旋转体的陀螺。

4. 按检测方式可将微机械陀螺仪划分成压电式陀螺仪、压阻式陀螺仪、电容式陀螺仪和光学陀螺仪。

5. 按加工方式可以将微机械陀螺仪划分为体加工微机械陀螺仪、表面加工陀螺仪及微电子工艺陀螺仪。体加工工艺和表面加工工艺与微电子工艺兼容，是可以与微电子电路实现单片集成制造的工艺，适合低成本的大批量微型零件和微系统器件的加工制造；但可用的材料种类相对比较少，能加工的零件尺寸范围窄，适合尺度在 $0.1 \sim 100 \, \mu m$ 范围内的零件加工，能制造的零件形状相对简单。形状复杂的结构和部件则需要用微电子等其他加工工艺来制造。

二、微机械角速度传感器

微机械角速度传感器是目前市场上能够进行批量生产的最复杂的传感器之一。它由在真空中做复杂运动的惯性质量块和驱动该设备、分析其响应的多种复杂电路组成，并集中在一个极狭小的空间内。

这里介绍的是由奥地利 Sensor Dynamics 公司研制的一种微机械角速度传感器，它可以满足现代应用的全部要求，尤其是汽车工业所要求的小尺寸、坚固的机械结构、长期稳定性、无限制的故障自动防护性能和 AEC-Q100 认证（集成电路的汽车级质量认证）。这种角速度传感器特别适合于对汽车的危险情况做出判定，如刹车或翻车，即使在 GPS 信号接收不到的区域内，也可自动启动自动驾驶功能。

微机械角速度传感器由弹簧支撑的极板质量块组成，它能够在基底上自由地移动，传感器工作所必需的梳状驱动电极附着于极板之上。在驱动电极上施加可变电压使极板进入由于静电力而引起的主共振，共振的幅值靠监测电极来测量和修正。在外界旋转的影响下，共振极板在科里奥利力作用下偏离平面，引发二次共振，其幅值和外界角速度有严格的比例关系。二次共振的幅值由位于极板下面的电极测量。

微机械角速度传感器的运动结构非常小，运动极板的直径只有十分之几毫米，厚度只有百分之一毫米。所以必须有效排除外界机械效应的影响才能保证测量的精度，如需要用密封封装来排除灰尘的影响。传感器封装的一个横截面，在传感器内部必须是绝对的真空，因为残存的空气会在一定程度上阻碍极板质量块的运动，这将导致不能产生合适的共振。

角速度传感器使用一个专用集成电路（ASIC）来驱动，它能够检测到由于极板运动而引起的电容的微小变化。ASIC 的制造过程要求漏电流非常小，噪声特性非常好，同时还能提供高于 50 V 的电压能力和承受的温度超过 125℃。电路元件的这种耐高压特性意味着敏感元件能够接受更高电压的驱动，相应地可以产生高静电力来驱动敏感元件，由此可以设计成更坚固的机械结构，这对于敏感元件的高冲击强度是很重要的。

第五节　转向盘转角传感器

汽车转向盘转角传感器用于测量汽车转向时转向盘的旋转角度，主要应用于车道保持辅助系统、自适应前照明系统、自动泊车系统等。

一、转向盘转角传感器的分类

转向盘转角传感器根据工作原理可以分为霍尔式转角传感器、磁阻式转角传感器、光电式转角传感器和电阻分压式转角传感器等；根据原始信号编 / 解码方式的不同，转向盘转角传感器可以分为绝对值转角传感器和相对值转角传感器。

目前又出现了一些新型转角传感器，如 GMR（巨磁阻）转角传感器、AMR（各向异性磁阻）转角传感器，应用较为广泛。

（一）绝对值转角传感器

绝对值转角传感器输出转向盘的绝对转动角度，能够直接为控制系统的 ECU 所使用。但是，这种传感器对于安装空间有一定要求。同时，这种传感器的成本高，信号处理电路也比较复杂，限制了绝对值转角传感器的应用。

传统的绝对值转角传感器基于电阻分压原理，通常使用导电塑料作为电阻器来分压。在电阻器的两端施加一直流电压，一个滑动接触点随着转向盘的转动在电阻器两端内运动，转向盘转动到 2 个端点位置时，滑动接触点刚好运动到电阻器两端。测量接触点和电阻器一端的电压即可求得转向盘的绝对转角位置。

由于电阻分压式绝对值转角传感器是接触式传感器，在滑动触点和电阻器的相互运动过程中，两者会产生磨损，这影响了传感器的使用寿命，因此，材料的合理选择、润滑的合理使用都是这种传感器设计过程中必须认真考虑的问题。

（二）相对值转角传感器

相对值转角传感器包括光电感应式转角传感器和电磁感应式转角传感器。

1. 光电感应式转角传感器。光电感应式转角传感器包括至少 2 个光敏元件、1 个透光胶片以及对应的信号处理电路。透光胶片指的是在不透光的基片（通常做成圆环形）上均匀分布着一些透光矩形孔的胶片。透光胶片一般固定在转向管柱上，可以随着转向盘的转动而转动。在透光胶片的转动过程中，光线通过矩形孔入射在透光胶片后面固定的光敏元件表面。光敏元件表面的光强可以通过转换电路转换成不同幅值的输出电压。由于矩形孔均匀分布，因此，输出的电压呈现方波形状。通过合理的设计，让两个光敏元件输出的两路电压存在一定相位差（通常为 90°），通过比较两路信号的相位关系就可以判断转向盘的转动方向。

转向盘转动一周，输出的方波信号数就是矩形孔的个数，因此，每个方波周期对应的转向盘转角可以求出。在两个时刻之间，知道了转向盘的转动方向以及方波的个数，就可以知道两个时刻之间转向盘转动的相对角度。

因此，这种传感器被称为相对值转角传感器。通过一定的算法判断出转向盘的中间位置，再由相对值转角传感器求出相对于中间位置转动的角度，就可以求出转向盘的绝对转动角度。

2. 电磁感应式转角传感器。电磁感应式转角传感器利用永磁体和电子线路来产生方波信号，使用的原理包括霍尔效应、磁阻效应以及可变磁阻效应。这种传感器需要各种电子线路将传感器原始信号转换为适合应用的信号形式。由于这种传感器内部有比较多的电子部件，因此，它们对于温度比较敏感，最高工作温度一般不超过 125℃，同时，由于永磁体的存在，外部磁场可能对于这种传感器造成影响。

二、AMR 转向盘转角传感器

AMR（各向异性磁阻）传感器基于各向异性磁电阻效应。磁性薄膜在平行于膜面的外磁场作用下，到达饱和磁化时，薄膜的电阻将随外磁场方向和电流方向变化而变化，这种效应就是各向异性磁电阻效应。AMR 传感器是用于测量角度和转速的非接触式传感器，它应用氧化硅晶体作为载体，传感器元件的电阻随着外加磁场方向的变化而改动，应用测量所得的电阻变化可以求得角度变化或依据电阻变化规律可以求得角速度。这种传感器的量程一般为 180°，经过特殊设计，这种传感器的量程可以满足转向盘转角测量的要求。德国博世公司的转向盘转角传感器 LWS3 系列就是 AMR 传感器。

两个小齿轮由转向轴上的一个大齿轮驱动，这两个小齿轮之间差 1 个齿，通过测量两个小齿轮的角度就可以得到转向盘的角度信号。按一定的计算流程，在微处理器中计算出转向盘转角，供控制系统使用。

巨磁阻（GMR）传感器应用的是磁性多层膜的巨磁阻效应，由一系列薄层（磁性多层膜）叠加而成，这些层只有纳米级厚度，它对最微弱的磁场也会有反应。这意味着这种传感器可以远离被测量物体。这种传感器可以被用来测量达到 360° 的转角，经过特殊设计，这种传感器的量程可以满足转向盘转角测量的要求。博世公司的转向盘转角传感器 LWS5 系列就是 GMR 传感器。

第六节　超声波传感器

频率高于人类听觉上限频率（约 20 000 Hz）的声波，称为超声波。超声波传感器是利用超声波的特性研制而成的传感器，是在超声频率范围内将交变的电信号转换成声信号或者将外界声场中的声信号转换为电信号的能量转换器件。

一、超声波传感器的特点

超声波传感器具有以下特点。

1. 超声波的传播速度仅为光波的百万分之一，并且指向性强，能量消耗缓慢，因此可以直接测量较近目标的距离，一般测量距离小于 10 m。

2. 超声波对色彩、光照度不敏感，可适用于识别透明、半透明及漫反射差的物体。

3. 超声波对外界光线和电磁场不敏感，可用于黑暗、有灰尘或烟雾、电磁干扰强、有毒等恶劣环境中。

4. 超声波传感器结构简单，体积小，成本低，信息处理简单可靠，易于小型化与集成化，并且可以进行实时控制。

超声波方法作为非接触检测和识别的手段，已引起人们越来越多的重视。

二、超声波传感器的结构

超声波传感器采用双晶振子（压电晶片），即把双压电陶瓷片以相反极化方向粘在一起，在长度方向上，一片伸长另一片就缩短。在双晶振子的两面涂覆薄膜电极，上面用引线通过金属板（振动板）接到一个电极端，下面用引线直接接到另一个电极端。双晶振子为正方形，正方形的左右两边由圆弧形凸起部分支撑着。这两处的支点就成为振子振动的节点。金属振动板的中心有圆锥形振子，发送超声波时，圆锥形振子有较强的方向性，因而能高效地发送超声波；接收超声波时，超声波的振动集中于振子的中心，所以能产生高效率的高频电压。超声波传感器采用金属或塑料外壳，其顶部有屏蔽栅。

通过超声换能结构，配以适当的收发电路，就可以使超声能量定向传输，并按预期接收反射波，实现超声测距、遥控、防盗等检测功能。

超声波传感器有一个发射头和一个接收头，安装在同一面上。在有效的检测距离内，发射头发射特定频率的超声波，遇到检测面反射部分超声波；接收头接收返回的超声波，由芯片记录声波的往返时间，并计算出距离值。超声波测距传感器可以通过模拟接口和 II C 接口两种方式将数据传输给控制单元。

三、超声波传感器测距原理

超声波传感器测距原理是超声波发射头发出的超声波脉冲，经介质（空气）传到障碍物表面，反射后通过介质（空气）传到接收头，测出超声脉冲从发射到接收所需的时间，根据介质中的声速，求得从探头到障碍物表面之间的距离。设探头到障碍物表面的距离为 L，超声波在空气中的传播速度为 v（约为 340 m/s），从发射到接收所需的传播时间为 t，当发射头和接收头之间的距离远小于探头到障碍物之间的距离时，则有 $L = vt/2$。由此可见，被测距离与传播时间之间具有确定的函数关系，只要能测出传播时间，即可求出被测距离。

四、超声波传感器的主要参数

超声波传感器主要有以下特性参数。

（一）测量范围

超声波传感器的测量范围取决于其使用的波长和频率。波长越长频率就越低，检测距离越大，如具有毫米级波长的紧凑型传感器的测量范围为 300~500 mm，波长大于 5 mm 的传感器测量范围可达 10 m。

（二）测量精度

测量精度是指传感器测量值与真实值的偏差。超声波传感器测量精度主要受被测物体体积、表面形状、表面材料等影响。被测物体体积过小、表面形状凹凸不平、物体材料吸收声波等情况都会降低超声波传感器测量精度。测量精度越高，感知信息越可靠。

（三）波束角

传感器产生的声波以一定角度向外发出，声波沿传感器中轴线方向上的超声射线能量最大，能量向其他方向逐渐减弱。以传感器中轴线的延长线为轴线，到一侧能量强度减小一半处的角度称为波束角。波束角越小，指向性越好。一些传感器具有较窄的 6° 波束角，更适合精确测量相对较小的物体。一些波束角为 12°～15° 的传感器能够检测具有较大倾角的物体。

（四）工作频率

工作频率直接影响超声波的扩散和吸收损失、障碍物反射损失、背景噪声，并直接决定传感器的尺寸。一般选择在 40 kHz 左右，这样传感器方向性尖锐，且避开了噪声，提高了信噪比；虽然传播损失相对低频有所增加，但不会给发射和接收带来困难。

（五）抗干扰性能

超声波为机械波，使用环境中的噪声会干扰超声波传感器接收物体反射回来的超声波，因此要求超声波传感器具有一定的抗干扰能力。

第七节　激光雷达

激光雷达是以发射激光束来探测目标位置的雷达系统，其功能包含搜索和发现目标；测量其距离、速度、角位置等运动参数；测量目标反射率、散射截面和形状等特征参数。

激光雷达根据扫描机构的不同，有二维和三维两种。它们大部分都是靠旋转的反射镜将激光发射出去并通过测量发射光和从障碍物表面反射光之间的时间差来测距。三维激光雷达的反射镜还附加一定范围内俯仰，以达到面扫描的效果。

二维激光雷达和三维激光雷达在先进驾驶辅助系统上得到了广泛应用。与三维激光雷达相比，二维激光雷达只在一个平面上扫描，结构简单，测距速度快，系统稳定可靠；但二维激光雷达用于地形复杂、路面高低不平的环境时，由于它只能在一个平面上进行单线扫描，故不可避免会出现数据失真和虚报的现象。同时，由于数据量有限，用单个二维激光雷达也无法完成越野环境下的地形重构。

一、激光雷达的特点

激光雷达以激光作为载波，激光是光波波段电磁辐射，波长比微波和毫米波短得多。激光雷达具有以下特点。

1. 全天候工作，不受白天和黑夜的光照条件的限制。

2. 激光束发散角小，能量集中，有更好的分辨率和灵敏度，探测精度高。

3. 可以获得幅度、频率和相位等信息，且多普勒频移大，可以探测从低速到高速的目标。

4. 抗干扰能力强，隐蔽性好，激光不受无线电波干扰，能穿透等离子鞘套，低仰角工作时，对地面的多路径效应不敏感。

5. 激光雷达的波长短，可以在分子量级上对目标探测且探测系统的结构尺寸可做的很小。

6. 激光雷达具有三维建模功能，能够检测周围 360° 所有物体。

二、激光雷达的组成

激光雷达是由激光发射系统、光电接收系统、信号采集处理系统、控制系统等组成。

激光雷达发射系统主要负责向障碍物发出激光信号；接收系统主要负责接收经障碍物反射之后回来的激光信息；信号采集处理系统主要负责将接收回来的信号进行处理，使它能够符合下一级系统的要求，它是激光雷达系统最关键的环节，将直接影响激光雷达系统的测量精度；控制系统主要作用是提供信号并且对接收回来的信号进行数据处理。

三、激光雷达的测距原理

激光雷达测距的基本原理是通过测算激光发射信号与激光回波信号的往返时间，从而计算出目标的距离。首先，激光雷达发出激光束，激光束碰到障碍物后被反射回来，被激光接收系统进行接收和处理，从而得知激光从发射至被反射回来并接收之间的时间，即激光的飞行时间，根据飞行时间，可以计算出障碍物的距离。

根据所发射激光信号的不同形式，激光测距方式可分为脉冲激光测距和连续波相位激光测距两大类。目前，主要用到的测距方法有脉冲测距法、干涉测距法和相位测距法等。

（一）脉冲测距法

用脉冲法测量距离时，首先激光器发出一个光脉冲，同时设定的计数器开始计数，当接收系统接收到经过障碍物反射回来的光脉冲时停止计数。计数器所记录的时间就是光脉冲从发射到接收所用的时间。光速是一个固定值，所以只要得到发射到接收所用的时间就可以算出所要测量的距离。

设 c 为光在空气中传播的速度，$c = 3 \times 10^8$ m/s，光脉冲从发射到接收的时间为 t，则待测距离为 $L = ct/2$。

脉冲式激光测距所测得距离比较远，发射功率较高，一般从几瓦到几十瓦不等，最大射程可达几十千米。脉冲激光测距的关键之一是对激光飞行时间的精确测量。激光脉冲测量的精度和分辨率与发射信号带宽或处理后的脉冲宽度有关，脉冲越窄，性能越好。

（二）干涉测距法

干涉测距法的基本原理是利用光波的干涉特性实现距离的测量。根据干涉原理，产生干涉现象的条件是两列有相同频率、相同振动方向的光相互叠加，并且这两列光的相位差固定。

激光器发射出一束激光，通过分光镜分为两束相干光波，两束光波各自经过反射镜 M1 和 M2 反射回来，在分光镜处又汇合到一起。由于两束光波的路程差不同，通过干涉后形成的明暗条纹也不同，所以传感器将干涉条纹转换为电信号之后，就可以实现测距功能。

干涉法测距技术虽然已经很成熟，并且测量精度也很好，但是它一般是用在测量距离的变化中，不能直接用它测量距离，所以干涉测距一般应用于干涉仪、测振仪、陀螺仪中。

（三）相位测距法

相位测距法的原理是利用发射波和返回波之间所形成的相位差来测量距离的。首先，经过调制的频率通过发射系统发出一个正弦波的光束，然后，通过接收系统接收经过障碍物之后反射回来的激光。只要求出这两束光波之间的相位差，便可通过此相位差计算出待测距离。

相位测距法由于其精度高、仪器体积小、结构简单、昼夜可用的优点，被公认为最有发展潜力的距离测量技术。相比于其他类型的测距方法，相位测距法朝着小型化、高稳定性、方便与其他仪器集成的方向发展。

四、激光雷达的应用

IBEO LUX（4 线）激光雷达是德国 IBEO 公司借助高分辨率激光测量技术，推出的一款多功能的汽车智能传感器。它拥有 110° 的宽视角，0.3~200 m 的探测距离，绝对安全的 1 等级激光。

在有限的空间内，集 7 种功能和低成本于一体，能轻松应对路面上的多种危险交通路况，轻易集成到任何车体并观察到任何角度。因此，LUX（4 线）激光雷达不仅保证了使用的便利性，而且提高了安全性。

LUX（4 线）激光雷达不仅输出原始扫描数据，同时输出每个测量对象的数据，如位置、尺寸、纵向速度、横向速度等，拥有远距离、智能分辨率、全天候等能力，结合 110° 的宽视角，在以下 7 个方面拥有出色的性能。

行人保护。当一个人出现在车辆行驶的前方路面上，需要车辆提供保护的场合。LUX（4 线）激光雷达能检测 0.3~30 m 视场范围内所有行人。通过分析对象的外形、速度和腿部移动来区分行人与普通物体，传感器在启动安全保护措施（如安全气囊）前 300 ms 时发出警告，这样便可在发生碰撞之前保护行人。

自适应巡航控制系统的启和停。基于 LUX（4 线）激光雷达的自适应巡航控制系统可在 0~200 km/h 的速度范围内实现自动行驶，可在没有驾驶员帮助的情况下自动调整车速，如有必要，刹车停行。宽视场范围使得它能及时地检测到并线的车辆，并且快速判断它的横向速度。

车道偏离预警。LUX（4 线）激光雷达可以检测车辆行驶前方的车道线标识和潜在的障碍，同时也可以计算车辆在道路中的位置。如果车辆可能会偏离航线，系统会立即发出预警。

自动紧急刹车。LUX（4 线）激光雷达实时检测车辆行驶前方的所有静止的和移动的物体，并且判断它们的外形，当要发生危险时，自动紧急刹车。

预碰撞处理。通过分析所有的环境扫描数据，不管是即将发生什么样的碰撞（如擦碰），预碰撞功能会在碰撞发生前 100 ms 发出警告。LUX（4 线）激光雷达能计算出碰撞的初始接触点并且采取措施以减小碰撞，提前启动安全系统。

交通拥堵辅助。针对城市拥堵路况，LUX（4 线）激光雷达能够在上下班路上消除频繁启停而带来的烦恼。驾驶员只需掌握好汽车转向盘，该功能在速度小于 30 km/h 的路况下显得尤为重要。缓和的加 / 减速度和可靠行人保护功能，使车辆驾驶既安全又省心。

低速防碰撞功能。行驶途中，哪怕是一小会儿的分神也有可能导致事故的发生，引入低速防碰撞功能，使得以前在 30 km/h 时速下时常发生的类似事故不再发生，LUX（4 线）激光雷达检测并分析前方的路况，车辆会在发生碰撞前自动停驶。

第八节　毫米波雷达

毫米波雷达是指工作频率介于微波和光之间，选在 30~300 GHz 频域（波长为 1~10 mm，即 1 mm 波波段）的雷达。

一、毫米波雷达的特点

毫米波雷达具有以下优点。

优异的探测性能。毫米波波长较短，并且汽车在行驶中的前方目标一般都是金属构成，这会形成很强的电磁反射，其探测不受颜色与温度的影响。

快速的响应速度。毫米波的传播速度与光速一样，并且其调制简单，配合高速信号处理系统，可以快速地测量出目标的角度、距离、速度等信息。

对环境适应性强。毫米波具有很强的穿透能力，在雨、雪、大雾等恶劣天气依然可以正常工作，由于其天线属于微波天线，相比于光波天线，它在大雨及轻微上霜的情况下依然可以正常工作。

抗干扰能力强。毫米波雷达一般工作在高频段，而周围的噪声和干扰处于中低频区，基本上不会影响毫米波雷达的正常运行，因此，毫米波雷达具有抗低频干扰特性。

毫米波雷达最主要的缺点是毫米波在空气中传播时会受到空气中的氧分子和水蒸气的影响，这些气体的谐振会对毫米波频率产生选择性吸收和散射，大气传播衰减严重，因此，实际应用中，应找到毫米波在大气中传播时，由气体分子谐振吸收所致衰减为极小值的频率。

二、毫米波雷达的测量原理

车载毫米波雷达根据测量原理的不同，一般分为脉冲方式和调频连续波方式两种。

脉冲方式测量原理简单，但由于受技术、元器件等方面的影响，实际应用中很难实现。采用脉冲方式的毫米波雷达需在很短的时间（一般都是微秒的数量级）内发射大功率的信号脉冲，通过脉冲信号控制雷达发射装置发射出高频信号，因此在硬件结构上比较复杂，成本高。除此之外，在高速路上行驶的车辆，其回波信号难免会受到周围树木、建筑物的影响，使回波信号衰减，从而降低接收系统的灵敏度。同时，如果收发采用同一个天线时，在对回波信号进行放大处理之前，应将其与发射信号进行严格的隔离，否则会因为发射信号的窜入，导致回波信号放大器饱和或者损坏。为了避免发射信号窜入接收信号中，需进行隔离技术处理，通常情况下，采用环形器或者使用不同的天线收发以避免发射信号的窜入，但这样就导致硬件结构的复杂性增加，产品成本高。故在车用领域，脉冲测量方式运用较少。

目前，大多数车载毫米波雷达都采用调频连续波方式，其测量原理如图 2-3 所示。

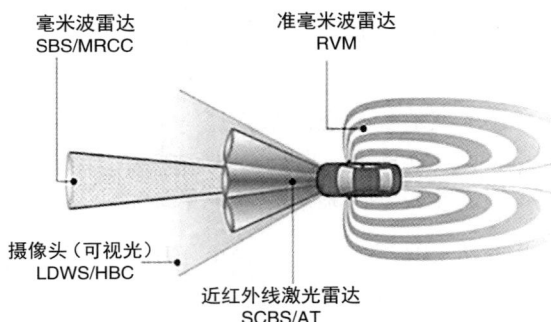

图 2-3 车载毫米波雷达都采用调频连续波方式

采用调频连续波方式的毫米波雷达结构简单，体积小，可以同时得到目标的相对距离和相对速度。它的基本原理是当发射的连续调频信号遇到前方目标时，会产生与发射信号有一定延时的回波，再通过雷达的混频器进行混频处理，而混频后的结果与目标的相对距离和相对速度有关。毫米波雷达测距和测速的计算公式为

$$S = \frac{c\Delta t}{2} = \frac{cTf'}{4\Delta f} \qquad (2-2)$$

$$u = \frac{cf_d}{2f_0} \qquad (2-3)$$

式中，s 为相对距离；c 为光速；T 为信号发射周期；f 为发射信号与反射信号的频率差；Δf 为调频带宽；f_d 为多普勒频率；f_0 为发射信号的中心频率；u 为相对速度。

三、毫米波雷达的应用

美国德尔福公司开发的 ESR 高频电子扫描毫米波雷达采用连续调制方式，应用多普勒测试原理，能够扫描最远范围 175 m 以内的 64 个目标。

ESR 毫米波雷达能够提供目标的相对距离、角度和速度等信息。它从 CAN 总线获取所需的车速、横摆角速度、转向盘转角等本车信息，扫描后将目标的信息，如距离、相对速度等同样通过 CAN 总线传递给车载计算机。

ESR 毫米波雷达同时具有中距离扫描和远距离扫描的功能，并将所扫描的目标数据存入相应的内存地址，其性能参数见表 2-1。

表 2-1　ESR 毫米波雷达性能参数

参数		长距离	中距离
系统特性	频段 /GHz	76~77	
	尺寸 /mm	130×90×39	
刷新率 /ms		50	
可检测的目标数		通过长距离和中距离目标的合并，总共 64 个目标	
覆盖范围	距离 /m	1~175	1~60
	相对速度 / (m/s)	−100±25	−100±25
	水平视角 /°	±10	±45
精确度	距离 /m	±0.5	±0.25
	相对速度 / (m/s)	±0.12	±0.12
	角度 /°	±0.5	±0.2

毫米波雷达因其硬件体积小，且不受恶劣天气影响，被广泛应用在智能网联汽车先进驾驶辅助系统或无人驾驶汽车上。

第九节　视觉传感器

广义的视觉传感器主要由光源、镜头、图像传感器、模数转换器、图像处理器、图像存储器等组成，其主要功能是获取足够的机器视觉系统要处理的最原始图像。把光源、摄像机、图像处理器、标准的控制与通信接口等集成一体的视觉传感器常称为一个智能图像采集与处理单元，内部程序存储器可存储图像处理算法，并能使用 PC 机，利用专用组态软件编制各种算法下载到视觉传感器的程序存储器中，视觉传感器将 PC 机的灵活性、PLC 的可靠性、分布式网络技术结合在一起，用这样的视觉传感器和 PLC 可以更容易地构成机器视觉系统。

狭义的视觉传感器是指图像传感器，它的作用是将镜头所成的图像转变为数字或模拟信号输出，是视觉检测的核心部件，主要有 CCD 图像传感器和 CMOS 图像传感器。

一、CCD 图像传感器

CCD（Charge-Coupled Device）中文全称为电荷耦合元件。CCD 图像传感器主要是由一个类似马赛克的网格、聚光镜片以及垫于最底下的电子线路矩阵所组成，其外形如图 2-4 所示。

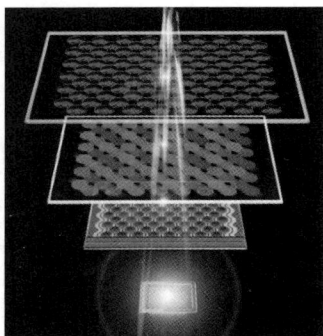

图 2-4　CCD 图像传感器

　　CCD 是一种特殊的半导体器件，能够把光学影像转化为数字信号。CCD 上植入的微小光敏物质称作像素。一块 CCD 上包含的像素数越多，它提供的画面分辨率也就越高。CCD 的作用就像胶片一样，但它是把光信号转换成电荷信号。CCD 上有许多排列整齐的光电二极管，能感应光线，并将光信号转变成电信号，经外部采样放大及模数转换电路转换成数字图像信号。

　　由于 CCD 的体积小、成本低，所以广泛应用于扫描仪、数码相机及数码摄像机中。目前大多数数码相机采用的视觉传感器都是 CCD 图像传感器。

二、CMOS 图像传感器

　　CMOS（Complementary Metal-Oxide Semiconductor）中文全称为互补性氧化金属半导体。CMOS 图像传感器是利用 CMOS 工艺制造的图像传感器，主要利用了半导体的光电效应，和 CCD 的原理相同，其外形如图 2-5 所示。

图 2-5　CMOS 图像传感器

CMOS 图像传感器与 CCD 图像传感器一样，可用于自动控制、自动测量、摄影摄像、视觉识别等各个领域。

三、图像传感器主要参数

CCD 和 CMOS 图像传感器的主要参数有像素、帧率、靶面尺寸、感光度、信噪比和电子快门等。

（一）像素

图像传感器上有许多感光单元，它们可以将光线转换成电荷，从而形成对应于景物的电子图像。而在传感器中，每一个感光单元都对应着一个像素。所以，像素越多，代表着它能够感测到的物体细节越多，从而图像就越清晰。

（二）帧率

帧率代表单位时间所记录或者播放的图片的数量，连续播放一系列图片就会产生动画效果，根据人的视觉系统，当图片的播放速度大于 15 幅 /s 的时候，人眼就基本看不出来图片的跳跃；在达到 24~30 幅 /s 之间时就已经基本觉察不到闪烁现象。每秒的帧数或者说帧率表示图形传感器在处理场时每秒钟能够更新的次数。高的帧率可以得到更流畅、更逼真的视觉体验。

（三）靶面尺寸

靶面尺寸也就是图像传感器感光部分的大小。一般用英寸（1 in = 0.025 4 m）来表示，通常这个数据指的是这个图像传感器的对角线长度，如常见的有 1/3 in。靶面越大，意味着通光量越好，而靶面越小则比较容易获得更大的景深。比如 1/2 in 可以有比较大的通光量，而 1/4 in 可以比较容易获得较大的景深。

（四）感光度

感光度代表通过 CCD 或 CMOS 以及相关的电子线路感应入射光线的强弱。感光度越高，感光面对光的敏感度就越强，快门速度就越高，这在拍摄运动车辆、夜间监控的时候尤其显得重要。

（五）信噪比

信噪比指的是信号电压对于噪声电压的比值，单位为 dB。一般摄像机给出的信噪比值均是 AGC（自动增益控制）关闭时的值，因为当 AGC 接通时，会对小信号进行提升，使得噪声电平也相应提高。信噪比的典型值为 45~55 dB：若为 50 dB，则图像有少量噪声，但图像质量良好；若为 60 dB，则图像质量优良，不出现噪声，信噪比越大说明对噪声的控制越好。

（六）电子快门

电子快门用来控制图像传感器的感光时间，由于图像传感器的感光值就是信号电荷的积累，感光越长，信号电荷积累时间也越长，输出信号电流的幅值也越大。电子快门越快，感光度越低，因此适合在强光下拍摄。

四、CCD 和 CMOS 图像传感器的差异

CCD 和 CMOS 图像传感器具有以下差异。

（一）制造上的差异

CCD 和 CMOS 同为半导体，但 CCD 是集成在半导体单晶材料上；CMOS 是集成在金属氧化物的半导体材料上。

（二）工作原理的差异

主要区别是读取视觉数据的方法，CCD 从阵列的一个角落开始读取数据；CMOS 对每一个像素采用有源像素传感器及晶体管，以实现视觉数据读取。

（三）视觉扫描方法的差异

CCD 传感器连续扫描，在最后一个数据扫描完成之后才能将信号放大；CMOS 传感器的每个像素都有一个将电荷转化为电子信号的放大器。

（四）感光度的差异

CMOS 每个像素包含了放大器与 A/D 转换电路，过多的额外设备压缩单一像素的感光区域的表面积，因此在相同像素下，同样大小之感光器尺寸，CMOS 的感光度会低于 CCD。

（五）分辨率的差异

CMOS 每个像素的结构比 CCD 复杂，其感光开口不及 CCD 大，比较相同尺寸的 CCD 与 CMOS 感光器时，CCD 感光器的分辨率通常会优于 CMOS。

（六）噪声的差异

CMOS 每个感光二极管旁都搭配一个 ADC 放大器，如果以百万像素计，那么就需要百万个以上的 ADC 放大器，虽然是统一制造下的产品，但是每个放大器或多或少都有微小差异存在，很难达到放大同步的效果，对比单一放大器的 CCD，CMOS 最终计算出的噪声就比较多。

（七）成本的差异

CMOS 应用半导体工业常用的 MOS 制程，可以一次将全部周边设施整合于单芯片中，节省加工芯片所需负担的成本和良率的损失；相对地，CCD 采用电荷传递的方式输出信息，必须另辟传输信道，如果信道中有一个像素故障，就会导致一整排的信号壅塞，无法传递，需要另辟传输通道和外加 ADC 等，CCD 的制造成本相对高于 CMOS。

（八）耗电量的差异

CMOS 的影像电荷驱动方式为主动式，感光二极管所产生的电荷会直接由旁边的晶体管做放大输出；但 CCD 却为被动式，必须外加电压让每个像素中的电荷移动至传输通道。而这外加电压通常需要 12 V 以上，因此 CCD 还必须要有更精密的电源线路设计和耐压强度，高驱动电压使 CCD 的电量远高于 CMOS。

CCD 和 CMOS 图像传感器的比较见表 2-2。

表 2-2　CCD 和 CMOS 图像传感器的比较

传感器种类	CCD	CMOS
设计	单一感光器	感光器连接放大器
灵敏度	同样面积下灵敏度高	感光开口小，灵敏度低
解析度	连接复杂度低，解析度高	解析度低
噪点比	单一放大，噪点低	百万放大，噪点高
功耗比	需外加电压，功耗高	直接放大，功耗低
成本	线路品质影响程度高，成本高	CMOS 整合集成，成本低

CCD 摄像机和 CMOS 摄像机在使用过程还涉及诸多工作参数。就当前技术现状，CCD 摄像机的灵敏度和解析度均比 CMOS 高，为了能够确保视觉识别的精度和准确度，一般选用 CCD 摄像机作为图像传感器。

五、视觉传感器的应用

视觉传感器在智能网联汽车上的应用是以摄像头的方式出现，主要用于自适应巡航控制系统、车道偏离预警系统、车道保持辅助系统、汽车并线辅助系统、自动刹车辅助系统中的障碍物检测和道路检测等。

摄像头有单目摄像头和双目摄像头，如图 2-6 所示。

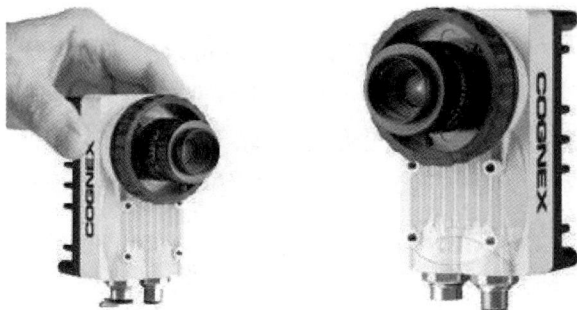

图 2-6　单、双目摄像头

单目摄像头是利用摄像头采集车辆前方路况信息，并依靠数据库中保存的物体标志性特征轮廓识别前方物体，从而依靠独立的算法计算出物体与车辆的距离和接近速率。单目摄像头的优点是成本低廉，能够识别具体障碍物的种类，识别准确；缺点是由于其识别原理导致其无法识别没有明显轮廓的障碍物，工作准确率与外部光线条件有关，并且受限于数据库，没有自学习功能。

双目摄像头可以通过视频接收信号计算出汽车与其他物体间的距离。双目摄像头优点是功能较单目摄像头更强大，探测距离更准确、更远；缺点是成本高于单目摄像头。

摄像头有红外摄像头和普通摄像头，红外摄像头既适合白天工作，也适合黑夜工作；普通摄像头只适合白天工作，不适合黑夜工作。目前使用的主要是红外摄像头。

超声波传感器、激光雷达、毫米波雷达和视觉传感器作为主要的环境感知传感器，它们的选择需要综合考虑其性能特点和性价比，它们之间的比较见表 2-3。

表 2-3　环境感知用传感器的比较

传感器类型	一般测量性能			环境影响
	测量范围 /m	测量精度 /m	测量频率	
超声波传感器	0.2~10	± 0.1	10~20 Hz	不受光照影响，测量精度受测量物体表面形状、材质影响大
激光雷达	1~200	± 0.1	10~20 Hz	聚焦性好，易实现远程测量，能量高度集中，具有一定危害性
毫米波雷达	0~100	± 0.5	20~50 Hz	角度分辨率高，抗电子干扰强
视觉传感器	3~25	0.3	30~50 帧 /s	测量精度不受物体表面材质、形状等因素影响，受环境光照强度影响大

第十节　电子罗盘

电子罗盘是利用地磁场固有的指向性测量空间姿态角度的，是一种重要的导航器件。

一、电子罗盘的类型

电子罗盘的原理是通过测量地球磁场确定方位，按其测量磁场的传感器种类不同，电子罗盘主要分为磁通门式电子罗盘、霍尔效应式电子罗盘和磁阻效应式电子罗盘。

（一）磁通门式电子罗盘

磁通门式电子罗盘根据磁饱和原理制成，输出的可以是电压，也可以是电流，还可以是时间差，主要用于测量稳定或低频磁场的大小或方向。从原理上讲，它通过测量线圈中磁通量的变化来感知外界的磁场大小，为了达到较高的灵敏度，必须要增加线圈横截面积，因而，磁通门式电子罗盘的体积和功耗较大，响应速度较慢，处理电路相对复杂，成本高。

（二）霍尔效应式电子罗盘

霍尔效应是指施加外磁场垂直于半导体中流过的电流，就会在半导体中垂直于磁场和电流的方向产生电动势。霍尔效应式电子罗盘是根据霍尔效应原理制成，适用于强磁场且精度要求不高的场合。

（三）磁阻效应式电子罗盘

磁阻效应是指某些金属或半导体在磁场中电阻值随着磁场大小的增加而升高的现象，这种现象在横向和纵向磁场中都能观察到，因此，可以通过测量电阻的变化来间接测量磁场的大小。磁阻效应式电子罗盘是利用具有磁阻效应的传感器感知周围磁场变化，这些传感器在线性范围内输出电压与被测磁场成正比，其灵敏度和线性度等方面优于霍尔器件，同时体积小、功耗低、抗干扰能力强、温度特性好、易于与数字电路匹配；在测量弱磁场以及基于弱磁场的地磁导航、磁航向系统研制、位置检测等方面显示出巨大的优势，在航天、航空、航海、无人驾驶汽车等诸多领域有着广泛的应用前景。

电子罗盘也可以分为平面电子罗盘和三维电子罗盘。

平面电子罗盘。要求用户在使用时必须保持罗盘的水平，否则当罗盘发生倾斜时，也会给出航向的变化而实际上航向并没有变化。虽然平面电子罗盘对使用水平要求很高，但如果能保证罗盘所附载体始终水平的话，平面电子罗盘的性价比较好。

三维电子罗盘。内部加入了测量倾斜角的传感器，如果罗盘发生倾斜，可对罗盘进行倾斜补偿，保证了航向数据的准确无误。

二、电子罗盘的测量参数

电子罗盘测量参数主要有磁偏角、航向角和姿态角。

（一）磁偏角

磁偏角是指地球表面任一点的磁子午圈与地理子午圈的夹角。磁偏角的测量方法可以根据指北针的指向判断。通常情况下，偏东为正，偏西为负。磁针静止时，磁针所指的北方与真正北方之间的夹角称为磁偏角。磁偏角也认为是磁场强度矢量在水平方向上的投影与正北方向的夹角，即磁子午线与地理子午线的夹角。根据磁场强度矢量指向的偏向来判断是东偏还是西偏，其指向正北方向以西称西偏，偏向正北方向以东称东偏。利用磁偏测量仪可以将各个地方的磁偏角测出来，它们的磁偏角是不同的，并且某一地点磁偏角也会随时间而改变。在地磁极处的磁偏角是90°。磁偏角的度数不是计算出来的，而是测量出来的。

地球本身是块大磁铁，地球内部的稳定磁场决定了地磁南北极；地理南北极则位于地球自转的轴线上，其两极是地球上经线的汇聚处，以子午线形式在地图上标出。实际上，地磁的南北极与地理南北极并不重合，它们之间存在一个夹角，大约为 11.5°，被称为磁偏角。随着用户罗盘的纬度和经度变化，磁偏角也产生变化，可根据以地理位置为基础的查找表确定。磁偏角如图 2-7 所示。

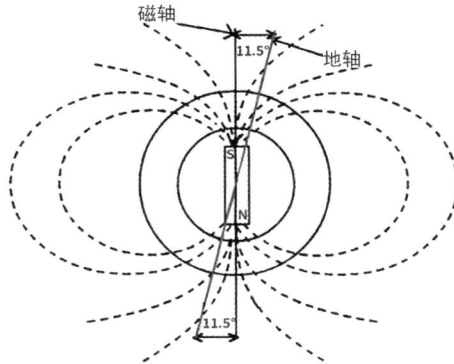

图 2-7　磁偏角

（二）航向角

磁阻式电子罗盘用在载体上时，将载体纵轴方向在水平面的投影与真北（地理北极）的夹角定义为地理航向角，用 α 表示。载体纵轴方向在水平面上的投影与磁北（地磁北极）的夹角被定义为地磁航向角，用 β 表示。γ 为磁偏角。如图 2-8 所示。

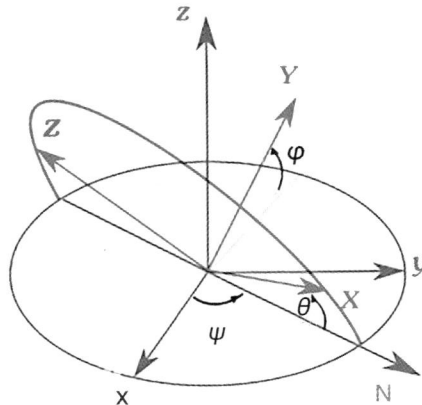

图 2-8　航向角

（三）姿态角

对载体倾斜姿态的描述称为姿态角，它包括横滚角和俯仰角。横滚角是指罗盘在水平面的投影与其前进方向垂直的方向之间的夹角，用 θ 表示，并指定右转为正，左转为负；以水平面为准，电子罗盘载体的前进方向同水平面之间的夹角称为俯仰角，用 ϕ 表示，并指定上仰为正，下俯为负。如图 2-9 所示。

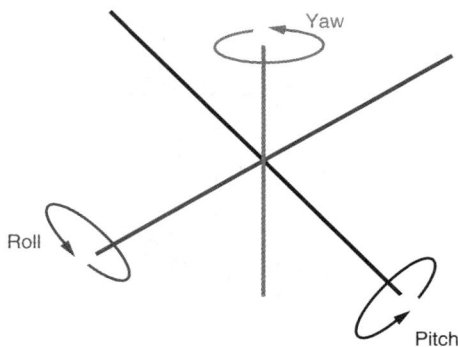

图 2-9　姿态角

三、磁阻式电子罗盘

三维磁阻式电子罗盘结构框图如图 2-10 所示，主要由磁阻传感器、加速度传感器、微处理器和显示模块组成。磁阻传感器用于测量罗盘所在区域的磁场情况；加速度传感器用于测量罗盘的姿态信息；微处理器将磁阻传感器及加速度传感器的数据融合，计算并输出方位结果；显示模块用于显示方位结果。

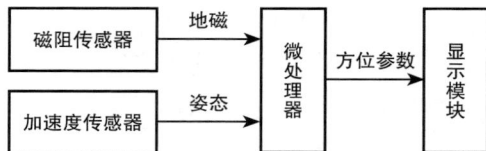

图 2-10　三维磁阻式电子罗盘结构框图

通过三轴重力加速度传感器测出载体在 X、Y、Z 三个轴的重力加速度分量为 A_x、A_y、A_z，结合空间几何，计算出横滚角 θ 和俯仰角 ϕ 分别为

$$\theta = \arctan\left(\frac{A_x}{\sqrt{A_y^2 + A_z^2}}\right) \tag{2-4}$$

$$\varphi = \arctan\left(\frac{A_y}{\sqrt{A_y{}^2 + A_z{}^2}}\right) \qquad （2-5）$$

利用三轴磁阻传感器测出载体坐标系下的三个轴的磁场强度分量 X、Y、Z，将其转化到地球坐标系下的水平磁场强度 X_H 和 Y_H 为

$$X_H = X\cos\varphi + Y\sin\theta\sin\varphi - Z\cos\theta\sin\varphi \qquad （2-6）$$

$$X_H = X\cos\theta + Z\sin\theta \qquad （2-7）$$

$$\beta = \arctan\left(\frac{Y_H}{X_H}\right) \qquad （2-8）$$

四、电子罗盘的应用

电子罗盘具有体积小、航向精度高、倾斜范围宽、频响高、功耗低等优点，很适合用于既对航向精度要求较高同时又对功耗、体积有限制的场合，广泛应用于航天、航空、航海、机器人、车辆自主导航等领域。

霍尼韦尔电子数字罗盘，如图 2-11 所示，所有部件都被安装在密封盒中，而密封盒被紧紧地粘在车辆上。密封盒能够防水、防雨和防潮；尽量避免将磁性物体包括进去，例如汽车发动机、电动机、音频扬声器、钢铁螺母或螺栓。推荐使用铜、塑料或铝作为罗盘安装和封装的材料。

图 2-11　霍尼韦尔电子数字罗盘

博世公司推出全新电子罗盘传感器——BMC156。它是一款整合三轴地磁传

感器与三轴加速度传感器于一体的传感器，采用 2 mm×2 mm 紧凑型封装，能够确定使用设备的精准姿态，具备高精确度和低功耗的特性，能延长使用设备的电池寿命。

第十一节　车载传感器网络

车载传感器网络是在车载自组织网络基础上构建的一个移动的、基于车辆的新型传感器网络。

一、车载传感器网络的定义

由安装在移动车辆上的无线传感器节点自组织形成的网络称为车载传感器网络（VSN），它可以实现 V2V、V2I 之间的通信。

在车载传感器网络中，车辆都安装了无线的车载单元（OBU），车辆通过这种设备采用短距离无线通信技术与其他车辆通信，也可以与路侧单元（RSU）通信。

车辆上的各种传感器不但能够收集、感知和计算车辆节点周围的道路交通或者气候等因素，还能够通过车辆内的一些传感器感知车辆内部的状态。这些传感器根据各自的使用场景不同在各自的功能上都发挥着重大的作用。例如能够拍摄车辆附近的视频画面与动静态图像信息的行车云记录仪；能够提供车辆行进时实时的加速度信息的加速度传感器；能够灵敏感知车辆行驶方向的行车陀螺仪；能够精确定位车辆地理位置并测算出车辆行驶即时速度的全球卫星定位系统终端设备 GPS；能够探测车辆温度、湿度的车载环境感应仪；甚至能够感知驾驶员生理和心理状况的车载生物探测仪等。

二、车载传感器网络的特点

由于车载传感器网络是基于车载自组织网络的一种新型的以数据为中心的无线传感器网络，因此，与传统传感器网络相比，具有以下特点。

（一）资源不受限的网络

车载传感器网络具有资源不受限的特点，这是与传统无线传感器网络最显著的区别之一。在传统无线传感器网络中，传感器节点通常采用电池供电，由于体积限制，节点通常只能携带容量十分有限的电池。一方面，由于大多数传感器网络应用在恶劣环境里，更换电池以补充节点能量通常是不可行的，这就使得能量成为传感器网络中最为受限、最为珍贵的资源。而在车载传感器网络中，由于传感器节点可直接由车辆供电系统持续供电，这就解决了传统无线传感器网络中能量受限的问题。另一方面，传统的传感器节点通常只具有能力较弱的处理器模块，所配置的存储器容量也较小。而在车载传感器网络中，由于能量不受限的特点，处理器都具有较强的计算能力，存储设备也可改用大容量设备进行数据存储。

（二）自组织网络

车载传感器网络是一种特殊的车载自组织网络，传感器节点不具有固定的部署位置，而是随着车辆的行驶而移动。这就需要车载传感器节点具有自组织的能力，能够自动进行配置和管理，从而通过自组织的方式自动形成可采集并转发数据的多跳网络系统。

（三）节点数量大、分布范围广

与传统无线传感器网络类似，车载传感器网络也具有节点数量多、分布范围广的特点。举例来说，如果将城市公共交通车辆上都部署相应的传感器，以此形成的网络节点规模将达到数万计。同时，从覆盖规模上讲，由于车辆的移动，车载传感器网络理论上可覆盖整个城市路网，面积可达数百平方千米。通过在监测区域内部署密集的节点，可提高监测的精度，减少监视盲区，提高系统的容错性与鲁棒性。

（四）节点的高速移动性

传统无线传感器网络中的节点经常是静止不动或移动速度缓慢，速度范围在 $1\sim5$ m/s。在车载传感器网络中，节点是在城市或者高速公路上移动的车辆，其速度范围在 $10\sim30$ m/s。在传统的传感器网络中，大多数都是假设传感器节点在部署之后，整个网络是连通的，任意网络节点都能在网络拓扑中找到一条通往数据汇集点的路径。然而在车载传感器网络环境下，这种假设是不成立的。在车载网络中，很难像传统网络那样管理节点间的拓扑结构，建立相对稳定的路由表，从而解决网络中路由问题。

（五）基于机会性的数据传输

车载传感器网络是以数据为中心的网络，因此数据收集是车载传感器网络的基本功能。当车载传感器网络具有间歇连通的特性后，数据的传递不再是连续地通过多跳的中继节点转发到目的节点。由于DTN（时延容忍网络）中各节点之间的连通性随着节点的移动而频繁地变化，节点转发数据发生在与其他节点相遇的时候。因此，DTN通常采用存储转发的方式传送数据，当两个节点相遇时，两者建立无线连接，相互交换信息并将信息存储，随后将此信息转发至下一个遇到的节点，直至传送至目标点。显然，在这个场景下，传统的信息收集协议已无法适应新的网络条件，必须结合DTN的特点，设计新的信息收集协议。因为车载传感器网络的节点具有高速移动性，导致了网络的间歇连通性，所以车载传感器网络中的数据收集扩散协议和远程路由协议都是基于机会性的。然而，网络中车辆并不了解其周围邻居车辆未来的行驶路线，所以这种车辆移动的不确定性会导致基于存储转发方式利用移动节点传递数据也就不确定。一种解决方法就是复制数据并转发给更多的车辆以多路径的方式传递到目标点，虽然复制更多的数据到邻居车辆上会提高数据传递的效率，但是车载网络的资源是有限的，这种资源包括网络带宽和网络中移动节点的缓存空间，如果每辆车都复制了大量的数据，那么网络中这些有限的资源就会很快被耗尽，反而会影响数据传输的性能。

（六）复杂多样的数据收集

传统的信息收集绝大多数都是针对单一信息的收集，如周边环境的温度、湿度等信息，这些信息经多跳传输到信息接收者进行统一处理，信息接收者一般是汇聚节点或基站，具有较强的信息处理能力。然而在车载传感器网络中，随着传感器节点的计算能力的进一步提高，传感器网络不再局限于收集局部的简单的物理环境数据，而是向用户提供更加多样化和复杂化的信息和知识。而这些复杂数据的传递也不再是面向单一的汇聚节点，而是面向更多的分布在网络不同地理位置的用户。同时，这些信息的接收者往往不需要获得整个网络收集到的所有信息，而可能只对其中一类或几类信息感兴趣。

车载传感器网络具有广阔的应用背景，这些应用包括交通和通信两个主要方面，交通方面主要是保证驾驶员行车安全和交通顺畅，而通信方面是满足城市或高速公路通信需求提供服务支持，例如紧急的事故信息、救援信息以及普通的用户查询信息等。具体应用类型包括路况信息收集、交通安全、周边信息服务、交通事故紧急处理、互联网接入等。

第三章 智能网联汽车无线通信技术

第一节 无线通信系统的组成与分类

无线通信是利用电磁波信号可以在自由空间中辐射和传播的特性进行信息交换的一种通信方式，它可以传输数据、图像、音频和视频等。

一、无线通信系统的组成

无线通信系统一般由发射设备、传输介质和接收设备组成，其中传输介质为电磁波，发射设备和接收设备上需要安装天线，完成电磁波的发射与接收，如图 3-1 所示。

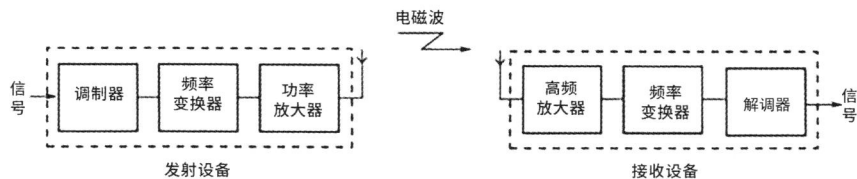

图 3-1 无线通信系统组成框图

发射设备是将原始的信号源转换成适合在给定传输介质上传输的信号，其中包括调制、频率变换、功率放大等。调制器将低频信号加到高频载波信号上，频率变换器进一步将信号变换成发射电波所需要的频率（如短波频率、微波频率等），经功率放大器放大后，在通过天线发射出去进行传输。

接收设备是将收到的信号还原成原来的信息送至接收端。接收设备把天线接收下来的射频载波信号，经过信号放大、频率变换，最后经过解调的过程再将原始信息恢复出来，完成无线通信。

二、无线通信系统的分类

无线通信系统可以按传输信号形式、无线终端状态、电磁波波长、传输方式和通信距离等进行分类。

（一）根据传输信号形式分类

根据传输信号的形式不同，无线通信系统可以分为模拟无线通信系统和数字无线通信系统。

1. 模拟无线通信系统

模拟无线通信系统是将采集的信号直接进行传输，传输的是模拟信号。

2. 数字无线通信系统

数字无线通信系统是将采集的信号转变为数字信号后再进行传输，传输的信号只包括数字 0、1，数字无线通信系统正在逐步取代模拟无线通信系统。

（二）根据无线终端状态分类

根据无线终端状态的不同，无线通信系统可以分为固定无线通信系统和移动无线通信系统。

1. 固定无线通信

固定无线通信系统的终端设备是固定的，如固定电话通信系统。

2. 移动无线通信系统

移动无线通信系统的终端设备是移动的，如移动电话通信系统。

（三）根据电磁波波长分类

根据电磁波的波长不同，无线通信系统可以分为长波无线通信系统、中波无线通信系统、短波无线通信系统、超短波无线通信系统、微波无线通信系统等。

1. 长波无线通信系统

长波无线通信系统是指利用波长大于 1000 m，频率低于 300 kHz 的电磁波进行的无线电通信，也称低频通信，它可细分为在长波（波长为 1~10 km、频率为 30~300 kHz）、甚长波（波长为 10~100 km、频率为 3~30 kHz）、特长波（波长为 100~1000 km、频率为 300~3000 Hz）、超长波（波长为 1000~10 000 km、频率为 30~300 Hz）和极长波（波长为 10 000~100 000 km、频率为 3~30 Hz）波段的通信。

2. 中波无线通信系统

中波无线通信系统是指利用波长为 100~1000 m、频率为 300~3000 kHz 的电磁波进行的无线电通信。

3. 短波无线通信系统

短波无线通信系统是指利用波长为 10~100 m、频率为 3~30 MHz 的电磁波进行的无线电通信。

4. 超短波无线通信系统

超短波无线通信系统是指利用波长为 1~10 m、频率为 30~300 MHz 的电磁波进行的无线电通信。

5. 微波无线通信系统

微波无线通信系统是指利用波长小于 1 m、频率高于 300 MHz 的电磁波进行的无线电通信，它可细分为分米波（波长为 100~1000 mm，频率为 300~3000 MHz）、厘米波（波长为 10~100 mm、频率为 3~30 GHz）、毫米波（波长为 1~10 mm、频率为 30~300 GHz）和亚毫米波（波长为 0.1~1 mm、频率为 300~3000 GHz）波段的通信。

（四）根据传输方式分类

根据信道路径和传输方式的不同，无线通信系统可以分为红外通信系统、可见光通信系统、微波中继通信系统和卫星通信系统等。

1. 红外通信系统

红外通信系统是一种利用红外线传输信息的通信方式。

2. 可见光通信系统

可见光通信系统是指利用可见光波段的光作为信息载体，在空气中直接传输光信号的通信方式。

3. 微波中继通信系统

微波中继通信系统是利用微波的视距传输特性，采用中继站接力的方法达成的无线电通信方式。

4. 卫星通信系统

卫星通信系统实际上也是一种微波通信系统，它以卫星作为中继站转发微波信号，在多个地面站之间通信。

（五）根据通信距离分类

根据通信距离，无线通信系统可以分为短距离无线通信系统和远距离无线通信系统。

1. 短距离无线通信系统

短距离无线通信和远距离无线通信在传输距离上至今并没有严格的定义，一般来说，只要通信收发两端是以无线电方式传输信息，并且传输距离被限定在较短的范围内（一般是几厘米至几百米），就可以称为短距离无线通信，它具有低成本、低功耗和对等通信三个重要特征。短距离无线通信技术主要有蓝牙技术、ZigBee（紫蜂）技术、WiFi 技术、UWB（超宽带）技术、60 GHz 技术、IrDA（红外）技术、RFID（射频识别）技术、NFC（近场通信）技术、VLC（可见光）技术、专用短程通信技术等。

2. 远距离无线通信系统

当无线通信传输距离超过短距离无线通信的传输距离时，称为远距离无线通信。远距离无线通信技术主要有移动通信技术、微波通信技术和卫星通信技术等。

第二节　蓝牙技术

蓝牙（Bluetooth）技术是由爱立信、诺基亚、东芝、IBM 和英特尔 5 家公司于 1998 年联合宣布共同开发的一种短距离无线通信技术。

一、蓝牙技术定义

蓝牙是一种支持设备之间进行短距离无线通信的技术，它能在包括移动电话、掌上电脑、无线耳机、笔记本电脑、智能汽车、相关外设等众多设备之间进行无线信息交互。利用蓝牙技术能够有效地简化移动通信终端设备之间的通信，也能够简化设备与因特网（Internet）之间的通信，使数据传输变得更加迅速高效，为无线通信拓宽道路。蓝牙采用分散式网络结构以及快跳频和短包技术，支持点对点及点对多点通信，工作在全球通用的 2.4 GHz 的 ISM（即工业、科学、医学）频段，采用时分双工传输方案实现全双工传输。

二、蓝牙系统组成

蓝牙系统一般由无线单元、链路控制（固件）单元、链路管理（软件）单元和软件（协议栈）单元四个功能单元组成。

无线单元。蓝牙要求其无线单元体积小、质量轻。蓝牙系统的无线发射功率符合 FCC（美国联邦通信委员会）关于 ISM 波段的要求。由于采用扩频技术，发射功率可增加到 100 MW。系统的最大跳频为 1600 跳 /s，在 2.4~2.48 GHz 之间，采用 79 个 1 MHz 带宽的频点。系统的设计通信距离为 0.1~10 m，如果增加发射功率，距离可以达到 100 m。

链路控制（固件）单元。蓝牙中使用了 3 个 IC 分别作为链路控制器、基带处理器以及射频传输 / 接收器，此外还使用了 3~5 个单独调谐元件。链路控制器负责处理基带协议和其他的底层连接规程，支持同步面向连接（SCO）和异步无连接（ACL）两种方式。

链路管理（软件）单元。它携带了链路的数据设备、鉴权、链路硬件配置和其他一些协议。链路管理（软件）单元可以发现其他远端链路管理并通过键路管理协议与之通信。链路管理（软件）单元提供的服务主要有发送和接收数据、请求名称、地址查询、鉴权、建立连接、链路模式协商和建立以及决定帧的类型等。

软件（协议栈）单元。它是一个独立的操作系统，不与任何操作系统捆绑，它必须符合已经制定好的蓝牙规范。链路协议分为 4 层——核心协议层、电缆替代层、电话控制协议层和采纳的其他协议层。软件（协议栈）单元主要实现的功能有配置及诊断、蓝牙设备的发现、电缆仿真、与外围设备的通信、音频通信及呼叫控制等。

在蓝牙协议栈中，还有一个主机控制接口（HCI）和音频（Audio）接口。HCI 是到基带控制器、链路管理器以及访问硬件状态和控制寄存器的命令接口。利用音频接口，可以在一个或多个蓝牙设备之间传递音频数据，该接口与基带直接相连。

三、蓝牙技术特点

蓝牙技术具有以下特点。

1. 全球范围适用。蓝牙工作在 2.4 GHz 的 ISM 频段，全球大多数国家 ISM 频段的范围是 2.4~2.483 5 GHz，使用该频段无须向各国的无线电资源管理部门申请许可证，便可直接使用。

2. 通信距离为 0.1~10 m，发射功率 100 MW 时可以达到 100 m。

3. 同时可传输语音和数据。蓝牙采用电路交换和分组交换技术，支持异步数据信道、三路语音信道以及异步数据与同步语音同时传输的信道。蓝牙有两种链路类型，异步无连接（ACL）链路和同步面向连接（SCO）链路。

4. 可以建立临时性的对等连接。根据蓝牙设备在网络中的角色，可分为主设备和从设备。主设备是组网连接主动发起连接请求的蓝牙设备，几个蓝牙设备连接成一个皮网时，其中只有一个主设备，其余都是从设备。皮网是蓝牙最基本的一种网络形式，最简单的皮网是一个主设备和一个从设备组成的点对点的通信连接。

5.抗干扰能力强。工作在 ISM 频段的无线电设备有很多种，为了很好地抵抗来自这些设备的干扰，蓝牙采用了跳频方式来扩展频谱。蓝牙设备在某个频点发送数据之后，再跳到另一频点发送，而频点的排列顺序是伪随机的，每秒钟频率改变 1600 次，每个频率持续 625 μs。

6.蓝牙模块体积很小，便于集成。

7.功耗低。蓝牙设备在通信连接状态下，有四种工作模式——激活模式、呼吸模式、保持模式和休眠模式。激活模式是正常的工作状态，另外三种模式是为了节能所规定的低功耗模式。

8.接口标准开放。蓝牙技术联盟（SIG）为了推广蓝牙技术的应用，将蓝牙的技术标准全部公开，全世界范围内的任何单位和个人都可以进行蓝牙产品的开发，只要最终通过 SIG 的蓝牙产品兼容性测试，就可以推向市场。

9.成本低。随着市场需求的扩大，各个供应商纷纷推出自己的蓝牙芯片和模块，蓝牙产品价格逐渐下降。

四、蓝牙技术标准

目前，蓝牙技术已经过 8 个版本的更新，分别为 1.1、1.2、2.0、2.1、3.0、4.0、4.1、4.2 版本。

蓝牙 1.1 版本为最早期版本，传输速率约在 748~810 kbit/s，容易受到同频率产品的干扰，影响通信质量。

蓝牙 1.2 版本同样是只有 748~810 kbit/s 的传输速率，但是增加了抗干扰跳频功能。

蓝牙 2.0 版本是 1.2 版本的改良升级版，传输速率约在 1.8~2.1 Mbit/s，开始支持双工模式，既可以进行语音通信，也同时可以传输图片。

蓝牙 2.1 版本主要是将待机时间提高了两倍以上，技术标准没有根本性变化。

蓝牙 3.0 版本是一种全新的交替射频技术，允许蓝牙协议栈针对不同任务动态地选择正确射频。在传输速率上，蓝牙 3.0 是蓝牙 2.0 的 8 倍，可以轻松用于录像机至高清电视、PC 至 PMP（便携式媒体播放器）、笔记本电脑至打印机之间的资料传输，但是需要双方都达到此标准才能实现功能。

蓝牙 4.0 版本于 2010 年 7 月 7 日发布，该版本的最大意义在于低功耗，同时加强不同 OEM 厂商之间的设备兼容性，并且降低延迟，理论最高传输速率为 24 Mbit/s，有效覆盖范围扩大到 100 m（之前的版本为 10 m）。该标准芯片被大量的手机、平板电脑所采用。

蓝牙 4.1 版本于 2013 年 12 月 6 日发布，该版本提升了连接速度并且更加智能化，比如减少了设备之间重新连接的时间，意味着如果用户走出了蓝牙 4.1 的信号范围并且断开连接的时间不是很长，当用户再次回到信号范围之后设备将自动连接，反应时间要比蓝牙 4.0 更短。蓝牙 4.1 提高了传输效率，如果用户连接的设备非常多，比如连接多部可穿戴设备，彼此之间的信息都能即时发送到接收设备上。为了应对逐渐兴起的可穿戴设备，蓝牙必须能够支持同时连接多部设备。

蓝牙 4.2 版本于 2014 年 12 月 4 日发布，它改善了数据传输速率和隐私保护程度，并且接入蓝牙的设备可直接通过 IPv6 和 6LoWPAN 接入互联网。蓝牙信号想要连接或者追踪用户设备必须经过用户许可，否则蓝牙信号将无法连接和追踪用户设备。速度方面变得更加快速，两部蓝牙设备之间的数据传输速率提高了 2.5 倍，因为蓝牙智能数据包的容量提高，其可容纳的数据量相当于此前的 10 倍左右。

蓝牙标准的每一次升级，都会提升蓝牙产品的整体效能，例如有更广泛的配对范围、更高的传输速率、更加节能、直接接入互联网等。

五、蓝牙技术应用

蓝牙技术的实质是建立通用的无线接口及其控制软件的开放标准，使计算机和通信进一步结合，使不同厂家生产的便携式设备在没有电缆或电线连接的情况下，能在短距离内互联。

蓝牙技术主要有三方面的应用，即外围设备互联，个人局域网（PAM），语音/数据接入。外围设备互联是指将各种设备通过蓝牙链路连接到主机；个人局域网主要用于个人网络和信息的共享；语音/数据接入是将一台计算机通过安全的无线链路连接到广域网。

蓝牙技术在汽车上的应用主要有车载蓝牙电话、车载蓝牙音响、车载蓝牙导航、蓝牙汽车防盗、蓝牙后视镜、利用蓝牙技术对汽车进行解锁等。

车载蓝牙电话。车载蓝牙电话是专为行车安全和舒适性而设计的。其功能主要有：自动辨识移动电话，不需要电缆或电话托架便可与手机联机；使用者不需要触碰手机（双手保持在转向盘上）便可控制手机，用语音指令控制接听或拨打电话。使用者可以通过车上的音响或蓝牙无线耳麦进行通话。若选择通过车上的音响进行通话，当有来电或拨打电话时，车上音响会自动静音，通过音响的扬声器／麦克风进行话音传输。若选择蓝牙无线耳麦进行通话，只要耳麦处于开机状态，当有来电时按下接听按钮就可以实现通话。

车载蓝牙音响。车载蓝牙音响基于稳定的、高度通用的蓝牙无线技术为基础的无线有源音箱，蓝牙音响内设锂电池，可以随时充电。车载蓝牙音响的使用方式就是将手机和音响进行蓝牙配对即可，方便快捷。在开车的时候，可以通过蓝牙接手机，播放手机的歌曲，同时，还可以作为手机的音响，接打电话；想户外听歌的时候，可以插卡播放，充当一个便携式音响。

车载蓝牙导航。具备蓝牙功能的车载 GPS，能为驾驶员提供定位导航的同时，还能作为蓝牙耳机，实现免提接听，极大地方便驾驶员，也大大加强驾驶员行车途中接打电话的安全性；还可以传送图片和文件，充分支持用户的各种需求。

蓝牙汽车防盗。把驾驶员的蓝牙手机当作汽车的第二把锁，如果蓝牙手机不在车内，一旦汽车被启动，系统就会认定汽车被盗，从而开启报警装置。

蓝牙后视镜。汽车后视镜通过蓝牙与手机相连，手机来电时，后视镜显示来电号码，如图 3-2 所示。除此以外，该后视镜还集成了免提电话功能，可以通过汽车供电，同时也包含一个内置的电池进行供电。

图 3-2　蓝牙后视镜

利用蓝牙技术对汽车进行解锁。汽车虚拟钥匙技术能够通过蓝牙连接让汽车与智能手机／智能手表互联，实现汽车解锁及获取汽车信息，如图 3-3 所示。当驾驶员靠近汽车时（几米范围内），手机 APP 通过蓝牙与汽车连接，能够实现汽车解锁及获取汽车信息。

图 3-3　利用蓝牙技术对汽车进行解锁

当驾驶员远离汽车时，可以采用手机 APP 通过移动网络获取车辆信息，如胎压、预估续航里程、车辆位置、离车辆保养剩余里程等。软件会提示虚拟钥匙超出范围，此时手机 APP 无法对汽车解锁。

手机 APP 虚拟钥匙共享功能可自动识别手机通信录中安装了相同 APP 的人。车主可以通过简单操作把汽车虚拟钥匙转交给相应的联系人，甚至可以选择虚拟钥匙的有效时间，让虚拟钥匙在有效时间内才能使用，过期的虚拟钥匙将无法对汽车进行任何操作，如图 3-4 所示。

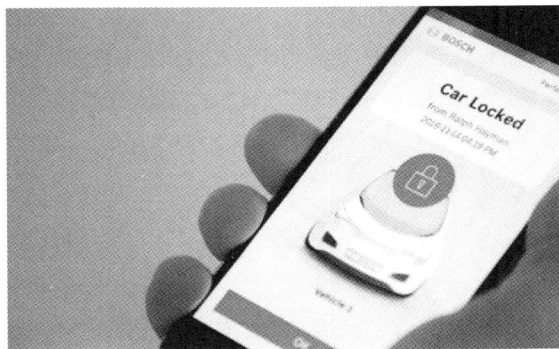

图 3-4　手机 APP 虚拟钥匙共享功能

汽车虚拟钥匙技术的共享功能使借车过程极大地简化，只要双方手机中都安装了相同的手机 APP 就能够实现虚拟钥匙的移交，给用户带来了极大的便利。蓝牙这种短距离通信技术从一定程度上又拉近了人与车的距离，只有携带虚拟钥匙的人靠近车辆时才能对汽车进行解锁操作，一定程度上增强了该技术的安全性。

智能蓝牙连接技术将在车辆与可穿戴技术连接的实现过程中发挥至关重要的作用，包括实现监测驾驶员疲劳驾驶、血液中酒精含量以及血糖水平等生物计量指标的连接。智能手表、血压计、脉搏监测仪、酒精监测仪或者血糖监测仪等将成为与车辆连接的可穿戴设备。

随着蓝牙技术的不断发展，蓝牙技术在汽车上的应用会越来越多。

第三节　ZigBee 技术

ZigBee（紫蜂）是以 IEEE802.15.4 标准为基础发展起来的短距离无线通信技术。2000 年 12 月成立工作小组起草 IEEE802.15.4 标准，为了促进 ZigBee 技术的发展，2001 年 8 月成立 ZigBee 联盟，目前该联盟已经有 400 多家成员，研发和推广 ZigBee 无线通信技术。

一、ZigBee 技术定义

ZigBee 技术是一种短距离双向无线通信技术，主要用于距离短、功耗低且传输速率不高的各种电子设备之间进行数据传输以及典型的有周期性数据、间歇性数据和低反应时间数据传输的应用。

ZigBee 技术是一种低速短距离传输的无线网络协议。ZigBee 协议从下到上分别为物理层（PHY）、媒体访问控制层（MAC）、传输层（TL）、网络层（NWK）、应用层（APL）等。其中物理层和媒体访问控制层遵循 IEEE802.15.4 标准的规定。

ZigBee 是一种无线连接技术，可工作在 2.4 GHz（全球流行）、868 MHz（欧洲流行）和 915 MHz（美国流行）3 个频段上，分别具有最高 250 kbit/s、20 kbit/s 和 40 kbit/s 的传输速率；不同频段可使用的信道分别为 16 个、1 个和 10 个；它的传输距离一般在 10~100 m 的范围内。

二、ZigBee 网络结构

ZigBee 支持三种网络拓扑结构，即星形网、对等网和混合网，如图 3-5 所示。

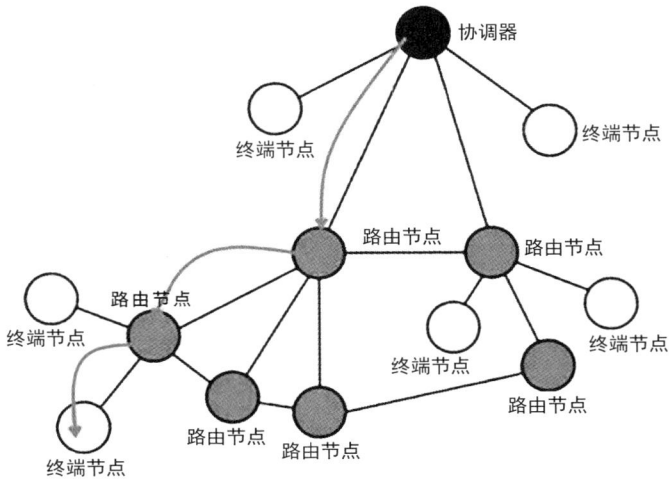

图 3–5　ZigBee 网络拓扑结构

在 ZigBee 网络中存在三种逻辑设备类型——协调器、路由器和终端设备。ZigBee 网络由一个协调器以及多个路由器和多个终端设备组成。

协调器。主要功能是整个网络的初始配置和启动。协调器首先需要选择一个信道和一个网络 ID（也称 PAN ID），然后再开始启动整个网络。协调器也可以协助在网络安全和应用层的工作。一旦这些都完成后，它的角色就转化成一个路由器。

路由器。功能主要是允许终端设备以节点的身份加入网络，实现多跳路由和协助终端设备的通信。

终端设备。没有特定的维持网络结构的责任，它可以睡眠或者唤醒，因此它可以是一个电池供电设备。通常，终端设备对存储空间的需要比较小。

三、ZigBee 技术特点

ZigBee 技术具有以下特点。

低功耗。由于 ZigBee 的传输速率低，发射功率仅为 1 MW，而且采用了休眠模式，功耗低，因此，ZigBee 设备非常省电。

低成本。通过大幅简化协议（不到蓝牙的 1/10），降低了对通信控制器的要求，而且 ZigBee 免协议专利费。

低速率。ZigBee 工作速率为 20~250 kbit/s，分别提供 250 kbit/s（2.4 GHz）、40 kbit/s（915 MHz）和 20 kbit/s（868 MHz）的原始数据吞吐率，满足低速率传

输数据的应用需求。

短距离。传输范围一般介于 10~100 m 之间，在增加发射功率后，也可增加到 1~3 km，这指的是相邻节点间的距离。如果通过路由和节点间通信的接力，传输距离可以更远。

短时延。ZigBee 的响应速度较快，一般休眠激活的时延只需 15 ms，节点连接进入网络只需 30 ms，活动设备信道接入只需 15 ms，进一步节省了电能。相比较，蓝牙需要 3~10 s，WiFi 需要 3 s。

高容量。ZigBee 可采用星形、对等和混合网络结构，由一个主节点管理若干子节点，最多一个主节点可管理 254 个子节点；同时主节点还可由上一层网络节点管理，最多可组成 65 000 个节点的大网；一个区域内可以同时存在最多 100 个 ZigBee 网络，而且网络组成灵活。

高安全。ZigBee 提供了三级安全模式，包括无安全设定、使用访问控制清单防止非法获取数据以及采用高级加密标准（AES-128）的对称密码，以灵活确定其安全属性。

高可靠。采取了碰撞避免策略，同时为需要固定带宽的通信业务预留了专用时隙，避开了发送数据的竞争和冲突。媒体访问控制层采用了完全确认的数据传输模式，每个发送的数据包都必须等待接收方的确认信息。如果传输过程中出现问题可以进行重发。

免执照。频段使用工业科学医疗（ISM）频段、915 MHz（美国）、868 MHz（欧洲）、2.4 GHz（全球）。

四、ZigBee 技术应用

随着 ZigBee 技术的进一步完善，基于 ZigBee 技术的产品正逐渐被开发。采用 ZigBee 技术的无线网络应用领域有数字家庭领域、工业领域、智能交通领域等。

数字家庭领域。ZigBee 技术可以应用于家庭的照明、温度、安全控制等。ZigBee 模块可安装在电视、灯具、遥控器、儿童玩具、游戏机、门禁系统、空调系统和其他家电产品等，例如在灯具中装置 ZigBee 模块，人们要开灯时，就不需要走到墙壁开关处，直接通过遥控便可开灯。当打开电视机时，灯光会自动减弱；当电话铃响起时或拿起话机准备打电话时，电视机会自动静音。通过 ZigBee 终端设备可以收集家庭各种信息，传送到中央控制设备，或是通过遥控达到远程控制的目的，提供家居生活自动化、网络化与智能化。

工业领域。通过 ZigBee 网络自动收集各种信息，并将信息回馈到系统进行数据处理与分析，以便掌握工厂整体信息。例如火警的感测和报警、照明系统的感测、生产机台的流程控制等，都可由 ZigBee 网络提供相关信息，以达到工业与环境控制的目的。基于 ZigBee 技术的自动抄表系统，无须手动读取电表、天然气表及水表。

智能交通领域。如果沿着街道、高速公路及其他地方分布式地装有大量 ZigBee 终端设备，就不再担心会迷路。安装在汽车里的器件将告诉你，你当前所处位置，正向何处去。GPS 也能提供类似服务，但是这种新的分布式系统能够提供更精确更具体的信息。即使在 GPS 覆盖不到的地方，仍能继续使用此系统。从 ZigBee 无线网络系统能够得到比 GPS 多很多的信息，如限速、道路是单行线还是双行线、前面每条道路的交通情况或事故信息等。基于 ZigBee 技术的系统还可以开发出许多其他功能，如在不同街道根据交通流量动态调节红绿灯、追踪超速的汽车或被盗的汽车等。

ZigBee 技术可以用于汽车传感网络上，如已经发展很成熟的胎压监测系统。胎压监测系统由轮胎压力传感器、微控制单元、射频收发器和主机接收器组成。安装在轮胎里的传感器采集轮胎内部温度和压力信息，并将其转换为电信号，通过相应数据处理后，由射频收发器将信号帧发送给位于驾驶舱内的主机接收器，驾驶员即可了解各个轮胎内部的温度、压力情况。如轮胎内部的压力、温度发生超出相应阈值时，主机接收器就会通过相应报警装置提醒驾驶员采取相应的措施，使得胎压保持在正常的运行状态，从而保证车辆行驶的安全性。同其他无线技术相比，ZigBee 技术耗能更少、成本更低、传输信号稳定可靠，非常适合用于胎压监测系统，而且由于 ZigBee 设备的地址是全球唯一的，所以能使监控报警端快速识别出工作异常的轮胎，而不会在车辆与车辆之间造成信号干扰。

ZigBee 技术可以用于智能网联汽车。根据智能网联汽车的需要与人们需求，可以在车内加入多种传感器，如酒精探测器、加速度传感器等，用来采集用户所需信息，再用基于 ZigBee 协议的无线模块作为节点，进行数据的处理，并向后台及周围车辆进行数据传输。

第四节　WiFi 技术

WiFi（无线保真）是由接入点（Access Point，AP）和无线网卡组成的无线局域网络。目前，国内平均每天 WiFi 联网请求用户数超过 1 亿，WiFi 已经成为人们生活必不可少的工具。

一、WiFi 技术定义

WiFi 是以 IEEE802.11 标准为基础发展起来的短距离无线通信技术。随着技术的发展以及 IEEE802.11a、IEEE802.11g、IEEE802.11n 等标准的出现，现在 IEEE802.11 这个标准已统称为 WiFi 技术。

802.11 有各种不同的版本，版本不同，所对应的 WiFi 特性也有差别。例如 802.11g 工作在 2.4 GHz 频段，所支持的最大传输速率为 54 Mbit/s；802.11n 工作在 2.4 GHz 或 5.0 GHz 频段，最大传输速率为 600 Mbit/s。

二、WiFi 分类

WiFi 没有统一的分类方法，根据不同的维度，可以按以下方法分类。

（一）根据使用对象及使用环境划分

个人 WiFi。一般为单个用户提供 WiFi 服务，通常以现有终端设备为载体，生成小范围的 WiFi 热点，供用户自己使用，可以分为硬件 WiFi 和软件 WiFi 两大类。

家庭 WiFi。一般指无线路由器，通过接入运营商网络，提供 WiFi 信号给家庭成员范围内使用。

企业 WiFi。面向企业客户铺设的 WiFi 网络，供企业内部员工使用，保证企业正常运作。

商业 WiFi。指面向企业客户，为客户提供硬件、软件、服务等内容的系统解决方案，免费提供给客户使用，是一种公众开放的 WiFi。

运营商 WiFi。指由基础运营商提供的 WiFi。

智慧城市 WiFi。指政府主导、相关企业参与的、面向公众的无线城市建设。

（二）按使用范围划分

私人 WiFi。供个人或家庭使用的 WiFi，不对公众开放。

公众 WiFi。供公众使用的 WiFi。

（三）按 WiFi 信号源划分

固定 WiFi。通过无线路由器，将有线网络转变为无线 WiFi，通常在固定场所铺设。

移动 WiFi。将基础运营商提供的数据流量转换为无线 WiFi，通常在移动环境下使用。

（四）按 WiFi 收费标准划分

免费 WiFi。无偿提供给用户使用的 WiFi。

付费 WiFi。有偿提供给用户使用的 WiFi。

三、WiFi 技术标准

1997 年，IEEE802.11 标准问世，1999 年成立 WiFi 联盟。之后为满足不断出现的实际需求，又相继推出了 802.11a、802.11b、802.11g、802.11n 等多个标准。采用的技术和协议更加完善，数据传输速率、安全性、抗干扰性能也在逐步提高。802.11a、802.11b、802.11g 和 802.11n 标准对比见表 3-1。

表 3-1　IEEE802.11 标准对比

标准	802.11a	802.11b	802.11g	802.11n
频带 /GHz	5.4	2.4	2.4	2.4 或 5
最大传输速率 /（Mbit/s）	54	11	54	600
传输距离 /m	100~200	100~300	100~300	300~900
数据类型	数据、语音、图像			
物理层技术	OFDM、DSSS	FSSS、DSSS	OFDM、DSSS、FSSS	MIMO、OFDM
优缺点	传输速率高，频段高易被吸收，传输距离近	成本低，传输速率低，易受干扰	兼容 802.11a/b，易受干扰	传输速率高，传输距离长，成本高

802.11ac 是 802.11n 的继承者，它的宽带是 2.4 GHz 或 5 GHz，最大传输速率达到 1000 Mbit/s，以满足应用程序的网络流畅性要求。由于其优良的电源管理方式、低延迟、高传输速率等优势，随着技术的提升在未来会得到普遍的应用。

802.11gh 是最新发布的标准，它的宽带是 900 MHz，覆盖范围可达 1 km，适合于低功耗、长距离的物联网。

四、WiFi 网络基本工作模式

IEEE802.11 体系由很多部分组成，这些组成部分通过相互作用来提供无线局域网服务，并向上层支持站点的移动性。这些基本的组成部分有站点、基本服务单元、分布式系统、接入点、扩展服务单元等。

站点（ST）是网络最基础的组成单位，可以是 PC 机或 PDA 等手持通信设备；基本服务单元（BSS）是 802.11 标准规定的无线局域网的最小组成单元；分布式系统（DS）用于连接不同的 BSS；接入点（AP）是 BSS 里面的基站，其作用和网桥相似；扩展服务单元（ESS）由分布式系统和基本服务单元组合而成。

IEEE802.11 标准定义的基本操作模式有 Infrastructure 模式、无线网桥模式、无线中继模式和自组织网络模式等。

Infrastructure 模式。Infrastruclure 模式是基于分布式系统的一种无线操作模式，其中 DS 可以为有线局域网或者接入点之间无线通信。该模式由一个或多个 AP 以及与之通信的一系列 ST 组成。Infrastructure 模式使无线网络可以接入到 DS 中，为 ST 提供访问文件服务器和互联网等的连接。每个 AP 节点和附属于它的 ST 节点共同组成一个 BSS。在每个 BSS 范围内的所有通信都使用相同的无线频率。

无线网桥模式。无线网桥模式用以实现不同 WiFi 网段之间的互相通信。实现方式是将两个 WiFi 网段中的 AP 节点连接。

无线中继模式。无线中继模式通过在两个 WiFi 网段之间加入一个无线中继器实现，这种模式可以延伸系统的覆盖范围。

自组织网络模式。自组织网络模式由一组客户端节点组成独立的 BSS，模式结构如图 3-7 所示。该模式不需要任何的原有基础设施的支持就可以实现 BSS 覆盖范围内的各个站点之间的通信。

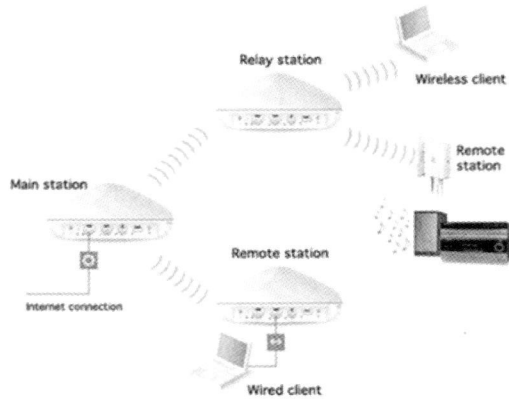

图 3-6　无线中继模式结构

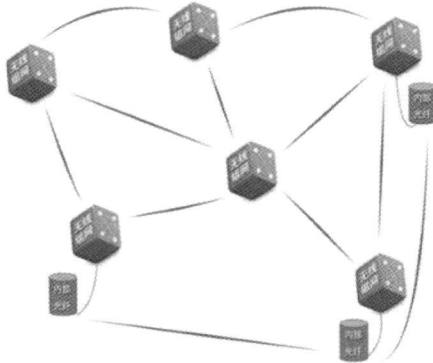

图 3-7　自组织网络模式结构

五、WiFi 技术特点

WiFi 技术具有以下特点。

覆盖范围大。覆盖半径可以达到数百米，而且解决了高速移动时数据的纠错问题和误码问题，WiFi 设备与设备、设备与基站之间的切换和安全认证都得到了很好的解决。

传输速率快。不同版本传播速率不同，基于 802.11n 的传播速率可以达到 600 Mbit/s。

健康安全。IEEE802.11 规定的发射功率不可超过 100 MW，实际发射功率为 60~70 MW，辐射非常小。

无须布线。可以不受布线条件的限制，不需要网络布线，适合移动设备。

组建容易。只要在需要的地方设置接入点，并通过高速线路将互联网接入，用户只需将支持无线局域网的设备拿到该区域，即可进入互联网。

WiFi 信号会随着离接入点距离的增加而减弱，而且无线电信号遇到障碍物会发生不同程度的折射、反射、衍射，使信号传播受到干扰；无线电信号也容易受同频率电波的干扰和雷电天气的影响，这些都会造成网络信号的不稳定和速率下降。

WiFi 技术作为高速有线接入技术的补充，具有可移动性、价格低廉的优点，WiFi 技术广泛应用于有线接入需要无线延伸的领域。

WiFi 技术也是蜂窝移动通信的补充。蜂窝移动通信可以提供广覆盖、高移动性和中低等数据传输速率，它可以利用 WiFi 高速数据传输的特点弥补自己数据传输速率受限的不足；WiFi 不仅可以利用蜂窝移动通信网络完善鉴权和计费机制，而且可结合蜂窝移动通信网络广覆盖的特点进行多接入切换功能，这样就可实现 WiFi 与蜂窝移动通信的融合。

第五节　UWB 技术

UWB（超宽带）技术能够为无线局域网和个人域网的接口卡和接入技术带来低功耗、高带宽并且相对简单的无线通信技术，已经成为短距离、高速无线网络最热门的物理层技术之一。

一、UWB 技术定义

UWB 是指信号宽带大于 500 MHz 或者信号宽带与中心频率之比大于 25%。例如一个中心频率为 1 GHz 的 UWB 系统，它的射频带宽应在 250 MHz 以上。

UWB 技术是一种无载波通信技术，它采用极短的脉冲信号来传送信息，通常每个脉冲持续的时间只有十几皮秒到几纳秒的时间。

UWB 技术也称为脉冲无线电、脉冲雷达、时域技术或无载波技术等。

二、UWB 技术特点

UWB 技术具有以下特点。

1. 传输速率高，空间容量大。在 UWB 系统中，信号宽带高达 0.5~7.5 GHz，传输速率可达到几百兆至 1 Gbit/s，因此，将 UWB 技术应用于短距离高速传输场合是非常合适的，可以极大地提高空间容量。

2. 适合近距离通信。按照 FCC 规定，UWB 系统的辐射功率非常有限，3.1~10.6 GHz 频段总辐射功率仅 0.55 MW，远低于传统窄带系统。随着传输距离的增加，信号功率将不断衰减。另外，超宽带信号具有极其丰富的频率成分，无线信道在不同频率表现出不同的衰减特性。由于随着传输距离的增加高频信号衰减极快，导致 UWB 信号产生失真，严重影响系统性能。研究表明，当收发信机之间距离小于 10 m 时，UWB 系统的信道容量高于 5 GHz 频段的 WLAN 系统，当收发信机之间距离超过 12 m 时，UWB 系统的容量急剧下降。因此，UWB 系统特别适合近距离通信。

3. 隐蔽性好。因为 UWB 的频谱非常宽，能量密度非常低，因此信息传输安全性高。另一方面，由于能量密度低，UWB 设备对于其他设备的干扰就非常低。

4. 多径分辨能力强。由于 UWB 极高的工作频率和极低的占空比而具有很高的分辨率，窄脉冲的多径信号在时间上不易重叠，很容易分离出多径分量，所以能充分利用发射信号的能量。实验表明，对常规无线电信号多径衰落深达 10~30 dB 的多径环境，UWB 信号的衰落最多不到 5 dB。

5. 定位精度高。冲击脉冲具有很高的定位精度，采用超宽带无线通信，可在室内和地下进行精确定位，而 GPS 定位系统只能工作在 GPS 定位卫星的可视范围之内。与 GPS 提供绝对地理位置不同，超短脉冲定位器可以给出相对位置，其定位精度可达厘米级。

6. 抗干扰能力强。UWB 扩频处理增益主要取决于脉冲的占空比和发送每个比特所用的脉冲数。UWB 的占空比一般为 0.001~0.01，具有比其他扩频系统高得多的处理增益，抗干扰能力强。一般来说，UWB 抗干扰处理增益在 50 dB 以上。

7. 穿透能力强。在具有相同绝对带宽的无线信号中，UWB 脉冲的频率最低，相对于毫米波信号具有更强的穿透能力。

8. 体积小，功耗低。UWB 无线通信系统接收机没有本振、功放、锁相环、压控振荡器、频器等，因而结构简单，设备成本低。由于 UWB 信号无须载波，而是使用间歇的脉冲来发送数据，脉冲持续时间很短，一般在 0.20~1.5 ns，有很低的占空因数，所以它只需要很低的电源功率。一般 UWB 系统只需要 50~70 MW 的电源，是蓝牙技术的十分之一。

三、UWB 技术应用

UWB 技术是一种技术手段先进且性价比较高的短距离无线通信技术，在办公及家庭环境、军事领域、成像、传感器网络、智能交通领域具有广阔的应用前景。

办公及家庭环境。应用 UWB 技术，对于办公及家庭设备可以实现快捷使用。传统的传输技术需要在电子设备间进行有线连接，继而才能进行信息传输，而UWB 技术所采用的无线方式，为信息传输活动提供很大的便利性，利用超宽带信息大容量、设备便捷等优势，可以对办公以及家庭环境进行有效优化。

军事领域。UWB 技术具有良好的信号隐蔽性能，在军事领域中应用该技术，可以对新型雷达系统进行有效创新，对无人驾驶飞机进行技术完善。现阶段，军事隐身战术受到了大力推广，引用 UWB 技术，可以探测出隐身战斗机，因此，UWB 技术在未来发展中，必将受到军事领域的高度重视。

成像。UWB 技术具有良好的障碍物穿透能力，可以利用该技术研发穿墙雷达探测墙体后方人员；还可以将穿墙技术应用在搜寻工作中，如地震中可以帮助搜救人员对受灾人员进行快速且准确的定位，有效提高搜救效率与质量。

传感器网络。利用 UWB 低成本、低功耗的特点，可以将 UWB 用于无线传感网。在大多数的应用中，传感器被用在特定的局域场所。作为无线传感网的通信技术必须是低成本和低功耗，UWB 是无线传感网通信技术的最合适候选者。

智能交通领域。UWB 技术可以对目标进行快速搜索与准确定位，在智能交通中，可以利用该技术研发雷达系统，这样可以有效提升雷达系统的防障碍物性能，在汽车中安装该系统，可以为车辆驾驶员提供智能化服务，在车辆行驶过程中，可以帮助驾驶员避开障碍物；还可以帮助驾驶员对汽车进行定位测量、获取相关道路信息等。

由于 UWB 技术具有明显的优势，其应用领域非常广泛。UWB 技术可以用于低截获率的内部无线通信系统、超宽带雷达、防撞雷达、高精度定位系统、无人驾驶飞行和探地雷达等；UWB 技术在智能交通系统、成像应用、无线传感网络以及射频标识等领域都有很大的应用前景。

第六节　60 GHz 技术

在无线通信频谱资源越来越紧张以及数据传输速率越来越高的必然趋势下，60 GHz 频段无线短距离通信技术也越来越受到关注，成为未来无线通信技术中最具潜力的技术之一。

一、60 GHz 技术定义

60 GHz 技术是指通信载波为 60 GHz 附近频率的短距离无线通信技术。

60 GHz 通信载波是波长为 5 mm 的无线电磁波，属于毫米波，具有频带宽、波长短的基本特征。这些频率特征决定了 60 GHz 频段的电磁波具有极强的数据传输能力和极高的波形分辨率。

二、60 GHz 技术特点

60 GHz 技术具有以下特点。

频谱资源丰富。60 GHz 波段可用于无线通信的连续频率带宽达 7~9 GHz，并且是免许可的免费资源。目前无线低频段大部分已被占用，大量的低频无线电的频谱空间被分配给了无线本地通信的应用。例如 2.4 GHz 的无线低频频段就挤满了 ZigBee，蓝牙、微波和其他应用。各国政府都在 60 GHz 频率附近划分出免许可的连续免费频谱，专门用于短距离的无线通信。比如，韩国和北美划出了 57~64 GHz 频段，日本和欧洲划出了 59~66 GHz 频段，中国划出了 59~64 GHz 频段。随着无线频谱资源的越来越稀缺，60 GHz 毫米波无线通信技术在 60 GHz 频率周围能够利用的资源之多、频段之广，要远远超出其他几种无线通信技术，因此，60 GHz 毫米波无线通信技术可以提供更快的传输速率和更优质的通信质量。

传输速率高。由于 60 GHz 毫米波无线通信技术拥有极大的带宽，而传输速率是随着带宽的增加而增加，因此 60 GHz 毫米波无线通信技术的理论传输速率极限可以达到千兆级。对于其他几种无线通信技术来说，由于频谱资源和带宽的限制，要达到千兆级的传输速率从理论上来说不是不可能，但是必须要采用高阶调制等极其复杂的技术，大大增加了实现的难度，并且对信道的信噪比要求更高，在现实中几乎不可能实现。而 60 GHz 毫米波无线通信技术因为有足够的带宽资源，无须使用复杂技术就可以在较低的信噪比条件下达到兆比特级的传输速率，性能是其他无线传输技术的数十倍。

抗干扰性强。60 GHz 无线信号的方向性很强，使得几个不同方向的 60 GHz 通信信号之间的相互干扰非常小，几乎可以忽略不计。目前使用该频段进行无线通信的技术很少，而且主要使用的无线通信技术的载频基本都远远小于 60 GHz，因此，通信系统之间的干扰也很小，同样可以忽略不计。

安全性高。传输路径的自由空间损耗在 60 GHz 附近频率时约为 15 dB/km，并且墙壁等障碍物对毫米波的衰减很大。这使得 60 GHz 无线通信在短距离通信的安全性能和抗干扰性能上存在得天独厚的优势，有利于近距离小范围组网。

方向性强。99.9% 的波束集中在 4.7° 范围内，极强的窄波束特别适合点对点的无线通信。

易于实现。频率复用 60 GHz 电磁波的路径损耗大，传输距离近，适合在近距离内实现频率复用。加之载波方向性强，抗干扰能力也强，使得多条同频传输链路可在同一空间内共存，实现空间复用，有效提升网络通信容量。

最大发射功率限制小。60 GHz 波段占用的频率少，相对比较空闲，且远离传统通信系统的工作频段，使用较高的发射功率也不会对别的无线通信系统造成干扰，因此，60 GHz 波段所允许的最大发射功率限制小，可利用较高的发射功率来提高数据速率。

天线尺寸小和电路可集成化天线的尺寸与载波波长的数量级相比拟，由于 60 GHz 载波波长处于毫米级别，其天线的尺寸相对于低波段天线大为减小，可以弥补载波在传输过程中的路径损耗，也有利于实现电路的集成。此外，与低波段电磁波相比，60 GHz 的载波更短，除了能降低天线的尺寸外，还可以显著地降低元器件的尺寸，提高通信设备的集成度。

由于 60 GHz 的无线频点处于大气传播中的衰减峰值，频段不适合长距离通信（大于 2 km），故可以全部分配给短距离通信。在以 60 GHz 为中心的 8 GHz 范围内，衰减也不超过 10 dB/km。因此，无线本地通信有 8 GHz 的带宽可用。对短距离通信来说，60 GHz 的频段最具有吸引力。

三、60 GHz 技术应用

60 GHz 技术具有高速率、大容量、抗干扰、安全性能好等优点，特别适合高速率、短距离内的通信，可以广泛用于无线个域网、无线高清多媒体接口、海量文件的传输、医疗成像和汽车防撞报警系统等。

无线个人域网。无线个人域网可以连接计算机、数码产品、移动终端等电子设备，实现电子终端间的无线通信。但由于网络带宽和频谱资源的限制，使得目前的无线个域网络的数据传输速率不高，无法支持超高速数据通信的要求。60 GHz 无线通信具有数据传输速率高的优势，有利于信息设备之间的数据传输，降低通信时间，提高通信效率，可广泛应用于无线个人域网中，取代目前广泛应用在家庭宽带和办公室通信中的光纤传输线路，降低无线通信组网的复杂度和成本。

无线高清多媒体接口。高清多媒体接口是数字高清电视技术的接口标准。目前，机顶盒或 DVD 等电子设备是通过光纤线路向电视机或显示器传送高清视频和音频信号。随着数字技术的发展，电视机或显示器已具备接收完全非压缩方式的高清多媒体信号能力。因此，可以利用 60 GHz 技术，通过无线的方式，使机顶盒、DVD 或智能家电等终端，向电视机、显示器或扬声器等系统传送非压缩方式的音视频信号，实现高清播放的需求。

海量文件的传输。60 GHz 技术的通信速率高，可支持高达 7 Gbit/s 或更高的数据传输速率，因此，可用于短距离内海量文件的高速传输。比如，可利用 60 GHz 技术，通过无线的方式，将城市街头或车站设置的自助服务终端中的视频、音乐及其他海量文件，以极高的速率传输到支持毫米波通信的手机或移动智能终端上。

医疗成像。目前，医疗设备中的成像数据的传输速率一般达到了 4~5 Gbit/s，但采用的方式都是利用有线电缆连接，限制了医疗设备的移动性和灵活应用。60 GHz 技术具备了传输高速数据的能力，可通过无线方式，用来传输医疗成像的数据，提高医疗设备的灵活性和移动性。

汽车防撞报警系统。汽车防撞报警系统由汽车雷达和信息处理单元组成，担负着车辆目标的快速识别预警和预警信号数据的快速传输功能。在复杂气候和车辆高速运行状况下，实现对其他目标的快速识别和预警信号的高速传输，对于交通安全非常重要。因此，可以利用 60 GHz 技术，实现汽车雷达的快速识别和数据的高速传输。

在目前所有的汽车防撞雷达中，毫米波雷达因其带宽大、分辨率高、体积小以及全天候工作的优点，近年来成为国际上汽车防撞雷达的主流技术，被广泛应用于军事及民用领域，由于受到以往技术及器件设备的限制，国内对毫米波雷达的研究大多数集中在 40 GHz 频段以下。随着技术的发展，60 GHz 频段的毫米波以其更宽的带宽、更高的分辨率得到了更广泛的关注。基于 60 GHz 技术的双模汽车防撞雷达，不仅能通过探测前方目标的相对距离和移动速度，向驾驶员发出预警信号，提醒驾驶员提前采取措施避免事故，而且前后两辆汽车之间能够实现快速识别和数据的高速传输功能，后方车辆与前方车辆之间能相互知道两车的相对速度和距离，双方共同努力、互相协作可以使车辆行驶得更加安全。

另外，60 GHz 技术也开始应用于智能网联汽车的车载信息娱乐系统。

第七节　IrDA 技术

IrDA（红外）技术是由红外线数据标准协会制定的一种无线协议。

一、IrDA 技术定义

IrDA（红外）技术是一种利用红外线进行点对点短距离无线通信的技术。

红外线是波长在 0.75~1000 pm 之间的电磁波，它的频率高于微波而低于可见光，是一种人的眼睛看不到的光线。红外线可分为三部分，即近红外线，波长为（0.76~1）~（2.5~3）μm；中红外线，波长为（2.5~3）~（25~40）μm；远红外线，波长为（25~40）~1000 μm。

IrDA 通信一般采用红外波段内的近红外线，波长的范围限定在 0.85~0.9 μm 之内。

IrDA 通信发送端采用脉时调制方式，将二进制数字信号调制成某一频率的脉冲序列，并驱动红外发射管以光脉冲的形式发送出去；接收端将接收到的光脉冲转换成电信号，再经过放大、滤波等处理后经解调电路进行解调，把它还原为二进制数字信号后输出。总之，IrDA 通信的本质就是对二进制数字信号进行调制与解调，使它有利于使用红外线进行传输。

IrDA 通信按发送速率分为三大类——SIR、MIR 和 FIR。串行红外（SIR）的速率覆盖了 RS-232 端口通常支持的速率（9.60~115.2 kbit/s）；MIR 可支持 0.576 Mbit/s 和 1.152 Mbit/s 的速率；高速红外（FIR）通常用于 4 Mbit/s 的速率，最高达到 16 Mbit/s 的速率。

二、IrDA 技术特点

IrDA 技术具有以下特点。

稳定性好。红外传输采用的是模拟传输方式，并不像蓝牙、无线射频等技术采用数字信号传输，所以几乎没有任何相似的信号对它产生干扰。

私密性强。红外传输技术是一种利用红外线作为载体进行数据传输的技术。在日常生活中，红外传输技术随处可见，最典型的是电视机、空调等家用电器通过红外遥控器进行控制。

功率低。功率小于 40 mW。

成本低廉。红外传输技术已非常成熟，上下游产业链也极为发达，相对于蓝牙、WiFi 等无线传输技术，在成本上有明显优势。

IrDA 技术具有以下局限性。

1. IrDA 技术是两个具有 IrDA 端口的设备之间的数据传输，中间不能有阻挡物，这在两个设备之间是容易实现的，但在多个电子设备间就必须彼此调整位置和角度等。

2. 由于红外线发射角度一般不超过 30°，所以可控性比较小，发送和接收方的位置要相对固定，移动性差。

3. 如果红外线频率过高，就会导致人类眼睛与皮肤受到损伤，所以在设置红外无线通信时，需要严格控制红外发射强度。

三、IrDA 技术应用

IrDA 技术可应用在家庭生活、军事、医学、遥感探测和智能汽车等方面。

家庭生活。IrDA 技术在家庭生活中应用广泛，家用电器中用得最多的就是红外遥控方式，如数字电视、机顶盒、家庭影院等。红外遥控的特点是不影响周边环境，不干扰其他电气设备。由于红外线不能穿透墙壁，所以不同房间的家电可使用通用的遥控器且不会产生干扰；电路简单，只要按电路连接正确，一般就可投入使用；编解码容易，可进行多路遥控。现在红外遥控在家用电器、玩具及短距离遥控中应用广泛。

军事。基于红外线不受电磁波干扰、安全性高且不易受天气影响等优点，IrDA 技术在军事上得到广泛的应用。红外制导系统就是实例之一，它是利用红外自动跟踪测量的方法，控制和引导导弹射向目标的技术。这种技术利用红外探测器捕捉和跟踪目标所辐射的红外能量，经光电转换和信号处理后，给出目标相对于导弹的角度、角速度等信息，控制导弹按一定规律接近并命中目标。此外，红外线在军事侦察方面也起到了重要的作用。在卫星上安装红外侦查系统可利用其上的红外望远镜及时发现大气层中射来的飞弹，并监视其飞行，也可利用卫星上的高分辨率的红外成像设备，昼夜侦察和监视对方的活动。

医学。按照物理知识，自然界中一切温度高于热力学温度的物体都不断向外辐射红外线，这种现象称为热辐射。人体也有自身的红外线辐射特性，当人生病时，人体的热平衡受到破坏，红外辐射会发生变化。因此，人体温度变化是医学上诊断疾病的一项重要依据。采用红外热像仪记录人体的温度变化，将病变时的人体热像和正常生理状态下的人体热像进行比较，便可从热像是否有异常变化来判断病理状态。

遥感探测。IrDA 技术在遥感探测方面的应用主要是利用红外光获取目标。由于物体都能辐射和反射电磁波，并且物体的辐射和反射特性都不同，利用光学遥感器，远距离探测物体所反射和辐射的红外特性的差异，经光学、电子技术处理后，就可确定目标的位置。

智能汽车。IrDA 技术在汽车上可以用于汽车夜视辅助系统。在夜间行车时，驾驶员的视线范围变得狭窄，对于暗中物体的识别能力会显著下降；同时当打开汽车前照远光灯来拓展视野范围时，如果前方有相向行驶的车辆，由于远光灯亮度极高，极易让驾驶员产生炫目感，给行车带来安全隐患。由于人眼所能感应到 380~780 nm 的可见光波段，对于近红外波段的光不敏感，因此，为了拓展人眼的视觉范围同时减少光对人眼的直接炫目刺激，一般采用红外波段和微光放大来拓展视野范围。IrDA 技术也可以用在遥控钥匙上。

第八节　RFID 技术

RFID（射频识别）技术是 20 世纪 90 年代开始兴起的一种自动识别技术。

一、RFID 技术定义

RFID 技术也称为电子标签，是一种短距离无线通信技术，可以通过无线电信号识别特定目标并读写相关数据，而无须识别系统与特定目标之间建立机械或者光学接触，所以，它是一种非接触式的自动识别技术。

二、RFID 系统组成

RFID 系统主要由标签、阅读器和天线三部分组成，如图 3-8 所示。一般由阅读器收集到的数据信息传送到后台系统进行处理。

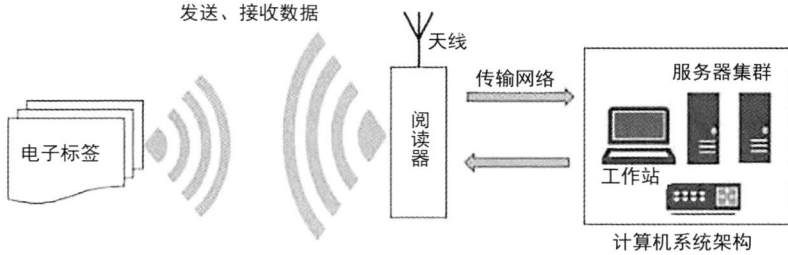

图 3-8　RFID 系统组成

标签。由耦合元件及芯片组成，每个电子标签都具有唯一的电子编码，附着在物体上标识目标对象；每个标签都有一个全球唯一的 ID 号码——UID（用户身份证明），其在制作标签芯片时存放在 ROM 中，无法修改，其对物联网的发展有着很重要的影响。

阅读器。是读取或写入标签信息的设备，可设计为手持式或固定式等多种工作方式。对标签进行识别、读取和写入操作，一般情况下会将收集到的数据信息传送到后台系统，由后台系统处理数据信息。

天线。是用来在标签和阅读器之间传递射频信号。射频电路中的天线是联系阅读器和电子标签的桥梁，阅读器发送的射频信号能量，通过天线以电磁波的形式辐射到空间，当电子标签的天线进入该空间时，接收电磁波能量，但只能接收其很小的一部分。阅读器和电子标签之间的天线耦合方式有两种：一种是电感耦合方式，适用于低频段射频识别系统；另一种是反向散射耦合模式，适用于超高频段的射频识别系统应用。天线可视为阅读器和电子标签的空中接口，是 RFID 系统的一个非常重要的组成部分。

三、RFID 产品分类

RFID 技术中所衍生的产品有三类，即无源 RFID 产品、有源 RFID 产品、半有源 RFID 产品。

无源 RFID 产品。如公交卡、银行卡等，日常生活中随处可见，属于近距离接触式识别类，其产品的主要工作频率有低频 125 kHz、高频 13.56 MHz、超高频 433 MHz 和 915 MHz。

有源 RFID 产品。远距离自动识别的特性，决定了其巨大的应用空间和市场潜质，在远距离自动识别领域，如智能停车场、智能交通、物联网等领域有重要应用，其产品主要工作频率有超高频 433 MHz、微波 2.45 GHz 和 5.8 GHz。

半有源 RFID 产品。结合有源 RFID 产品及无源 RFID 产品的优势，利用低频 125 kHz 近距离精确定位，微波 2.45 GHz 远距离识别和上传数据，来解决单纯的有源 RFID 和无源 RFID 没有办法实现的功能。

四、RFID 技术特点

RFID 技术具有以下特点。

读取方便。快捷数据的读取无须光源，甚至可以透过外包装来进行。有效识别距离更大，采用自带电池的主动标签时，有效识别距离可达到 30 m 以上。

识别速度快。标签一进入磁场，阅读器就可以即时读取其中的信息，而且能够同时处理多个标签，实现批量识别。

数据容量大。数据容量最大的二维条形码，最多也只能存储 2725 个数字；若包含字母，存储量则会更少；RFID 标签则可以根据用户的需要将存储量扩充到数万个数字。

穿透性和无屏障阅读。在被覆盖的情况下，RFID 能够穿透纸张、木材和塑料等非金属或非透明的材质，并能够进行穿透性通信。

使用寿命长、应用范围广。无线通信方式使 RFID 可以应用于粉尘、油污等高污染环境和放射性环境，而且封闭式包装使得 RFID 标签寿命大大超过印刷的条形码。

标签数据可动态更改。利用编程器可以向标签写入数据，从而赋予 RFID 标签交互式便携数据文件的功能，而且写入时间相比打印条形码更少。

安全性好不仅可以嵌入或附着在不同形状、类型的产品上，而且可以为标签数据的读写设置密码保护，从而具有更高的安全性。

动态实时通信标签以每秒 50~100 次的频率与阅读器进行通信，所以只要 RFID 标签所附着的物体出现在阅读器的有效识别范围内，就可以对其位置进行动态的追踪和监控。

五、RFID 技术应用

RFID 技术凭借其实时、准确的对高速移动目标的快速识别特性，将成为未来交通信息采集与监管的主要手段，它在交通管理中的广泛应用也必将成为未来智能交通的发展趋势。

RFID 技术可以用于交通信息的采集，如采集机动车流量、车辆平均车速、道路拥挤状况；智能交通控制，如交通信号优化控制、公交信号优化控制、特定区域出入管理；违章、违法行为检测，通过与视频监控、视频抓拍系统配合，通过 RFID 射频识别设备对过往车辆进行检测、抓拍和身份判别；高速公路自动收费系统；无钥匙系统；车牌自动识别系统；等。

（一）汽车无钥匙系统

汽车无钥匙系统是由射频识别技术、无线编码技术等发展起来的，它的工作原理是当遥控钥匙的携带者进入到距离车辆一定范围内，按下遥控钥匙或车门上的触动开关，即可唤醒遥控钥匙控制模块。此时，遥控钥匙控制模块发射出低频信号，唤醒遥控钥匙。接着，遥控钥匙上的高频模块开始工作，发送出高频解码信号给接收天线，天线收到信号后传送给钥匙控制模块，微控制器首先查看密钥信息，如果正确就对钥匙进行区域检测，判断钥匙的位置，从而做出相应的动作，如对车门的开、闭锁等。如果密钥不正确，则不做任何动作。

汽车无钥匙系统是针对汽车便利性与安全性而设计的，它除了自动门禁功能外，针对车辆安全问题，还能实现以下功能。

自动落锁。当驾驶员进入车内启动车辆后，在车辆行驶前，各车门、车窗将会自动落锁，关闭好车门、车窗，这样可以防止一些意外情况的发生。

自动辨识身份。车辆能自动辨识智能钥匙，车门打开，但智能钥匙却不在车内，车辆是无法启动的，如果此时有人试图启动车辆，车辆将马上报警。

无线加密功能。由于采用最新的射频识别芯片，完全做到双向识别、动态密匙，解决遥控式钥匙遥控信号容易被破解的问题。

整车防盗功能。无钥匙系统对油路、电路以及启动这三个点都进行锁定，其中任何一点的防盗器在没有正确密钥的情况下被拆除，车辆都将被锁死而无法启动。

防误报功能无钥匙系统中采用防冲突技术，使系统在工作过程中具备较高的可靠性，有效地减少警报系统的误报。

自动闭窗功能。如果驾驶员离开车辆后忘记关闭车窗，无钥匙系统会自动升起车窗。

（二）汽车防伪查询

汽车防伪查询基本原理是将车牌号、发动机号、车辆类型、颜色、车主信息、驾驶证号、发证机关、年审情况等基本信息保存在射频芯片中，可以使用验证器

（阅读器）读出这些数据，通过核对这些信息加以验证。芯片不断发射车辆的 ID 号码，在任何天气和车速下均可识别，撞击、油污或者破坏均不影响车牌工作，并且不能从一辆车拆下而放到另一辆车。通过核对这些信息，来判断车辆、车主、车牌的真伪和查验车辆违规违纪、年检的状况。

（三）电子不停车收费系统

目前，高速公路电子不停车收费系统（ETC）已在全国推广使用。电子不停车收费系统是应用 RFID 技术，通过路侧天线与车载电子标签之间的专用短程通信，在不需要驾驶员停车和其他收费人员采取任何操作的情况下，自动完成收费处理全过程，如图 3-9 所示。通过应用电子不停车收费系统可以提高通过效率，是缓解收费站交通堵塞的有效手段。

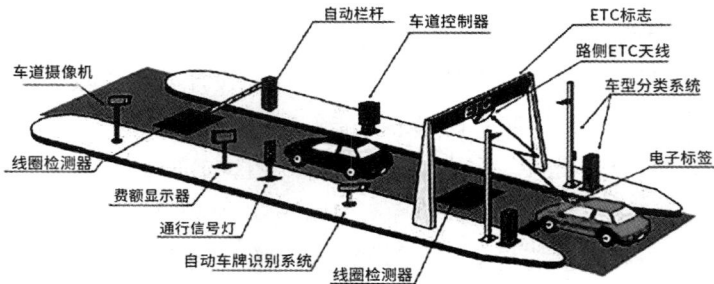

图 3-9　电子不停车收费系统

ETC 系统的工作流程如下。

1. 存储有车型、车号、金额、有效期等信息的射频电子标签卡被安装在汽车前方风挡玻璃内侧，以不遮挡驾驶员视线为准，当持卡车辆进入不停车收费车道时，阅读器读取该车射频电子标签卡上的信息（车型、车号、剩余金额和有效期等）。

2. 从车载射频电子标签卡读取的信息、所采集到的数据均被送到车道控制计算机内进行分析比较，进行收费等一系列处理。

3. 如来车所持射频电子标签卡为有效卡，则通行信号灯、自动栏杆开启，车辆通行。

4. 如来车所持射频电子标签卡为无效卡，则通行信号灯、自动栏杆关闭，转到人工收费进行处理。

第九节　NFC 技术

NFC（近场通信）技术是由飞利浦公司发起，由诺基亚、索尼等厂商联合主推的一项无线通信技术。

一、NFC 技术定义

NFC 技术又称近距离无线通信技术，是一种短距离的高频无线通信技术，允许电子设备之间进行非接触式点对点信息传输，交换数据、图片和视频等。该技术结合了非接触式射频识别及无线连接技术，作用于 13.56 MHz 频率，传输距离一般在 20 cm 内，传输速率有 106 kbit/s、212 kbit/s 和 424 kbit/s 三种。

二、NFC 工作原理

支持 NFC 的设备可以在主动或被动模式下交换数据。

在主动模式下，每台设备要向另一台设备发送数据时，都必须产生自己的射频场。发起设备和目标设备都要产生自己的射频场，以便进行通信。这是对等网络通信的标准模式，可以获得非常快速的连接设置。

在被动模式下，启动 NFC 通信的发起设备，在整个通信过程中提供射频场。它可以选择 106 kbit/s、212 kbit/s 或 424 kbit/s 其中一种传输速率，将数据发送到目标设备。目标设备不必产生射频场，而使用负载调制技术，即可以相同的速率将数据传回发起设备。此通信机制与非接触式智能卡兼容，因此，NFC 发起设备在被动模式下，可以用相同的连接和初始化过程检测非接触式智能卡或 NFC 目标设备，并与之建立联系。

移动设备主要以被动模式操作，可以大幅降低功耗，并延长电池寿命。在一个应用会话过程中，NFC 设备可以在发起设备和目标设备之间切换自己的角色。利用这项功能，电池电量较低的设备可以要求以被动模式充当目标设备，而不是发起设备。

NFC 工作模式有三种——卡模式、点对点模式和读卡器模式。卡模式就是相当于一张采用 RFID 技术的 IC 卡，完全可以应用于现在使用 IC 卡的场合；点对点模式和红外线差不多，可用于数据交换，只是传输距离比较短，传输创建速度快，功耗低，将两个具备 NFC 功能的设备连接，能实现数据点对点传输，如下载音乐、交换图片等。因此，通过 NFC 技术，多个设备之间都可以交换资料或者服务；读卡器模式，NFC 设备可以作为非接触读卡器使用，比如从海报或者展览信息电子标签上读取相关信息。

三、NFC 技术特点

NFC 技术具有以下特点。

近距离感应。NFC 设备之间的极短距离接触，主动通信模式为 20 cm，被动通信模式为 10 cm，让信息能够在 NFC 设备之间点对点快速传递。

安全性。NFC 是一种短距离通信技术，设备必须靠得很近，从而提供了固有的安全性；也可以通过加 / 解密系统来确保移动设备之间的安全通信。

处理速度快。从 NFC 移动设备侦测、身份确认到数据存取只需 0.1 s 即可完成。

连接快速。NFC 能够快速自动地建立无线网络，为蜂窝设备、蓝牙设备、WiFi 设备提供一个"虚拟连接"，使电子设备可以在短距离范围内进行通信。NFC 短距离交互大大简化了整个认证识别过程，使电子设备间互相访问更直接、更安全和更清楚。

四、NFC 技术应用

NFC 技术近年来发展迅速，在智能媒体、手机支付、电子票证以及智能汽车等方面有着广泛的应用前景。

智能媒体。对于配备 NFC 技术的手机，利用其读写器功能，用户只需接触智能媒体即可获取丰富的信息或下载相关内容。此智能媒体带有一个成本很低的 RFID 标签，可以通过移动手机读取，借此发现当前环境下丰富多样的服务项目。且手机可以启动移动网络服务请求，并立即按比例增加运营商的网络流量。

手机支付。具有 NFC 技术的智能手机，会成为完全一体化的支付设备，只需要在收银台支持近场通信的设备上刷一下手机就可以付款。

电子票证。电子票证是以电子方式存储的访问权限，消费者可以购买此权限以获得入场权。在收集并确认消费者的支付信息后，电子票证将自动传输到消费者的移动电话或安全芯片中。用户将移动电话靠近自动售票终端，即开始交易。用户与服务设备充分交互，然后通过在移动电话上确认交易，完成购买过程。到场所时，用户只需将自己的移动电话靠近安装在入口处的阅读器即可，阅读器在检查票证的有效性后放行。

智能汽车。车载 NFC 系统可以提高车内应用易用性和功能性，例如智能手机通过 NFC 功能和汽车连接后，便可启动多媒体或导航系统，驾驶员可在手机中输入地址，通过 NFC 即可自动将地址传至 GPS 执行导航。车载 NFC 系统还可以自动将智能手机所存储的用户个性化参数同步，以及进行数据共享。

NFC 技术可以将智能手机用作智能钥匙来解锁车门，未来通过利用 NFC 技术，智能手机甚至可能彻底取代传统钥匙。NFC 技术结合蓝牙和智能手机，也可以让驾驶员在智能手机上便能查看汽车油量状况、更换机油时间、轮胎气压以及汽车位置等信息。

当驾驶员把智能手机当作车门钥匙使用时，可通过验证对话框确认解除车门锁。同时，驾驶员也可以通知汽车控制系统按照他所保存的舒适性调整设置进行工作。当驾驶员把智能手机放到汽车仪表盘上方的手机架中之后，它就启动了防跑偏装置，让汽车做好行驶前的一切准备工作；还可以通过扩展槽从智能手机中直接读取有关车辆的数据，如油耗、行驶里程和时间、用户服务信息或者最近的直达行驶路线等。

宝马公司对智能汽车钥匙进行了多次野外实地测试。例如车主可以通过智能汽车钥匙购买飞机票，并把所购买机票的数据信息保存在智能汽车钥匙中。其他的辅助功能，如当作信用卡，存储宾馆客房预订数据或者作为工作证、家门备用钥匙以及其他出入大门控制系统的钥匙等。总之，在有了合适的 NFC 接口之后，就能够方便地实现汽车钥匙的智能化。

第十节 VLC 技术

VLC（可见光）技术是一种在白光（LED）技术上发展起来的新兴的光无线通信技术。

一、VLC 技术定义

VLC 技术是指利用可见光波段（380~780 nm）的光作为信息载体，无须光纤等有线信道的传输介质，在空气中直接传输光信号的通信技术。

可见光通信系统的核心就是在 LED 灯里加入微小芯片成为通信基站，甚至还具备 GPS 无法达到的精准定位功能。由此可见，利用照明 LED 灯光传输信息将是一种新兴的、绿色的及高速的无线通信方式，具有极大的发展前景，已引起人们广泛的关注和研究。

二、VLC 技术特点

VLC 技术具有以下特点。

广泛性。LED 的响应时间短、寿命长和无辐射，所有的 LED 灯都可成为互联网的基站。

高速率性。通信速度可以达到每秒数十兆甚至数百兆，未来的传输速率还有可能超过光纤的传输速率。

宽频谱。其频谱的宽度是射频频谱的 1 万倍，无须频谱的使用许可执照，也解决全球无线频谱资源严重短缺现状。

低成本。利用已有的照明线路可实现光通信，不必新建基础设施。

高保密性。只要遮住光线，信息就不可能向照明区以外泄漏。

实用性。可以对无线通信覆盖的盲区作填补，如地铁、隧道、航海、机舱及矿井等无线通信不畅的区域。

VLC 技术有很多优点，却也面临很多技术难题。

信号易被切断。LED 灯光若被阻挡，网络信号无法穿透阻挡物。

数据难回传。数据线与电力线不能很好融合，反向链路受干扰导致数据无法回传。

无专用探测器。光线散乱而多方向，在光源和探测器间存在不同光路。现广泛使用的硅基探测器灵敏度差不能准确地接收，导致用户使用时无法准确接入，也不能准确切换等。

码间干扰。因不同光路径到接收端的时间不一样，过程有码间干扰。

无专业集成芯片。要与 WiFi 一样被广泛应用及产业化，必须有相当成熟的专用芯片，但目前无可见光通信系统芯片，限制了可见光通信技术的产业化发展。

目前，可见光通信并不能成为传统无线通信技术的竞争对手，只能作为其应用的补充，与传统无线通信技术相辅相成，相融共生。但如能突破以上瓶颈，产生撒手锏式的应用，那么可见光通信系统技术也会有无限的发展前景。

三、VLC 技术应用

VLC 技术一旦在技术上取得突破，应用领域非常广泛。

可用于照明与智能通信领域。白光 LED 可以同时被用于照明与通信，因此信息可以在室内环境下进行传播，并同时满足照明的需要，利用 LED 灯光为信息终端建立起的可见光通信网络还可以实现对家用电器和安全防范设备等控制终端的智能控制。照明、智能通信、智能控制三者的有机融合，将提供更加节能、环保、方便和现代的城市生活方式。

可用于射频辐射敏感或受限领域。在飞机、医院、工业等控制领域，对射频电磁辐射有严格要求，由于可见光通信系统没有电磁辐射的影响，因此可以被大规模采用。以飞机照明为例，利用 LED 阅读灯作为网络接入点，阅读灯下方的电脑、手机等设备就能连入互联网进行通信和收发邮件，使飞行旅程更舒适、更便捷。另外，由于无线电频率不能在水下有效传播，存在传播途中的数据损失等问题，利用可见光通信技术实现水下高宽带通信在海啸监控、地震监控、海底考古、潜艇内部以及搜救工作有着广泛的应用前景。

可用于信息安全和安全通信领域。尤其是在政府、金融、海关等由于信息安全需要不能采用传统射频无线通信系统的行业，由于白光不会绕射穿墙，因此具有较高的保密性，可开发的市场容量巨大。此外，可见光通信还可以实现手持终端之间的点对点通信，并在智能门禁、手机支付、防伪及手机数据安全传输等智能移动设备的近距离安全通信领域有广泛的应用空间。

可用于室内定位领域。传统的卫星定位方法很难实现室内移动用户的精确定位，而可见光通信则可以将用户位置信息通过 LED 照明设施进行传递，从而实现精确的室内定位。

可运用于视觉信号和数据传输领域。信号灯在航海和地面交通领域有着非常广泛的应用，它通过颜色的变化给人们提供信号，而将数据通信与信号灯相结合则可以为交通管理提供更好的安全性和可靠性。

可用于智能交通和车联网领域。比如车辆前照灯与车辆后照灯之间的可见光通信、车辆前照灯与 LED 交通灯之间的可见光通信、车辆与 LED 路灯之间的可见光通信；当车灯照到了路边的路牌，路牌马上可以给车辆导航仪传输附近的路况，并告知到达目的地最通畅的道路，让用户拥有更好的驾驶体验；当车辆靠近时，主动提示刹车信息，或实现自动刹车等。

目前，已正式发布的短距离无线通信技术比较见表 3-2。

表 3-2　几种短距离无线通信技术的比较

无线通信技术	工作频率	传输速率 / (Mbit/s)	通信距离 /m	发射功率 /mW	应用范围
蓝牙（4.0）技术	2.4 GHz	3	<100	1~100	无线个人域网
Zigbee 技术	0.868/0.915/2.4 GHz	0.02~0.25	10~100	1~3	无线个人域网
WiFi 技术	2.4/5 GHz	600	300~900	100	无线局域网
UWB 技术	0.5~7.5 GHz	500~1000	<10	<1	无线个人域网
60 GHz 技术	57~66 GHz	>1000	1~10	10~500	无线个人域网
IrDA 技术		16	0.1~1	<40	无线个人域网
RFID 技术	0.125/13.56/433/915 MHz	0.001	<10	10	无线个人域网
NFC 技术	13.56 MHz	0.424	0.2	10	无线个人域网

第四章　智能网联汽车网络技术

第一节　智能网联汽车网络类型

一、智能网联汽车网络体系构成

智能网联汽车主要包括三种网络：以车内总线通信为基础的车内网络，也称为车载网络；以短距离无线通信为基础的车载自组织网络；以远距离通信为基础的车载移动互联网络。因此，智能网联汽车是融合车载网、车载自组织网和车载移动互联网的一体化网络系统，如图 4-1 所示。

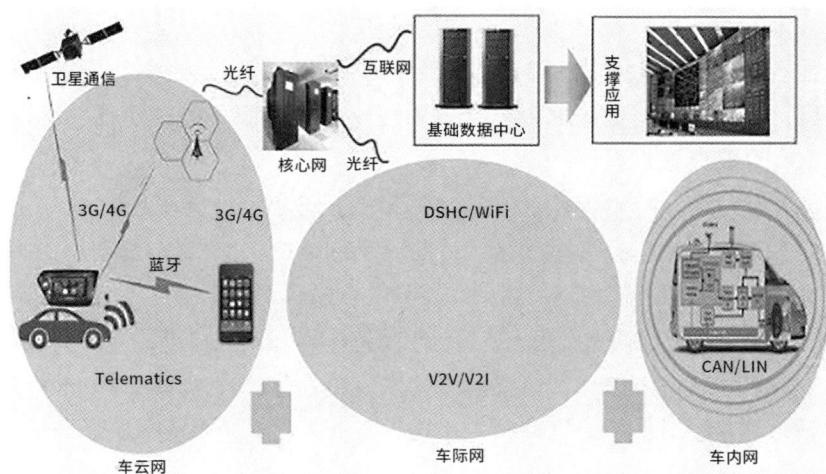

图 4-1　智能网联汽车网络体系构成

车载网络。是基于 CAN、LIN、FlexRay、MOST、以太网等总线技术建立的标准化整车网络，实现车内各电器、电子单元间的状态信息和控制信号在车内网上的传输，使车辆具有状态感知、故障诊断和智能控制等功能。

车载自组织网络。是基于短距离无线通信技术自主构建的 V2V、V2I、V2P

之间的无线通信网络，实现 V2V、V21、V2P 之间的信息传输，使车辆具有行驶环境感知、危险辨识、智能控制等功能，并能够实现 V2V、V2I 之间的协同控制。目前研究较多的是 V2V 和 V2I 信息交换技术，而 V2P 信息交换技术研究较少。在中国，V2P 信息交换很重要，因为路面上有很多行人、自行车等，交通事故高发于车辆右转的情况下。

车载移动互联网。是基于远距离通信技术构建的车辆与互联网之间连接的网络，实现车辆信息与各种服务信息在车载移动互联网上的传输，使智能网联汽车用户能够开展商务办公、信息娱乐服务等。

二、车载网络类型

美国汽车工程师学会（SAE）提出将车载网络划分为 5 种类型，分别为 A 类低速网络、B 类中速网络、C 类高速网络、D 类多媒体网络和 E 类安全应用网络。不同类型的车载网络需要通过网关进行信号的解析交换，使不同的网络类型能够相互协调，保证车辆各系统正常运转。

A 类低速网络。传输速率一般小于 10 kbit/s，有多种通信协议，该类网络的主流协议是 LIN（局域互联网络）。LIN 是用于连接智能传感器、执行器的低成本串行通信网络。LIN 采用 SCI、UART 等通用硬件接口，配以相应的驱动程序，成本低廉、配置灵活、适应面较广，主要用于电动门窗、电动座椅、车内照明系统和车外照明系统等。

B 类中速网络。传输速率为 10~125 kbit/s，对实时性要求不太高，主要面向独立模块之间数据共享的中速网络。目前该类网络的主流协议是低速 CAN（控制器局域网络），主要用于故障诊断、空调、仪表显示等。

C 类高速网络。传输速率为 125~1000 kbit/s，对实时性要求高，主要面向高速、实时闭环控制的多路传输网。该类网络的主流协议是高速 CAN、FlexRay 等协议，主要用于牵引力控制、发动机控制、ABS、ASR、ESP、悬架控制等。

D 类多媒体网络。传输速率为 250 kbit/s~100 Mbit/s，该类网络协议主要有 MOST、以太网、蓝牙、ZigBee 技术等，主要用于要求传输效率较高的多媒体系统、导航系统等。

E 类安全网络。传输速率为 10 Mbit/s，主要面向汽车安全系统的网络。

汽车车载网络结构示意图如图 4-2 所示。

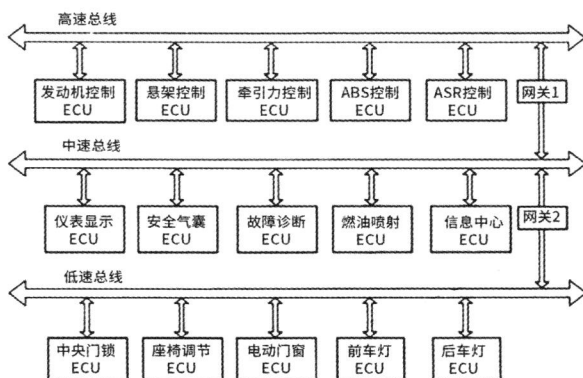

图 4-2　汽车车载网络结构示意图

随着汽车智能化和网络化的发展，网络宽带和传输速率要求越来越高，车载网络类型会不断增加。

智能网联汽车各种网络之间是一种相辅相成的配合关系，整车厂可以从实时性、可靠性、经济性等多方面出发，选择合适的网络配合使用，充分发挥各类网络技术的优势。

三、车载网络特点

智能网联汽车车载网络具有以下特点。

复杂化。智能网联汽车电控系统的网络体系结构复杂，它包含多达数百个 ECU 通信节点，ECU 被划分到十几个不同的网络子系统之中，由 ECU 产生的需要进行通信的信号个数多达数千个。

异构化。为满足各个功能子系统对网络带宽、实时性、可靠性和安全性的不同需求，CAN、LIN、FlexRay、MOST、以太网、自组织网络、移动互联网等多种网络技术都将在智能网联汽车上得到应用，因此，不同网络子系统中所采用的网络技术之间存在很大程度的异构性。这种异构性不仅体现在网络类型的不同方面，而且同种类型的网络在带宽和传输速率方面也存在异构性，如高速 CAN 和低速 CAN，网关用来实现不同网络子系统之间的互联和异构网络的集成，所以在网关内需要对协议进行转换。

网关互联的层次化架构。智能网联汽车电控系统和先进驾驶辅助系统的网络体系结构具有层次化特点，它同时包括同一网络子系统内不同 ECU 之间的通信和两个或多个网络子系统所包含的 ECU 之间的跨网关通信等多种情况。如防碰撞系统功能的实现依赖于安全子系统、底盘控制子系统、车身子系统以及 V2V、V2I、V2P 之间的交互和协同控制。

通信节点组成和拓扑结构是变化的。智能网联汽车需要实现 V2V、V2I、V2P 之间的通信，所以它的网络体系结构中包含的通信节点和体系结构的拓扑结构是变化的。

第二节　车载网络技术

车载网络技术的应用提高了信息传输的速度，增强了汽车控制系统的稳定性和可靠性，特别是智能网联汽车和无人驾驶汽车，对车载网络提出了更高的要求。目前，汽车车载网络类型主要有 CAN、LIN、FlexRay、MOST 等。随着智能网联汽车的发展，以太网的应用已引起广泛重视。

一、CAN 总线网络

（一）CAN 总线定义

CAN（Controller Area Network，控制器局域网络）是德国博世公司在 1985 年为了解决汽车上众多测试仪器与控制单元之间的数据传输而开发的一种支持分布式控制的串行数据通信总线。国际化标准组织（ISO）在 1993 年提出了 CAN 总线的国际标准——ISO 11898，使得 CAN 总线的应用更标准化和规范化。目前，CAN 总线已经是国际上应用最广泛的网络总线之一，它的数据信息传输速率最大为 1 Mbit/s，属于中速网络，通信距离（无须中继）最远可达 10 km，最有可能成为世界标准的汽车局域网。

（二）CAN 总线网络特点

CAN 总线采用双绞线作为传输介质，媒体访问方式为位仲裁，是一种多主总线。CAN 总线为事件触发的实时通信网络，其总线仲裁方式采用基于优先级的载波侦听多路访问冲突检测（CSMA/CD）法。CAN 总线网络具有以下特点。

多主控制。是指在总线空闲时，所有的单元都可开始发送消息，最先访问总线的单元可获得发送权（CSMA/CA 方式）；多个单元同时开始发送时，发送高优先级 ID（标识符）消息的单元可获得发送权。

消息的发送。在 CAN 协议中，所有的消息都以固定的格式发送。总线空闲时，所有与总线相连的单元都可以开始发送新消息。两个以上的单元同时开始发送消息时，根据 ID 决定优先级。ID 并不是表示发送的目的地址，而是表示访问总线的消息的优先级。两个以上的单元同时开始发送消息时，对各消息 ID 的每个位进行逐个仲裁比较。仲裁获胜（被判定为优先级最高）的单元可继续发送消息，仲裁失利的单元则立刻停止发送而进行接收工作。

系统的柔软性。与总线相连的单元没有类似于"地址"的信息。因此在总线上增加单元时，连接在总线上的其他单元的软硬件及应用层都不需要改变。

高速度和远距离。当通信距离小于 40 m 时，CAN 总线的传输速率可以达到 1 Mbit/s。通信速度与其通信距离成反比，当其通信距离达到 10 km 时，其传输速率仍可以达到约 5 kbit/s。

远程数据请求。可通过发送"遥控帧"请求其他单元发送数据。

错误检测功能、错误通知功能、错误恢复功能。错误检测功能是指所有的单元都可以检测错误；错误通知功能是指正在发送消息的单元一旦检测出错误，会强制结束当前的发送，并同时通知其他所有单元；错误恢复功能是指强制结束发送的单元会不断反复地重新发送此消息直到成功发送为止。

故障封闭。CAN 总线可以判断出错误的类型是总线上暂时的数据错误（如外部噪声等）还是持续的数据错误（如单元内部故障、驱动器故障、断线等）。根据此功能，当总线上发生持续的数据错误时，可将引起此故障的单元从总线上隔离出去。

连接。CAN 总线可以同时连接多个单元，可连接的单元总数理论上是没有限制的。但实际上可连接的单元数受总线上的时间延迟及电气负载的限制。降低传输速率，可连接的单元数增加；提高传输速率，则可连接的单元数减少。

总之，CAN 总线具有实时性强、可靠性高、传输速率快、结构简单、互操作性好、总线协议具有完善的错误处理机制、灵活性高和价格低廉等特点，在车载网络上已经得到广泛的应用。

（三）CAN 总线网络的分层结构

CAN 协议包含了 ISO 规定的 OSI（Open System Interconnection）7 层参考模型中的物理层、数据链路层和传输层。CAN 协议与 OSI7 层参考模型的比较以及对应 3 层的总线功能如图 4-3 所示。

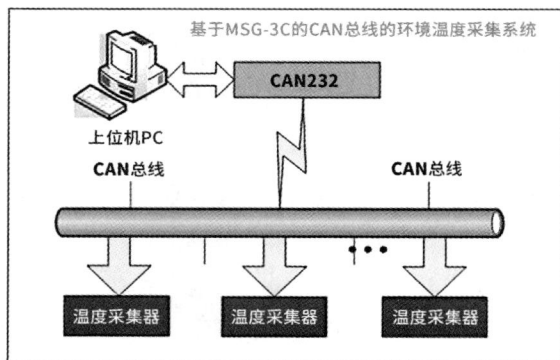

图 4-3　CAN 总线网络分层结构

7 层参考模型 OSI 是国际标准化组织（ISO）制定的一个用于计算机或通信系统间互联的标准体系，它是一个 7 层的、抽象的模型，不仅包括一系列抽象的术语或概念，也包括具体的协议。

物理层。主要功能是利用传输介质为数据链路层提供物理连接，实现相邻节点之间比特流的透明传输，尽可能屏蔽掉具体传输介质和物理设备的差异，使其上面的数据链路层不必考虑网络的具体传输介质是什么。

数据链路层。负责建立和管理节点间的链路，其主要功能是通过各种控制协议，将有差错的物理信道变为无差错的、能可靠传输数据帧的数据链路。数据链路层通常又被分为介质访问控制（MAC）和逻辑链路控制（LLC）两个子层。MAC 子层的主要任务是解决共享型网络中多用户对信道竞争的问题，完成网络介质的访问控制。MAC 子层也受一个名为"故障界定"的管理实体监管，此故障界定为自检测机制，以便把永久故障和短时扰动区别开来。LLC 子层的主要任务是建立和维护网络连接，执行差错校验、流量控制和链路控制。数据链路层的具体工作是接收来自物理层的位流形式的数据，并封装成帧，传送到上一层。同样，也将来自上层的数据帧，拆装为位流形式的数据转发到物理层。并且，还负责处理接收端发回的确认帧的信息，以便提供可靠的数据传输。

网络层。是 OSI 参考模型中最复杂的一层，也是通信子网的最高一层。它在下两层的基础上向资源子网提供服务。其主要任务是通过路由选择算法，为报文或分组通过通信子网选择最适当的路径。该层控制数据链路层与传输层之间的信息转发，建立、维持和终止网络的连接。具体来说，数据链路层的数据在这一层被转换为数据包，然后通过路径选择、分段组合、顺序、进/出路由等控制，将信息从一个网络设备传送到另一个网络设备。一般数据链路层解决同一网络内节点之间的通信，而网络层主要解决不同子网间的通信。例如在广域网之间通信时，必然会遇到路由（即两节点间可能有多条路径）选择问题。

传输层。OSI 下 3 层的主要任务是数据通信，上 3 层的任务是数据处理。传输层是通信子网和资源子网的接口和桥梁，起到承上启下的作用。传输层的主要功能有传输连接管路、处理传输差错和监控服务质量，其中传输连接管理是指提供建立、维护和拆除传输连接的功能，传输层在网络层的基础上为高层提供"面向连接"和"面向无连接"的两种服务。处理传输差错是指提供可靠的"面向连接"和不太可靠的"面向无连接"的数据传输服务、差错控制和流量控制。在提供"面向连接"服务时，通过这一层传输的数据将由目标设备确认，如果在指定的时间内未收到确认信息，数据将被重发。

会话层。是用户应用程序和网络之间的接口，具体功能有会话管理、会话流量控制、寻址、出错控制，其中会话管理是指允许用户在两个实体设备之间建立、维持和终止会话，并支持它们之间的数据交换，如提供单向会话或双向同时会话，并管理会话中的发送顺序，以及会话所占用时间的长短；会话流量控制是指提供会话流量控制和交叉会话功能；寻址是指使用远程地址建立会话连接；出错控制是负责纠正错误。

表示层。是对来自应用层的命令和数据进行解释，对各种语法赋予相应的含义，并按照一定的格式传送给会话层。其主要功能是处理用户信息的表示问题，如编码、数据格式转换和加密解密等。

应用层。是计算机用户以及各种应用程序和网络之间的接口，其功能是直接向用户提供服务，完成用户希望在网络上完成的各种工作。它负责完成网络中应用程序与网络操作系统之间的联系，建立与结束使用者之间的联系，并完成网络用户提出的各种网络服务及应用所需的监督、管理和服务等各种协议。此外，该层还负责协调各个应用程序间的工作。

由于 OSI 是一个理想的模型，一般网络系统只涉及其中的几层，很少有系统能够具有所有的 7 层，并完全遵循它的规定。

（四）CAN 总线网络帧类型

CAN 总线网络传输的帧主要包括数据帧、远程帧、错误帧和过载帧。

数据帧。用于传输数据，主要由帧起始、仲裁域、控制域、数据域、CRC 校验、应答域和帧结束构成。

远程帧。主要用于接收单元向发送单元请求主动发送数据，包含了数据帧中除了数据段以外的部分，其实质是没有数据段的数据帧。

错误帧。用于在接收和发送消息时检测出错误并向网络节点通知错误发出的帧，主要包含错误标志和错误界定符。

过载帧。当总线数据传输量过大，接收节点对接收的数据无法及时处理时，会在相邻的两个数据帧之间穿插发送一个过载帧，以告求发送节点延退下一帧消息的发送。其由过载标志叠加区和过载界定符组成。

（五）CAN 总线在汽车上的应用

CAN 总线的最大传输速率可达 1 Mbit/s，目前，汽车上的网络连接方式需采用两条 CAN 总线，一条是用于驱动系统的高速 CAN 总线，速率达到 500 kbit/s；另一条是用于车身系统的低速 CAN 总线，速率为 100 kbit/s。高速 CAN 总线主要连接发动机、自动变速器、ABS/ASR、ESP 等对通信实时性有较高要求的系统。低速 CAN 总线主要连接灯光、电动车窗、自动空调及信息显示系统等，多为低速电动机和开关量器件，对实时性要求低而数量众多。不同速度的 CAN 网络之间通过网关连接。对汽车 CAN 总线上的信号进行采集时，需要确定所采集的信号处于哪个 CAN 网络中，以便于设置合适的 CAN 通道波特率。汽车 CAN 网络拓扑结构如图 4-4 所示。

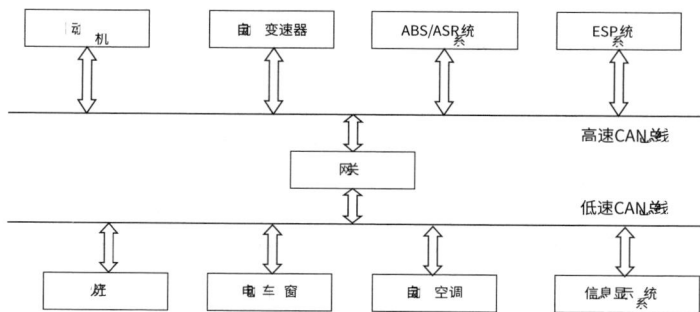

图 4-4　汽车 CAN 总线网络拓扑结构

二、LIN 总线网络

（一）LIN 总线定义

LIN（Local Interconnect Network，局部连接网络）也称为局域网子系统，是专门为汽车开发的一种低成本串行通信网络，用于实现汽车中的分布式电子系统控制。LIN 网络的数据传输速率为 20 kbit/s，属于低速网络，媒体访问方式为单主多从，是一种辅助总线，辅助 CAN 总线工作。在不需要 CAN 总线的带宽和多功能的场合，使用 LIN 总线可大大降低成本。

（二）LIN 总线网络通信方法

LIN 总线网络的数据通信主要包括主—从通信模式和从—从通信模式，两种通信模式都是由主节点控制，有各自的优势和劣势。

主—从通信模式。主节点传输信息 ID，进而发送数据传输命令。网上所有 LIN 节点将该信息进行转换，然后再进行相应的操作。根据主—从通信模式，主节点内部有一个从节点正在运行。它对正确的 ID 进行响应，然后将规定的比特传输到 LIN 总线。不同 LIN 节点在网络中都拥有完整的 LIN 帧，同时还按照各自的不同应用提供主节点数据和流程。例如主节点可能希望所有门锁都打开，这样每个门锁节点被设定为对单个信息进行响应，然后完成开锁；或者主节点可能传输 4 条不同信息，然后有选择性地打开门锁。

主—从通信模式将大部分调度操作转移到主节点上，从而简化其他节点操作。因此，LIN 从节点硬件大幅减少，甚至可能减少为单个状态设备。另一个优势是，由于主节点能够同时与所有节点通信，已知信息和要求的 ID 数量都大大减少。主节点将所有数据通信发送到全部节点，然后在所有数据传输到其他设备之前从节点上接收该数据，这样可以检查传输数据的有效性。该操作允许主节点对所有通信进行监测，减少并消除潜在错误。

但是，这种通信模式速度缓慢，LIN 节点很难及时地接收和处理数据并有选择性地将它传输给其他节点。

从—从通信模式。与主—从通信相比，从—从通信方法更迅速。各个信息帧上的节点共用信息，从而极大地提高响应速度。例如单个信息可以打开两扇车窗，关闭一个车门，打开三个车门或者移动车窗。这样就可以明显减少网上的数据流量。

但是，从—从通信模式有重要的局限性，各个从节点的时钟源未知，因此从节点将数据传输到网络时（根据主节点请求），数据可能发生漂移。主节点有一个精确度很高的时钟，数据漂移有较大的误差范围，但另一个接收数据的 LIN 从节点却没有，这会导致数据误译。这种情况下，主节点不显示从—从通信已经失效。

（三）LIN 总线网络特点

LIN 总线网络具有以下特点。

1. LIN 总线的通信是基于 SCI 数据格式，媒体访问采用单主节点、多从节点的方式，数据优先级由主节点决定，灵活性好。

2. 一条 LIN 总线最多可以连接 16 个节点，共有 64 个标识符。

3. LIN 总线采用低成本的单线连接，传输速率最高可达 20 kbit/s。

4. 不需要进行仲裁，同时在从节点中无须石英或陶瓷振荡器，只采用片内振荡器就可以实现自同步，从而降低了硬件成本。

5. 几乎所有的 MCU 均具备 LIN 所需硬件，且实现费用较低。

6. 网络通信具有可预期性，信号传播时间可预先计算。

7. 通过主机节点可将 LIN 与上层网络（CAN）相连接，实现 LIN 的子总线辅助通信功能，从而优化网络结构，提高网络效率和可靠性。

8. 总线通信距离最大不超过 40 m。

LIN 总线规范中，除定义了基本协议和物理层外，还定义了开发工具和应用软件接口。因此，从硬件、软件以及电磁兼容性方面来看，LIN 总线保证了网络节点的互换性。这极大地提高了开发速度，同时保证了网络的可靠性。

（四）LIN 网络结构

LIN 网络采用单主机多从机模式，一个 LIN 网络包括一个主节点和若干从节点。由于过多的网络节点将导致网络阻抗过低，因此，一般情况下网络节点总数不宜超过 16 个。如图 4-5 所示，所有的网络节点都包含一个从任务，提供通过 LIN 总线传输的数据，主节点除了从任务还包括一个主任务，负责启动网络中的通信。

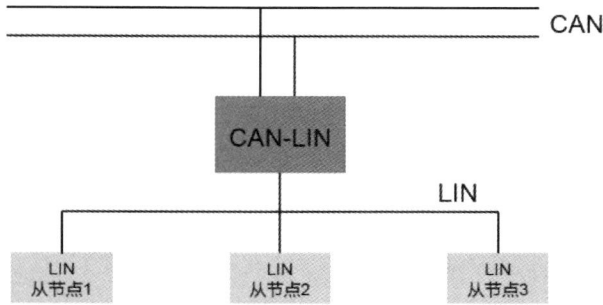

图 4-5　LIN 网络结构

（五）LIN 报文帧

LIN 总线上传输的数据有确定的格式，称作报文帧，它由报头和响应组成，如图 4-6 所示。其中报头由主任务提供，响应由主任务或从任务提供。可以看出，报头由同步间隔场、同步场和标识符场组成；响应由数据场和校验和场组成；报头和响应由帧内响应空间分隔。

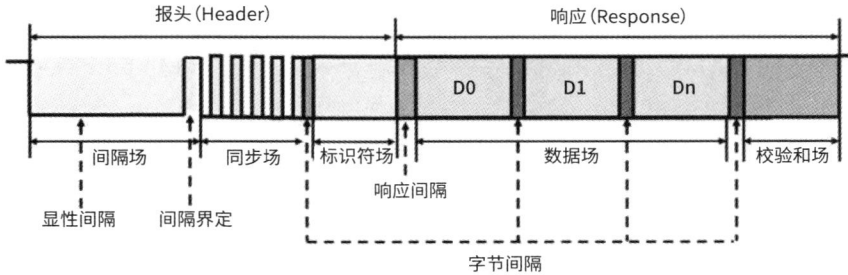

图 4-6　LIN 报文帧结构

同步间隔表示 LIN 报文帧的开始，是由主任务产生的，告诉从任务为即将传送的帧做好同步准备；同步场包含时钟的同步信息，在 8 个位定时中有 5 个下降沿和 5 个上升沿，使从任务能与主时钟同步；标识符场描述报文的内容和长度；数据场由 8 位数据的字节场组成；校验和场是帧的最后一部分，它是以 256 为模的所有数据字节算术和的反码。

（六）LIN 总线网络在汽车上的应用

由于一个 LIN 网络通常由一个主节点、一个或多个从节点组成，所以 LIN 网络为主从式控制结构。各个 LIN 主节点是车身 CAN 总线上的节点，通过 CAN 总线连接成为低速车身 CAN 网络，并兼起 CAN/LIN 网关的作用。引入带 CAN/LIN 网关的混合网络有效地降低了主干网的总线负载率。LIN 网络主要应用于车门、转向盘、座椅、空调系统、防盗系统等。LIN 网络将模拟信号用数字信号代替，实现对汽车低速网络的需求，结构简单，维修方便。

三、FlexRay 总线网络

（一）FlexRay 总线定义

FlexRay 是一种用于汽车的高速可确定性的、具备故障容错的总线系统。汽车中的控制器件、传感器和执行器之间的数据交换主要是通过 CAN 网络进行的。然而新的 X-by-wire 系统设计思想的出现，导致车辆系统对信息传送速度尤其是故障容错与时间确定性的需求不断增加。FlexRay 通过在确定的时间槽中传送信息，以及在两个通道上的故障容错和冗余信息的传送，可以满足这些新增加的要求。

（二）FlexRay 总线网络特点

FlexRay 总线网络具有以下特点。

数据传输速率高。FlexRay 网络最大传输速率可达到 10 Mbit/s，双通道总数据传输速率可达到 20 Mbit/s，因此，应用在车载网络上，FlexRay 的网络带宽可以是 CAN 网络的 20 倍。

可靠性好。FlexRay 能够提供很多 CAN 网络所不具有的可靠性特点，尤其是 FlexRay 具备的冗余通信能力。具有冗余数据传输能力的总线系统使用两个相互独立的信道，每个信道都由一组双线导线组成。一个信道失灵时，该信道应传输的信息可在另一条没有发生故障的信道上传输。此外，总线监护器的存在进一步提高了通信的可靠性。

确定性。FlexRay 是一种时间触发式总线系统，它也可以通过事件触发方式进行部分数据传输。在时间控制区域内，时隙分配给确定的信息。一个时隙是指一个规定的时间段，该时间段对特定信息开放。对时间要求不高的其他信息则在事件控制区域内传输。确定性数据传输用于确保时间触发区域内的每条信息都能实现实时传输，即每条信息都能在规定时间内进行传输。

灵活性。灵活性是 FlexRay 总线的突出特点，反映在以下方面：支持多种方式的网络拓扑结构，点对点连接、串级连接、主动星形连接、混合型连接等；信息长度可配置，可根据实际控制应用需求，为其设定相应的数据载荷长度；双通道拓扑既可用以增加带宽，也可用于传输冗余的信息；周期内静态、动态信息传输部分的时间都可随具体应用而改变。

为了满足不同的通信需求，FlexRay 在每个通信周期内都提供静态和动态通信段。静态通信段可以提供有界延迟，而动态通信段则有助于满足在系统运行时间内出现的不同带宽需求。FlexRay 帧的固定长度静态段用固定时间触发的方法来传输信息，而动态段则使用灵活时间触发的方法来传输信息。

（三）FlexRay 网络拓扑结构

FlexRay 网络拓扑结构分为总线型拓扑、星型拓扑和混合型拓扑。

总线型拓扑结构。FlexRay 总线拓扑结构如图 4-7 所示，节点通过总线驱动器直接连接到总线的两个通道上。节点可以选择同时连接两条通信通道，进行双通道冗余或非冗余配置，也可以选择只连接一条通信通道。总线上任意一个节点都可以接收总线数据，且任意节点发出的信息可以被总线上的多个节点接收。

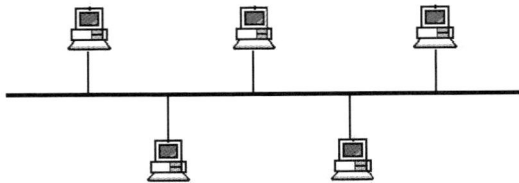

图 4-7　双通道总线型拓扑结构

星型拓扑结构。FlexRay 星型拓扑结构如图 4-8 所示，连接着 ECU 的有源星形设备，具有将一个分支的数据位流传输到所有其他分支的功能。有两个分支的有源星形设备可以被看成继电器或集线器以增加总线长度。

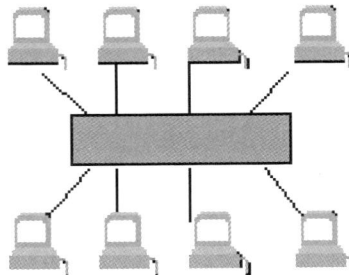

图 4-8　有源星型拓扑结构

混合型拓扑结构。FlexRay 混合型网络拓扑结构如图 4-9 所示，由总线型拓扑结构和星形拓扑结构组成。混合型拓扑结构适用于较复杂的车载网络，其兼具总线型拓扑结构和星型拓扑结构的特点，在保证网络传输距离的同时可以提高传输性能。

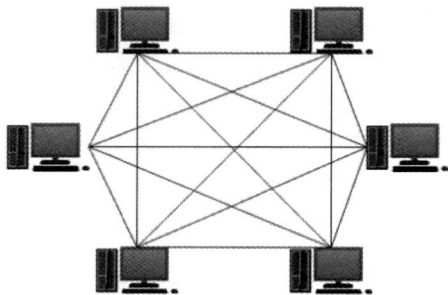

图 4-9　混合型拓扑结构

（四）FlexRay 数据帧格式

FlexRay 的数据帧格式由头部段、负载段和尾部段组成。

头部段。包括 1 位保留位，1 位数据指示符表示静态消息帧是否包含 NM Vector 或动态消息帧是否包含信息 ID，1 位空帧指示符表示负载段的数据是否为空，1 位同步帧指示符表示是否为同步帧，1 位启动帧指示符表示是否为起始帧、11 位帧 ID、7 位有效数据长度、11 位 CRC 循环校验码和 6 位循环计数位。

负载段。包含 0~254 B 的数据、信息 ID 和网络管理向量。

尾部段。主要是 CRC 校验域。

FlexRay 网络上的通信节点在发送一个报文帧时，先发送头部段，再发送负载段，最后是尾部段。

（五）FlexRay 网络在汽车上的应用

FlexRay 网络具有速度快、效率高、容错性强等特点，可用于汽车动力和底盘系统的控制数据传输。

替代 CAN 总线。在数据传输速率要求超过 CAN 的应用会采用两条或多条 CAN 总线来实现，FlexRay 将是替代这种多总线解决方案的理想技术。

用作"数据主干网"。FlexRay 具有很高的数据传输速率，且支持多种拓扑结构，非常适合于车辆主干网络，用于连接多个独立网络。

用于分布式测控系统。分布式测控系统用户要求确切知道消息到达时间，且消息周期偏差非常小，这使得 FlexRay 成为首选技术，如动力系统、底盘系统的一体化控制中。

用于高安全性要求的系统。FlexRay 本身不能确保系统安全，但它具备大量功能以支持面向安全的系统设计。

图 4-10 是奥迪 A8 中的 FlexRay 总线拓扑结构。奥迪 A8 使用 FlexRay 总线可以实现驾驶动态控制、车距控制、自适应巡航控制和图像处理等功能。

新一代奥迪A8车身框架

图 4-10　奥迪 A8 中的 FlexRay 总线拓扑结构

FlexRay 总线的拓扑结构可以分为点对点连接的主动星型拓扑结构（支路 3）和总线型拓扑结构（支路 1、2 和 4）。数据总线诊断接口 J533 用作控制器，上面有 4 个支路接口。其他总线用户围绕着数据总线诊断接口 J533 分布在若干支路上。每条支路上最多连接两个控制单元，其中主动星型连接器以及支路上的末端控制单元始终接低电阻（内电阻较低），而中间控制单元则始终接高电阻（内电阻较高）。

冷态启动和同步控制单元有数据总线诊断接口 J533、ABS 控制单元 J104、电子传感器控制单元 J849。非冷态启动控制单元有车距控制装置控制单元 J428、车距控制装置控制单元 2 J850、图像处理控制单元 J851、四轮驱动系统控制单元 J492、水平高度调节系统控制单元 J197。

四、MOST 总线网络

（一）MOST 总线定义

MOST（多媒体定向系统传输）总线是使用光纤或双绞线作为传输介质的环形网络，可以同时传输音 / 视频流数据、异步数据和控制数据，支持高达 150 Mbit/s 的传输速率。

MOST 总线标准已经发展到第三代。MOST25 是第一代总线标准，最高可支持 24.6 Mbit/s 的传输速率，以塑料光纤作为传输介质；第二代标准 MOST50 的传输速率是 MOST25 的两倍，除了采用塑料光纤作为传输介质，还可采用非屏蔽双绞线作为传输介质；第三代标准 MOST150，不仅最高可支持 147.5 Mbit/s 的传输速率，还解决了与以太网的连接等问题，MOST150 将成为 MOST 总线技术发展的趋势。

（二）MOST 总线网络特点

MOST 总线网络具有以下特点。

1. 保证低成本的条件下，最高可以达到 147.5 Mbit/s 的数据传输速率。

2. 无论是否有主控计算机都可以工作。

3. 支持声音和压缩图像的实时处理。

4. 支持数据的同步和异步传输。

5. 发送 / 接收器嵌有虚拟网络管理系统。

6. 支持多种网络连接方式，提供 MOST 设备标准，方便、简洁地应用系统界面。

7. 通过采用 MOST，不仅可以减轻连接各部件的线束的质量、降低噪声，而且可以减轻系统开发技术人员的负担，最终在用户处实现各种设备的集中控制。

8. 光纤网络不会受到电磁辐射干扰与搭铁环的影响。

（三）MOST 网络拓扑结构

MOST 网络允许有不同的总线拓扑结构，最常见的是环形拓扑结构，如图 4-11 所示。

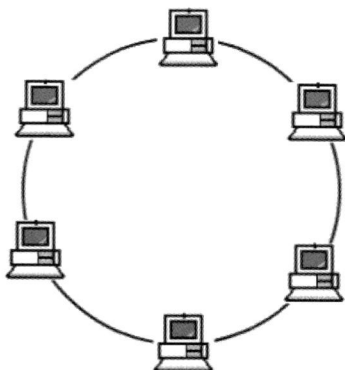

图 4-11　MOST 网络拓扑结构

MOST 网络支持一条物理数据线上同时传送音频和视频等同步数据和数据包形式的异步数据。MOST 网络系统的经典拓扑结构为环形，各种组件通过一根塑料光纤连接，每个组件都称为网络的一个节点。MOST 网络系统是一个一点到多点的数据传输网络。系统支持的最大节点数为 64 个。

（四）MOST 网络的分层结构

MOST 网络包含了 ISO 规定的 OSI 模型的所有 7 层结构。

物理层对应的是光学 / 电气物理层；数据链路层对应的是网络接口控制器；网络层、传输层、会话层、表示层、应用层对应的是网络服务层和功能块。与之相对应的硬件分别是光纤 / 电缆、智能网络接口控制器和外部控制器。

MOST 网络应用层主要是功能块以及相应的动态特性。功能块定义了由"属性"和"方法"构成的应用层协议接口。"属性"用于描述功能块的相关属性，"方法"用于执行相应的操作，利用"属性"和"方法"，可以对整个 MOST 网络进行控制。

网络服务层可分为网络服务基础层和网络服务应用接口层两部分。网络服务基础层主要提供管理网络状态、信息接收 / 发送驱动和流信道分配等底层服务；网络服务应用接口层提供与功能块的接口，包括命令解释等。

（五）MOST 的数据帧格式

MOST 数据帧的基本格式如图 4-12 所示，它是由传播流媒体数据的同步数据区、传播数据包的异步数据区和专门传输控制数据的控制信道组成。

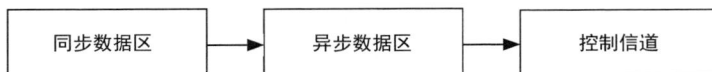

图 4-12　MOST 数据帧的基本格式

MOST25 的数据帧长度为 512 bit，64 字节；MOST50 的数据帧长度为 1024 bit，128 字节。MOST25 中，每一帧有 2 字节长度用于控制消息的传输，16 帧才能构成一个控制信息块。

前导符占 4 bit，每个节点是利用前导符与网络同步的；边界描述符占 4 bit，边界描述符由时间主节点确定，取值范围为 6~15，表明后面数据段同步区与异步区各自所占的带宽；同步数据区占 24~60 字节，异步数据区占 0~36 字节，两个区共占用 60 个字节，它们的分界靠边界描述符限定，以每 4 个字节为单位进行调节；控制信道占 2 个字节，控制数据可以用控制信道进行传递；帧控制和校验位占 1 个字节。

（六）MOST 网络在汽车上的应用

MOST 可以实现实时传输声音和视频，以满足高端汽车娱乐装置的需求，主要用于车载电视、车载电话、车载 CD、车载 Internet、DVD 导航等系统的控制中，也可以用在车载摄像头等行车系统。

图 4-13 所示为宝马 5 系轿车 MOST 总线系统图。图中 A51 是中央网关模块；A71 是组合仪表模块；A42 是高级主机模块；A23 是 DVD 机模块；A38 是后座显示器；A52 是高保真放大器模块；A2 是电子信息控制单元；A168 是接口盒模块；A188 是 Combox 多媒体和紧急呼叫；A169 是高速接口盒模块；A25 是视频模块；A86 是卫星数字音频广播服务。

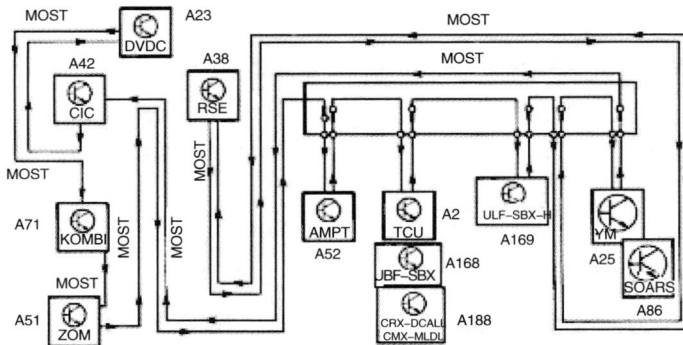

图 4-13　宝马 5 系轿车 MOST 总线系统图

五、以太网

（一）以太网定义

以太网（Ethernet）是由美国施乐（Xerox）公司创建，并由 Xerox、英特（Intel）和 DEC（数字装备）公司联合开发的基带局域网规范，是当今现有局域网采用的最通用的通信协议标准。以太网包括标准以太网（10Mbit/s）、快速以太网（100 Mbit/s）、吉比特以太网（千兆以太网，1000 Mbit/s）和万兆以太网（10 Gbit/s）。

（二）以太网特点

以太网具有以下特点。

数据传输速率高。现在以太网的最大传输速率能达到 10 Gbit/s，并且还在提高，比任何一种现场总线都快。

应用广泛。基于 TCF/IP 协议的以太网是一种标准的开放式网络，不同厂商的设备很容易互联。这种特性非常适合于解决不同厂商设备的兼容和互操作的问题。以太网是目前应用最广泛的局域网技术，遵循国际标准规范 IEEE802.3，受到广泛的技术支持。几乎所有的编程语言都支持以太网的应用开发，如 Java、C++、VB 等。

容易与信息网络集成，有利于资源共享。由于具有相同的通信协议，以太网能实现与 Internet 的无缝连接，方便车辆网络与地面网络的通信。车辆网络与 Interact 的接入极大地解除了为获取车辆信息而带来的地理位置上的束缚。这一性能是目前其他任何一种现场总线都无法比拟的。

支持多种物理介质和拓扑结构。以太网支持多种传输介质，包括同轴电缆、双绞线、光缆、无线等，使用户可根据带宽、距离、价格等因素做多种选择。以太网支持总线型和星型等拓扑结构，可扩展性强，同时可采用多种冗余连接方式，提高网络的性能。

软硬件资源丰富。由于以太网已应用多年，人们对以太网的设计、应用等方面有很多的经验，对其技术也十分熟悉。大量的软件资源和设计经验可以显著降低系统的开发成本，从而可以显著降低系统的整体成本，并大大加快系统的开发和推广速度。

可持续发展潜力大。由于以太网的广泛应用，使它的发展一直受到广泛的重视和大量的技术投入。车载网络采用以太网，可以避免其发展游离于计算机网络技术的发展主流之外，从而使车载网络与信息网络技术互相促进，共同发展。

（三）以太网协议分层结构

对应于 ISO 规定的 OSI7 层通信参考模型，以太网协议在物理层和数据链路层均采用了 IEEE802.3 规范，在网络层和传输层则采用被称作事实上以太网标准的 TCP/IP 协议簇，它们构成了以太网协议的低 4 层。在高层协议上，以太网通常都省略了会话层、表示层，而在应用层广泛使用的简单邮件传送协议 SMTP、域名服务协议 DNS、文件传输协议 F1、超文本传输协议 HTTP。

物理层是 OSI 的最底层，为设备之间的数据通信提供传输媒介及互联设备，为数据的传输提供可靠的环境。物理层的主要功能是为数据设备提供数据通路、传输数据，并完成物理层的一些管理工作。对于以太网物理层，有各种粗细同轴电缆、双绞线、多模 / 单模光纤、光电接收 / 发送器、中继器、各类接头和插头等。

数据链路是通信期间收发两端通过建立通信联络和拆除通信联络等过程而建立起来的数据收发关系。数据链路层的主要功能是负责链路的建立、拆除和分离，实现帧或分组的定界、同步与收发顺序控制，进而差错检测与恢复，并负责链路标识和流量控制等。在以太网中，数据链路层分为逻辑链路控制（LLC）层和媒体访问控制（MAC）层。在 LLC 不变的条件下，只需改变 MAC 便可适应不同的媒体和访问方法。

网络层是负责复用、路由、中继、网络管理、流量控制以及更高层次的差错检测与恢复、排序等。网络层设备主要有网光和路由器。在以太网中，网络层的寻址、排序、流量控制和差错控制等功能均可由数据链路层承担，因此，既可以选择 3 层技术也可以选择 2 层技术。

TCP/IP（传输控制协议 / 网际互联协议）协议簇是指包括 TCP、UDP、IP、HTTP 等在内的一组协议。TCP/IP 协议分为 4 层，每一层负责完成不同的功能。

1. 网络接口层或链路层，通常包括操作系统中的设备驱动程序和嵌入式设备中对应的网络接口卡，它们一起处理通信电缆的物理接口细节。

2. 网络层，处理报文分组在网络中的活动，例如报文分组的路径选择。在 TCP/IP 协议簇中网络层协议包括 ARP 协议、R1ARP 协议、IP 协议、ICMP 协议以及 IGMP 协议。

3. 传输层，主要为两台主机上的应用程序提供端到端的通信。在 TCP/IP 协议簇中，有两个互不相同的协议 TCP 和 UDP。

4. 应用层，负责处理特定的应用程序细节。应用层的协议内容包括域名服务协议 DNS、文件传输协议 FTP、简单网络管理协议 SNMP、简单邮件传输协

SMTP、超文本传输协议 HTTP 等。

（四）以太网数据帧格式

以太网发送数据时，MAC 层把 LLC 层递交来的数据按某种格式再加上一定的控制信息，然后再经物理层发送出去。MAC 层递交给物理层的数据格式称为MAC 帧格式。IEEE802.3 规定的 MAC 帧格式包含 6 部分，分别是前导域及帧起始定界符、目的地址域、源地址域、长度 / 类型域、数据域和 FCS 域。

前导域及帧起始定界符。前 7 个字节都是 10101010，最后一个字节是10101011。用于将发送方与接收方的时钟进行同步，主要是由于以太网类型的不同，同时发送接收速率也不会是完全精确的帧速率传输，因此需要在传输之前进行时钟同步。

目的地址（DA）域。DA 标识了目的（接收）节点的地址，由 6 字节组成。DA 可以是单播地址、多播地址或广播地址。

源地址（SA）域。SA 标识了最后一个转发此帧的设备的物理地址，也由 6 字节组成，但 SA 只能是单播地址。

长度 / 类型域。该域由 2 字节组成，同时支持长度域和类型域。允许以太网多路复用网络层协议，可以支持除了 1P 协议之外的其他不同网络层协议，或者是承载在以太网帧里的协议（如 ARP 协议）。接收方根据此字段进行多路分解，从而达到解析以太网帧的目的，将数据字段交给对应的上层网络层协议，这样就完成了以太网作为数据链路层协议的工作。

数据域。是上层递交来的要求发送的实际数据，该域的长度被限制在46~1500 字节之间。如果超过 1500 字节，就要启用 IP 协议的分片策略进行传输；如果不够 46 字节必须要填充到 46 字节。

FCS 域。它是 4 字节的检验域，该域由前面的目的地址域、源地址域、长度 / 类型域及数据域经过 CRC 算法计算得到。接收节点将依次收到的目的地址域、源地址域、长度 / 类型域及数据域进行相同的计算，如计算结果与收到的 FCS 域不一致，则表明发生了传输错误。

（五）以太网拓扑结构

以太网拓扑结构有总线型、环型和星型。

总线型。结构简单，实现容易，易于扩展，可靠性较好，总线不封闭，便于增加或减少节点。多个节点共享一条总线，使用广播通信方式，即总线上任何一个节点发送的信息，能被总线上的其他所有节点接收，信道利用率高，通信速度快。但由于同一时刻只允许一个设备发送，总线型结构会出现节点之间竞争总线控制权的现象，而降低传输效率，需要软件控制，以消除这种对总线的竞争。节点本身的故障对整个系统的影响较小，但对通信总线要求较高，因为如果通信总线发生故障，所有节点的通信都会中断，总线网络结构通常会采用冗余总线技术来确保通信总线可靠工作。另外，总线型结构的故障诊断、隔离较为困难，接入节点数有限，通信的实时性较差。

环型。结构由节点和连接节点的链路组成一个闭合环。所有节点共享一条环形传输总线，以广播方式把信息在一个方向上从源节点传输到目的节点，节点之间也有竞争使用环型传输总线的问题。对此，需用软件协调控制。这种结构的优点是结构简单、信道利用率高、电缆长度短、控制方式比较简单，每个节点只是以接力的方式把数据传输到下一个节点，传输信息误码率低，数据传输效率高。其缺点是当某个节点或某段环线发生故障时，都会导致整个网络瘫痪，可靠性较差，故障诊断、排除困难。为了提高可靠性，可采用双环或多环等冗余措施。

星型。结构管理方便，容易扩展，需要专用的网络设备作为网络的核心节点，需要更多的网线，对核心设备的可靠性要求高。此外，星型结构可以通过级联的方式很方便地将网络扩展到很大的规模，因此得到了广泛的应用，被绝大部分的以太网所采用。

（六）以太网在汽车上的应用

以太网在汽车上应用刚刚开始，但它优越的性能得到汽车业界的重视，有望成为重要的车载网络。

东芝公司旗下半导体与存储产品公司推出了面向车载信息娱乐系统（IVI）和其他汽车应用的汽车级以太网桥接解决方案 TC9560XBG，它支持 IEEE802.1AS 和 IEEE802.1Qav 等标准，这些标准通常被称作以太网音视频桥接标准。以太网音视频桥接标准支持稳定、可靠的多媒体传输，因此非常适合 IVI 和远程信息处理。此外，此元件还符合 AEC-Q100 标准的要求，可确保在严苛汽车环境下的性能表现。

博通、飞思卡尔和 OmniVision 推出的三方共同开发的 360° 全景停车辅助系统是世界上第一款基于以太网的停车辅助系统。

随着先进传感器、高分辨率显示器、车载摄像头、先进驾驶辅助系统及其数据传输和控件的加入，汽车电子产品正变得更加复杂。采用标准的以太网协议将这些设备连接起来，可以帮助简化布线，节约成本，减少线束质量并增加行驶里程。

到 2021 年，汽车以太网的需求将超过 1.5 亿个节点，这一增长源自更多车载和车内电子设备的推动，包括摄像头、传感器、显示器、安全系统和舒适性、便利性解决方案。对自动驾驶系统来说，可靠的高速通信网络是一项基本要求。

第三节　车载自组织网络技术

无线自组织（Ad hoc）网络是一种不同于传统无线通信网络的技术，它是由一组具有无线通信能力移动终端节点组成的、具有任意和临时性网络拓扑的动态自组织网络系统，其中每个终端节点即可作为主机也可作为路由器使用。作为主机，终端具有运行各种面向用户的应用程序的能力；作为路由器，终端可以运行相应的路由协议，根据路由策略和路由表完成数据的分组转发和路由维护工作。

一、车载自组织网络定义

车载自组织网络（Vehicular Ad hoc Networks，VANET）是指在交通环境中，以车辆、路侧单元以及行人为节点而构成的开放式移动自组织网络，可以进行 V2V、V2I、V2P 之间的信息传输，以实现事故预警、辅助驾驶、道路交通信息查询、车间通信和互联网接入服务等应用。它是智能交通系统未来发展的通信基础，也是智能网联汽车安全行驶的保障。

二、车载自组织网络结构

车载自组织网络在网络结构上主要分为三部分，即 V2V 通信、V2I 通信、V2P 通信。V2V 通信是通过 GPS 定位辅助建立无线多跳连接，从而能够进行暂时的数据通信，提供行车信息、行车安全等服务；V2I 通信能够通过接入互联网获得更丰富的信息与服务；V2P 通信的研究刚刚起步，目前主要是通过智能手机中的特种芯片提供行人和交通状况，以后会有更多通信方式。

根据节点间通信是否需要借助路侧单元，可以将车载自组织网络的结构分为车间自组织型、无线局域网 / 蜂窝网络型和混合型。

车间自组织型。车辆之间形成自组织网络，不需借助路侧单元，这种通信模式也称为 V2V 通信模式，也是传统移动自组织网络的通信模式。

无线局域网 / 蜂窝网络型。在这种通信模式下，车辆节点间不能直接通信，必须通过接入路侧单元互相通信，这种通信模式也称为 V2I 通信模式，相比车间自组织型，路侧单元建设成本较高。

混合型。是前两种通信模式的混合模式，车辆可以根据实际情况选择不同的通信方式。

三、车载自组织网络路由协议类型

车载自组织网络路由协议根据接收数据包的节点数量可分为单播路由、广播路由、多播路由。单播路由是指数据包源节点向网络中一个节点转发数据；广播路由是指数据包源节点向网络中的所有其他节点转发数据；多播路由是指数据包源节点向网络中多个节点转发数据。

车载自组织网络路由协议还可以分为基于拓扑的路由、基于地理位置路由、基于移动预测路由、基于路侧单元路由和基于概率路由。

（一）基于拓扑的路由

初期的移动自组织网络的路由基本上都是基于拓扑结构的路由协议，网络中的节点通过周期性地广播路由信息得到其他节点的位置信息从而选择下一跳进行数据包转发。基于拓扑的路由协议主要可以分为先应式、反应式和混合式三类路由协议。

先应式路由。在先应式路由中，每一个节点不管当前是否要求进行通信都会周期性地广播路由信息从而交换路由信息和维护路由表。先应式路由协议进行路由选择时，主要根据标准的距离矢量路由策略或链路状态路由策略。典型的先应式路由协议包含目的节点序列距离矢量路由协议（DSDV）和优化的链路状况路由协议（OLSR）。在先应式路由协议中，每一个节点无论当前是否需要通信、都需要建立和维护到达网络其他节点的路由表。这种路由方式的最大缺陷就是当网络结构频繁变化时维护未使用路径将占用大部分的带宽，降低工作效率。

反应式路由。相对于先应式路由，按需路由协议根据源节点是否需要获得目的节点路由才进行洪泛广播请求分组，因此降低了路由开销。典型的反应式路由协议包含动态源路由协议（DSR）和自组织网按需距离矢量路由协议（AODV）。在这些路由协议中，节点根据需求维护和更新正在使用的路径，因此当网络中只有一部分路径在使用时，运用反应式路由可以减小网络负担。

混合式路由。是将先应式和反应式的特点相结合而得到路由协议，该协议是在局部范围内采用先应式路由协议，而对局部范围外节点的路由查找采用反应式路由协议，进而减少全网广播带来的路由开销。

（二）基于地理位置路由

基于地理位置的路由协议通过位置服务方式实时准确地获取自身车辆和目的车辆的位置信息，同时通过路由广播的方式获得广播范围内邻居节点的位置信息，根据分组转发策略择优选择下一跳进行数据包转发。这种类型的路由协议对于拓扑随着车辆高速移动而动态快速变化的无线、多跳、无中心的车载自组织网络具有更好的可扩展性和适应性。基于地理位置路由协议主要有贪婪型周边无状态路由协议（GPSR）、地理源路由协议（GSR）、贪婪边界协调路由协议（GPCR）等。

（三）基于移动预测路由

在车载自组织网络中，车辆每个节点都具有移动性，并且车辆节点移动速度快，节点的高速移动导致网络拓扑结构变化频繁，网络链路的稳定性差，而传统的自组织网络中节点移动速度较慢，导致传统的自组织网络路由协议不适于车载自组织网络。基于移动预测的路由协议主要有 PBR、Taleb、Wedde、Abedi 等路由协议。基于移动预测路由协议的主要思想是，由于节点的移动性，通过节点速度、加速度、距离和时间等参数，预测通信链路的生命周期，即可预测该路由路径的有效期。根据车辆的移动特点来发掘链路的潜在信息，比如节点的移动速度和移动方向等数据，预测链路的生命周期，有效地避开即将失效的链路，并建立可靠的链接。基于移动预测的路由特点是可靠性高，延迟低，但当车辆数量较多时，所建立的可靠路径需要该车辆节点具有快速的实时计算能力，信息开销较大。

（四）基于路侧单元路由

借助于道路的路侧单元（RSU），可以解决车辆在稀疏情况下，导致节点链路中断的问题。RSU 为路边可靠的固定节点，具有高带宽、低误码率和低延迟传输特点，并作为主干链路。当车辆节点出现链路中断时，RSU 将采用存储转发策略来发送数据包。该思路在实际运用中最为可靠、丢包率最低，但其主要缺点是部署费用非常昂贵，并且如果发生一些自然灾害，比如台风、地震，也将导致RSU 损耗，从而导致网络面临瘫痪的可能，维护成本较高。

（五）基于概率的路由

由于车辆运行有一定的规律性，相关的学者根据概率统计理论提出了基于概率的路由协议。其核心理论是，用概率描述车辆节点在某一段时间内该链路还未断开或存在的可能性。在该路由协议中，需要建立相关的模型，并且这些模型的建立是基于某些网络特性的前提下，这样才能统计相关的变量的分布信息。该类路由协议主要优点是在某特性的环境下比较有效，可靠性较高。基于概率的路由协议使用于某特定条件下的交通，如果不满足该条件，将导致该路由协议性能直线下降甚至出现数据包大量丢失的情况。另外，由于该路由协议的判断标准是基于某时间的发生概率，与真实情况存在一定的误差，从而导致选择车辆节点之间的路径时，该路径可能不是最佳的。

四、车载自组织网络特点

车载自组织网络特点主要包括节点速度、运动模式、节点密度、节点异构性和可预测的运动性等。

（一）节点速度

在移动的车载自组织网络中最重要的特征就是节点的速度。车辆和道路两侧的路侧单元都可能成为节点。节点的可能速度在 0~200 km/h。对于静态的路侧单元或者车辆处于堵车路段时，其车速为零。在高速公路上，车辆的最高速度可能会达到 200 km/h 左右。这两种极端情况对于车载自组织网络中的通信系统构成了特殊的挑战。当节点速度非常高时，由于几百米的通信半径相对较小，会造成共同的无线通信窗口非常短暂。例如如果两辆车以 90 km/h 的速度朝相反的方向行驶，假定理论上无线通信范围为 300 m，通信只能持续 12 s。不过，同方向行驶的车辆，如果相对速度较小或者中等，则这些同向车辆间的拓扑变化相对较少。如果同向行驶车辆的相对速度很大，那么收发机就得考虑诸如多普勒效应等物理现象。链路层难以预测连接的中断，容易导致频繁的链路故障，对于路由或者多跳信息传播，车辆间短暂的相遇以及一般的车辆运动导致拓扑高度不稳定，使得基于拓扑的路由在实际中毫无用处。节点速度很大时对应用程序的影响也很大，比如由于速度太快，导致即时环境变化太快，使得对环境感知的应用也变得困难。在另外一种极端情况下，即节点几乎不移动，网络拓扑相对稳定。然而，车辆的缓慢移动意味着车辆密度很大，这会导致高干扰、介质接入等诸多问题。

（二）运动模式

车辆是在预定义的道路上行驶的，一般情况下有两个行驶方向。只有在十字路口时，车辆的行驶方向才具有不确定性。将道路分为高密度城市道路、高速公路和乡村道路三种类型。

高密度城市道路。在城市中，道路密度相对较高，有大街也有小巷，许多十字路口将道路分割成段，道路两边的建筑物也会影响到无线通信，车辆的运动速度较快。

高速公路。一般是多车道的，路段也很长，并且存在出口和匝道。车辆的运动速度较快，行驶方向能够较长时间保持不变。

乡村道路。通常很长，十字路口比城市环境要少得多。在这种环境下，由于路面车辆过少，一般很难形成连通的网络。道路的方向变化频率明显高于高速公路。

这些运动场景造成了很多挑战，尤其是路由问题。城市场景下，交通流非常无序，与此相反，高速公路上的车流却形成了另外一个极端，几乎整个运动都是处于一维情况。

（三）节点密度

除了速度和运动模式外，节点密度是车载自组织网络节点移动性的第三个关键属性。在共同的无线通信范围内，可能存在零到几十、甚至上百的车辆。假设在某四车道的高速公路上遇到交通阻塞，并且每 20 m 存在一辆装备车辆，通信半径假定为 300 m，则在理论上其通信范围内有 120 辆车辆。当节点密度非常小时，几乎不可能完成瞬时消息转发。在这种情况下，需要更复杂的消息传播机制，可以先存储信息，并在车辆相遇时转发信息。这样可能导致一些信息被同一车辆重复转发多次。当节点密度很大时，情况则不同。消息只可能被选定的节点重复，否则会导致重载信道。节点密度与时间也相关。在白天，高速公路和城市中节点密度较高，足以实现瞬时转发，有足够的时间使路由处理分段网络。但在夜间，无论哪种类型的道路，车辆都很少。

（四）节点异构性

在车载自组织网络中，节点有许多不同种类。首先是车辆和路侧单元的区别。而车辆可以进一步分为城市公交、私家车、出租车、救护车、道路建设和维修车辆等，并不是每辆车都要安装所有的应用。例如只有救护车需要安装能够在其行驶路线上发出警告的应用。对于路侧单元也类似，基于自身的能力，路侧单元节点可以简单地向网络发送数据，或者拥有自组织网络的完整功能。此外，路侧单元节点可以提供对背景网络的访问，如向交通管理中心报告道路状况。路侧单元与车辆节点不同，其性能较强。对于各种应用，它们不像车辆节点拥有相同的传感器，也不处理传递给驾驶员的消息，或者对车辆采取措施。路侧单元节点是静态的，与个人或者公司无关，不需要太多的信息保护。

（五）可预测的运动性

尽管车辆节点的运行规律比较复杂，但车辆的运动趋势在一定程度上仍然是可以预测的。在高速公路场景，根据车辆所处的车道、实时的道路状况以及汽车自身的速度和方向就可以推测汽车在随后短时间内的运动趋势。在城市场景中，不同类型的车辆具有不同的运动趋势。公交车的行驶平均速度缓慢且具有间隔性静止状态，因此根据公交节点的速度大小和道路特点就可以推测出短时间内的运动趋势。

五、车载自组织网络的应用场景

（一）碰撞预警

如图 4-14 所示，车辆 0 与车辆 4 相撞，车辆 0 因此发送一个协作转发碰撞预警信息。车辆 1 能够通过直接连接接收到碰撞预警信息，从而车辆 1 可以及时地刹车避免碰撞。但是，如果没有间接连接，即不能多跳转发信息，若车辆 2、车辆 3 与它们前面车辆的距离小于安全距离时，则车辆 2 和车辆 3 的碰撞是不可避免的。如果有间接连接，车辆 2 和 3 也能收到碰撞预警信息，则可以避免碰撞。

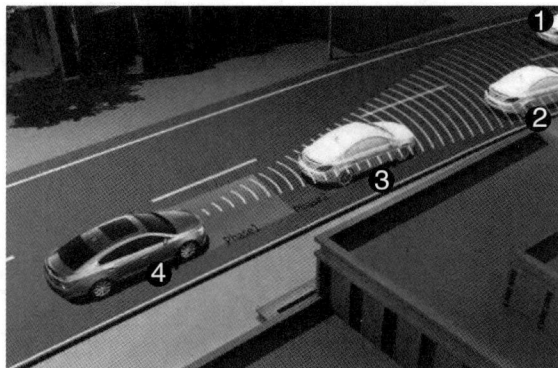

图 4-14　碰撞预警

（二）紧急制动警告

如图 4-15 所示，当前方车辆紧急制动时，紧急制动警告（EBW）将会提醒驾驶员。当制动车辆被其他车辆遮挡而不能被本车辆觉察时，EBW 将会非常有用。通过系统开启车辆的后制动灯，EBW 利用车载自组织网络系统的非视距特点来防止追尾事故。

图 4-15　紧急制动警告应用场景

（三）并线警告

如图 4-16 所示，当车辆换道可能存在危险时，并线警告（LCW）将提醒有意换道的驾驶员。LCW 使用 V2V 通信和周边车辆的路径预测，利用链路的通信范围来预测驾驶员完成换道可能产生的碰撞。路径预测用于确定 3~5 s 内驾驶员要到达的车道区域是否被占用。如果该车道已被占用，则 LCW 将会提醒驾驶员潜在的危险。

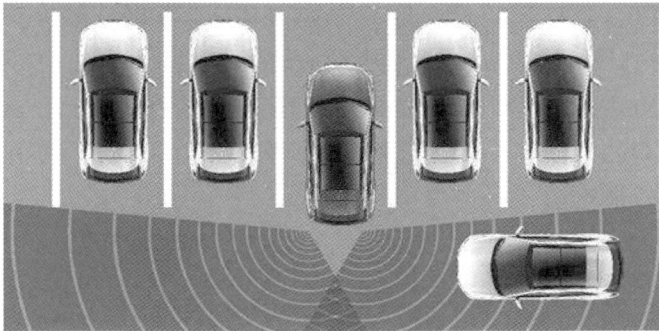

图 4-16　并线警告

（四）交叉路口违规警告

当驾驶员即将闯红灯时，交叉路口违规警告（IVW）系统对其发出警告。IVW 系统使用 V2I 通信方式，主车辆进行预测，其通信链路的主要优势是获取动态信息，如红绿灯阶段和红绿灯时间。部署了交通信号灯控制器的路侧单元会广播交通信号灯信息，包括位置、红绿灯阶段、红绿灯时间、交叉路口几何形状等。靠近交叉路口的车辆将车辆的预期路径与交通信号灯信息进行比较，以确定是否会发生交通信号违规。如果车辆将要发生违规行为，则 IVW 系统将提醒驾驶员，同时车辆也会发送消息至红绿灯和周围车辆，以表明警告已经发出。

随着车载自组织网络技术的发展，其应用范围越来越广泛，主要涉及安全、驾驶、公共服务、商用、娱乐等。

第四节　车载移动互联网

一、移动互联网定义

移动互联网是以移动网络作为接入网络的互联网及服务，包括三个要素，即移动终端、移动网络和应用服务。该定义将移动互联网涉及的内容主要囊括为三个层面：移动终端，包括手机、专用移动互联网终端和数据卡方式的便携电脑；移动通信网络接入，包括 3G、4G 甚至未来的 5G 等；公众互联网服务，包括 Web、WAP 方式。移动终端是移动互联网的前提，接入网络是移动互联网的基础，而应用服务则成为移动互联网的核心。

移动互联网包含两方面的含义：一方面，移动互联网是移动通信网络与互联网的融合，用户以移动终端接入无线移动通信网络（3G 网络、4G 网络、WLAN、WiMax 等）的方式访问互联网；另一方面，移动互联网还产生了大量新型的应用，这些应用与终端的可移动、可定位和随身携带等特性相结合，为用户提供个性化的、位置相关的服务。

二、移动互联网特点

移动互联网具有以下特点。

终端移动性。移动互联网业务使得用户可以在移动状态下接入和使用互联网服务，移动的终端便于用户随身携带和随时使用。

业务及时性。用户使用移动互联网能够随时随地获取自身或其他终端的信息，及时获取所需的服务和数据。

服务便利性。由于移动终端的限制，移动互联网服务要求操作简便，响应时间短。

业务 / 终端 / 网络的强关联性。实现移动互联网服务需要同时具备移动终端、接入网络和运营商提供的业务三项基本条件。

终端和网络的局限性。移动互联网业务在便携的同时，也受到了来自网络能力和终端能力的限制。在网络能力方面，受到无线网络传输环境、技术能力等因素限制；在终端能力方面，受到终端大小、处理能力、电池容量等的限制。

三、移动互联网的体系架构

移动互联网的典型体系架构如图 4-17 所示，它由业务应用模块、移动终端模块、网络与业务模块组成。

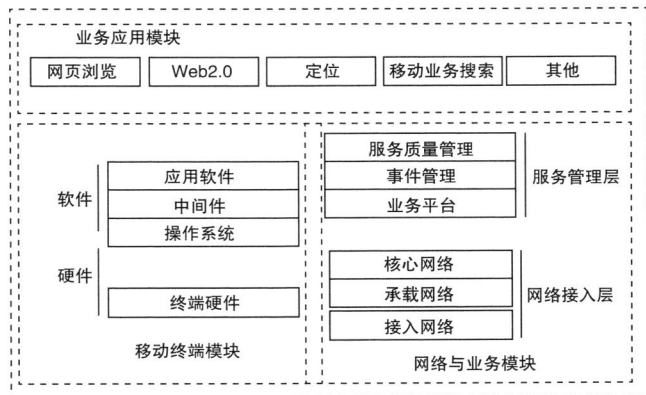

图 4-17　移动互联网的典型体系架构

业务应用模块。业务应用模块提供给移动终端的互联网应用，这些应用包括典型的互联网应用，比如网页浏览、在线视频、内容共享与下载、电子邮件等，也包括基于移动网络特有的应用，如定位服务、移动业务搜索以及移动通信业务等。

移动终端模块从上至下包括终端软件架构和终端硬件架构。软件架构包括应用 APP、用户 UI、支持底层硬件的驱动、存储和多线程内核等；硬件架构包括终端中实现各种功能的部件。

网络与业务模块。从上至下包括服务管理层和网络接入层。服务管理层包括业务平台、事件管理、服务质量管理等；网络接入层包括接入网络、承载网络和核心网络等。

从移动互联网中端到端的应用角度出发，又可以绘制出业务模型，它主要由移动终端、移动网络、网络接入网关、业务接入网关、移动网络应用组成。

移动终端。移动终端支持实现用户 UI、接入互联网、实现业务互操作。终端具有智能化和较强的处理能力，可以在应用平台和终端上进行更多的业务逻辑处理，尽量减少空中接口的数据信息传递压力。

移动网络。移动网络包括各种将移动终端接入无线核心网的设施，比如无线路由器、交换机、BSC、MSC 等。

网络接入网关。网络接入网关提供移动网络中的业务执行环境，识别上下行的业务信息、服务质量要求等，并可基于这些信息提供按业务、内容区分的资源控制和计费策略。网络接入网关根据业务的签约信息，动态进行网络资源调度，最大限度地满足业务的 QoS 要求。

业务接入网关。业务接入网关向第三方应用开放移动网络能力 API 和业务生成环境，使互联网应用可以方便地调用移动网络开放的能力，提供具有移动网络特点的应用。同时，实现对业务接入移动网络的认证，实现对互联网内容的整合和适配，使内容更适合移动终端对其的识别和展示。

移动网络应用。移动网络应用提供各类移动通信、互联网以及移动互联网特有的服务。

四、移动互联网接入方式

移动互联网接入方式主要有卫星通信网络、无线城域网（WMAN）、无线局域网（WLAN）、无线个人域网（WPAN）和蜂窝网络（3G、4G 网络）等。

卫星通信网络。它的优点是通信区域大、距离远、频段宽、容量大、可靠性高、质量好、噪声小、可移动性强、不容易受自然灾害影响。缺点是存在传输时延大、回声大、费用高等问题。

无线城域网。以微波等无线传输为介质，提供同城数据高速传输、多媒体通信业务和 Internet 接入服务等，具有传输距离远、覆盖面积大、接入速度快、高效、灵活、经济、较为完备的 QoS 机制等优点。缺点是暂不支持用户在移动过程中实现无缝切换，性能与 4G 的主流标准存在差距。

无线局域网。是指以无线或无线与有线相结合的方式构成的局域网，如WiFi。无线局域网具有布网便捷、可操作性强、网络易于扩展等优点。缺点是性能、速率和安全性存在不足。

无线个人域网。是采用红外、蓝牙等技术构成的覆盖范围更小的局域网。目前，无线个人域网采用的技术有蓝牙、ZigBee、UWB、60 GHz、IrDA、RFID、NFC 等，具有低功耗、低成本、体积小等优点。缺点主要是覆盖范围小。

蜂窝网络。蜂窝移动通信系统由移动站、基站子系统、网络子系统组成，采用蜂窝网络（3G、4G）作为无线组网方式，通过无线信道将移动终端和网络设备进行连接。其中宏蜂窝、微蜂窝是蜂窝移动通信系统应用较多的蜂窝技术。蜂窝移动通信的主要缺点是成本高、带宽低。

网络技术的发展为用户提供了多种不同的无线接入方式，包括以太网、通用分组无线业务（GPRS）网络、4G 网络、WiFi 以及无线个人域网技术等。异构网络的多接口接入，需要消除多种网络接入方式带来的潜在冲突，屏蔽多接口带来的操作复杂性。

五、车载移动互联网组成

车载移动互联网是以车为移动终端，通过远距离无线通信技术构建的车与互联网之间的网络，实现车辆与服务信息在车载移动互联网上的传输。

车载移动互联网的组成如图 4-18 所示，它是先通过短距离通信技术在车内建立无线个人域网或无线局域网，再通过 4G/5G 技术与互联网连接。

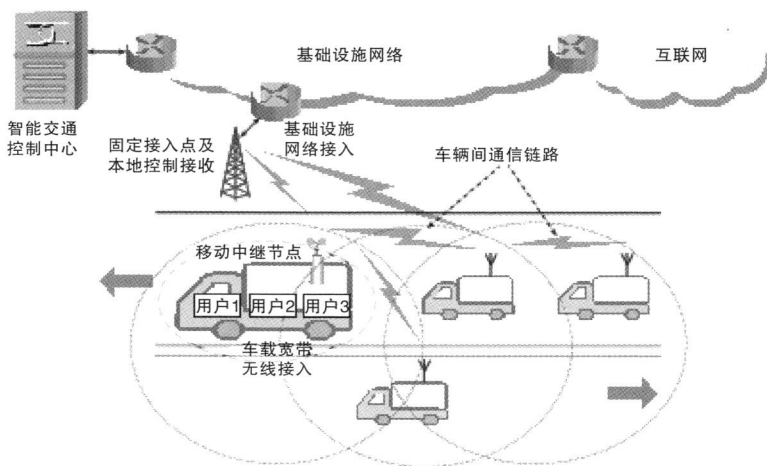

图 4-18　车载移动互联网组成

　　智能网联汽车通过车载移动互联网，可以实现导航及位置服务、实时交通信息服务、网络信息服务、汽车使用服务、汽车出行服务、商务办公等。汽车与互联网互联，赋予了汽车连接世界的能力。

第五章　智能网联汽车环境感知技术

第一节　智能网联汽车环境感知系统

一、环境感知对象

智能网联汽车环境感知对象主要包括以下几个方面。

行驶路径识别。结构化道路的行驶路径识别包括道路交通标线、行车道边缘线、路口导向线、导向车道线、人行横道线、道路出入口标线、道路隔离物识别；非结构化道路的行驶路径识别主要是可行驶路径的确认。

周边物体感知。周边物体感知主要包括车辆、行人、地面上可能影响车辆通过和安全行驶的其他各种移动或静止物体的识别，各种交通标志的识别，交通信号灯的识别。

驾驶状态检测。驾驶状态检测主要包括驾驶员自身状态、车辆自身行驶状态和周边车辆行驶状态的检测。

驾驶环境检测。驾驶环境检测主要包括路面状况、道路交通拥堵情况、天气状况的检测。

由此可见，智能网联汽车环境感知对象非常多，而且情况复杂，这里主要介绍对道路、车辆、行人、交通标志和交通信号灯的检测或识别。

环境感知在智能网联汽车中的典型应用如图 5-1 所示。

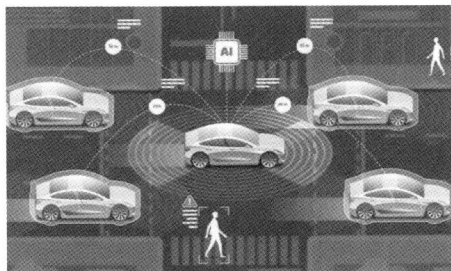

图 5-1　环境感知在智能网联汽车中的典型应用

二、环境感知方法

环境感知方法主要有惯性元件、超声波传感器、激光雷达、毫米波雷达、视觉传感器、自组织网络、融合传感等。

惯性元件。主要是指汽车上的车轮转速传感器、加速度传感器、微机械陀螺仪、转向盘转角传感器等，通过它们感知汽车自身的行驶状态。

超声波传感器。主要用于短距离探测物体，不受光照影响，但测量精度受测量物体表面形状、材质影响大。

激光雷达。可以获取车辆周边环境二维或三维距离信息，通过距离分析识别技术对行驶环境进行感知。激光雷达能够直接获取物体三维距离信息，测量精度高，对光照环境变化不敏感；但它无法感知无距离差异的平面内目标信息，体积较大、价格较高、不便于车载集成。

毫米波雷达。与激光雷达一样，也可以获取车辆周边环境二维或三维距离信息，通过距离分析识别技术对行驶环境进行感知。毫米波雷达抗干扰能力强，受天气情况和夜间的影响小，体积小，传播损失比激光雷达少，行人的反射波较弱，难以探测。

视觉传感器。能够获取车辆周边环境二维或三维图像信息，通过图像分析识别技术对行驶环境进行感知。视觉传感器获取的图像信息量大、实时性好、体积小、能耗低、价格低，但易受光照环境影响，三维信息测量精度较低。

自组织网络。通过车载自组织网络可以获取车辆行驶周边环境信息和周边其他车辆行驶信息，也可以把车辆本身的信息传递给周边其他车辆。通过车载自组织网络能够获取其他传感手段难以实现的宏观行驶环境信息，可实现车辆之间信息共享，对环境干扰不敏感。

融合传感。是指运用多种不同传感手段获取车辆周边环境多种不同形式的信息，通过多信息融合技术对行驶环境进行感知，如视觉与毫米波雷达、视觉与激光雷达、视觉与超声波传感器的融合等。其优点是能够获取丰富的车辆周边环境信息，具有优良的环境适应能力，为安全快速辅助驾驶提供可靠保障。缺点是系统复杂，成本高。

三、基于机器视觉的环境感知流程

机器视觉是环境感知最常用的方法之一，它具有以下特点。

1.视觉图像的信息量极为丰富，尤其是彩色图像，不仅包含有视野内物体的距离信息，而且还有物体的颜色、纹理、深度和形状等信息。

2. 在视野范围内可同时实现道路检测、车辆检测、行人检测、交通标志检测、交通信号灯检测等，信息获取面积大。当多辆智能网联汽车同时工作时，不会出现相互干扰的现象。

3. 视觉信息获取的是实时的场景图像，提供的信息不依赖于先验知识，比如GPS 导航依赖地图信息，有较强的适应环境的能力。驾驶过程中，绝大多数信息都是人们从眼睛获取的。

因此，基于视觉的高效、低成本的环境感知将成为智能网联汽车未来产业化的主要发展方向。

基于视觉的环境感知流程如图 5-2 所示，一般包括图像采集、图像预处理、图像特征提取、图像模式识别、结果传输等，根据具体识别对象和采用的识别方法不同，感知流程也会略有差异。

图像采集 → 图像预处理 → 图像特征提取 → 图像模式识别 → 结果传输

图 5-2　基于视觉的环境感知流程

（一）图像采集

图像采集主要是通过摄像头采集图像，如果是模拟信号，要把模拟信号转换为数字信号，并把数字图像以一定格式表现出来。

根据具体研究对象和应用场合，选择性价比高的摄像头。摄像头包括 CCD 摄像头和 COMS 摄像头，同时要充分考虑车载的实际情况。

（二）图像预处理

图像预处理包含的内容较多，要根据具体实际情况进行选择。

图像压缩。可以减少描述图像的数据量，以便节省图像传输、处理时间并减少所占用的存储器容量。压缩可以在不失真的前提下获得，也可以在允许失真的条件下进行。

比较常用的数字图像压缩方法有基于傅里叶变换的图像压缩算法、基于离散余弦变换的图像压缩算法、基于小波变换的图像压缩算法、基于 NNT（数论变换）的图像压缩算法和基于神经网络的图像压缩算法等。

图像增强和复原。其目的是提高图像的质量，如去除噪声，提高图像的清晰度等。

图像增强技术是通常不考虑图像降质的原因，只将图像中感兴趣的特征有选择的突出，而衰减其不需要的特征，故改善后的图像不一定要去逼近原图像。从图像质量评价观点来看，图像增强的主要目的是提高图像的可懂度（intelligibility）。

图像增强有空域法和频域法两类方法。空域法主要在空域内对像素灰度值直接运算处理，如图像灰度变换、直方图修正、图像空域平滑和锐化处理、伪彩色处理等。图像增强的频域法就是在图像的某种变换域内，对图像的变换值进行计算，如傅里叶变换等。

图像复原技术与增强技术不同，它需要了解图像降质的原因，一般要根据图像降质过程的某些先验知识，建立"降质模型"，再用降质模型，按照某种处理方法，恢复或重建原来的图像。

图像分割。图像分割就是把图像分成若干个特定的、具有独特性质的区域并提出感兴趣目标的技术和过程，它是图像处理和图像分析的关键步骤之一。图像分割方法主要有阈值分割法、区域分割法、边缘分割法和特定理论分割法。

阈值分割法的关键是确定阈值，如果能够确定一个合适的阈值，就可准确地将图像分割开来。阈值的选择有全局阈值、自适应阈值和最佳阈值等。阈值确定后，将阈值与像素点的灰度值比较，然后进行像素分割，可对各像素并行进行，分割的结果直接给出图像区域。阈值分割法计算简单、运算效率高、速度快，特别适用于灰度均匀、变化较小、不同目标背景差异较大的图像。

区域分割法是以像素与其周围像素的相似度作为分割的标准。在图像上取一个像素作为种子，然后以这一点为中心向周围扩散，若周围的像素点灰度与这一点灰度的差值在允许范围内便认为它们是同一区域的。分割完一个区域后再以同样的方法进行下一个区域的分割。该方法对于一些自然景物分割效果较好。

边缘分割法是通过检测灰度级或结构突变进行分割的方法。在一副图像中，若某一点像素灰度值与周围的灰度值相差较大，就认为该点可能处于边界上。如果能找到更多这样的点，并将具有联通性的点连起来就形成了边界。一种简单的边缘检测法就是利用微分算子，一般的算子有 Sobel 算子、Roberts 算子、Prewitt 算子、拉普拉斯算子等。另外，还有一些新发展起来的边缘分割法，如基于数学形态学的边缘分割法、基于遗传算法的边缘分割法、基于分形的边缘分割法等。

图像分割没有通用的自身理论，随着科学的发展，出现了一些与特定理论相结合的图像分割法，如基于聚类分析的图像分割法、基于模糊理论的图像分割法、基于小波变换的图像分割法、基于神经网络的图像分割法、基于图论的图像分割法等。

（三）图像特征提取

为了完成图像中目标的识别，要在图像分割的基础上，提取需要的特征，并将某些特征计算、测量、分类，以便于计算机根据特征值进行图像分类、识别和理解。

在图像识别中，常选以下特征。

图像幅度特征。图像像素灰度值、RGB、HSI 和频谱值等表示的幅值特征是图像的最基本特征。

直观性特征。图像的边沿、轮廓、纹理和区域等，都属于图像灰度的直观特征。它们的物理意义明确，提取比较容易，可以针对具体问题设计相应的提取算法。

图像统计特征。图像统计特征主要有直方图特征、统计性特征（如均值、方差、能量、熵等）、描述像素相关性的统计特征（如自相关系数、协方差等）。

图像几何特征。图像几何特征主要有面积、周长、分散度、伸长度、曲线的斜率和曲率、凸凹性、拓扑特性等。

图像变换系数特征。如傅里叶变换系数、Hough 变换、Wavelet 变换系数、Gabor 变换、哈达玛变换、K–L 变换（PCA）等。

此外，还有一些其他描述图像的特征，如纹理特征、三维几何结构描述特征等。

（四）图像模式识别

图像模式识别的方法很多，从图像模式识别提取的特征对象来看，图像识别方法可分为基于形状特征的识别技术、基于色彩特征的识别技术以及基于纹理特征的识别技术等。

基于形状特征的识别方法。关键是找到图像中对象的形状及对此进行描述，形成可视特征矢量，以完成不同图像的分类。常用来表示形状的变量有形状的周长、面积、圆形度、离心率等。

基于色彩特征的识别方法。主要针对彩色图像，通过色彩直方图具有的简单且随图像的大小、旋转变换不敏感等特点进行分类识别。

基于纹理特征的识别方法。是通过对图像中非常具有结构规律的特征加以分析或者是对图像中的色彩强度的分布信息进行统计来完成。

依据模式特征选择及判别决策方法的不同，图像模式识别方法可分为统计模式（决策理论）识别方法、句法（结构）模式识别方法、模糊模式识别方法和神经网络模式识别方法等。

统计模式识别方法。它是目前最成熟也是应用最广泛的方法，它是以数学上的决策理论为基础建立统计模式识别模型。其基本模型是对被研究图像进行大量统计分析，找出规律性的认识，并选取出反映图像本质的特征进行分类识别。统计模式识别系统可分为两种运行模式，即训练和分类。训练模式中，预处理模块负责将感兴趣的特征从背景中分割出来、去除噪声以及进行其他操作。特征选取模块主要负责找到合适的特征来表示输入模式。分类器负责训练分割特征空间。在分类模式中，被训练好的分类器将输入模式根据测量的特征分配到某个指定的类。

统计模式识别根据决策边界是否直接得到将其分为几何方法和基于概率密度的方法。几何方法经常直接从优化一定的代价函数构造决策边界，它包括模板匹配法、距离分类法、线性判别函数、非线性判别函数等。其中模板匹配法是模式识别中的一个最原始、最基本的方法，它将待识模式分别与各标准模板进行匹配，若某一模板与待识模式的绝大多数单元均相匹配，则称该模板与待识模式"匹配得好"，反之则称"匹配得不好"，并取匹配最好的作为识别结果。基于概率密度的方法要首先估计密度函数然后构造分类函数指定决策边界。

句法模式识别方法。句法模式识别系统主要由预处理、基元提取、句法分析和文法推断等几部分组成。由预处理分割的模式，经基元提取形成描述模式的基元串（即字符串）。句法分析根据文法推理所推断的文法，判决有序字符串所描述的模式类别，得到判决结果。

模糊模式识别。它是根据人对事物识别的思维逻辑，结合人类大脑识别事物的特点，将计算机中常用的二值逻辑转向连续逻辑。在图像识别领域应用时该方法可以简化图像识别系统，并具有实用、可靠等特点。应用模糊方法进行图像识别的关键是确定某一类别的隶属函数，而各类的统计指标则要由样本像元的灰度值和样本像元的隶属函数的值即隶属度共同决定。

神经网络模式。此模式识别源于对动物神经系统的研究，通过采用硬件或软件的方法，建立了许多以大量处理单元为结点，各单元通过一定的模式实现互联的拓扑网络。该网络通过一定的机制，能够模仿人的神经系统的结构和功能。神经网络是一种全新的模式识别技术，它具有分布式存储信息的特点。神经元能够独立运算和处理收到的信息，即系统能够并行处理输入的信息；神经网络还具有自组织、自学习的能力。

（五）结果传输

通过环境感知系统识别出的信息，传输到车辆其他控制系统或者传输到车辆周围的其他车辆，完成相应的控制功能。

四、环境感知系统组成

智能网联汽车环境感知系统由信息采集单元、信息处理单元和信息传输单元组成，如图 5-3 所示。

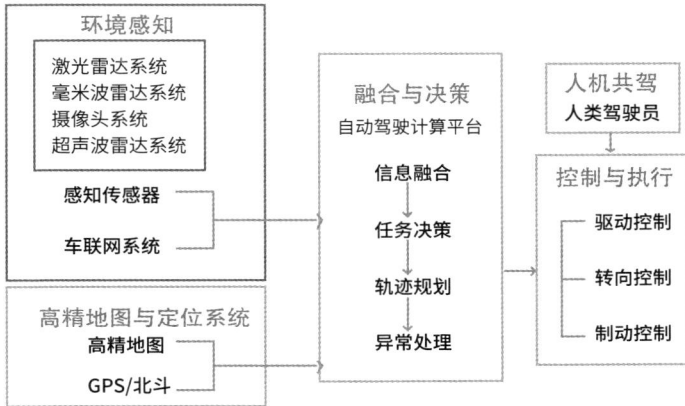

图 5-3　智能网联汽车环境感知系统

信息采集单元。对环境的感知和判断是智能网联汽车工作的前提和基础，感知系统获取周围环境和车辆信息的实时性和稳定性，直接关系到后续检测或识别准确性和执行有效性。信息采集技术主要有超声波传感器、激光雷达、毫米波激光雷达、视觉传感器、定位导航及车载自组织网络技术等。

信息处理单元。主要是对信息采集单元输送来的信号，通过一定的算法对道路、车辆、行人、交通标志、交通信号灯等进行识别。

信息传输单元。对环境感知信号进行分析后，信息送入传输单元，传输单元根据具体情况执行不同的操作，如分析后的信息确定前方有障碍物，并且本车与障碍物车辆之间的距离小于安全距离，则将这些信息送入控制执行模块，控制执行模块结合本车速度、加速度、转向角等自动调整智能网联汽车的车速和方向，实现自动避障，在紧急情况下也可以自动刹车。信息传输单元把信息传输到传感器网络上，实行车内部资源共享，也可以把信息通过自组织网络传输给车辆周围的其他车辆，实现车辆与车辆之间信息共享。

第二节　道路识别技术

道路识别技术主要用于车道偏离报警系统和车道保持辅助系统等。在实现方法上主要分为基于雷达成像原理的雷达传感器和基于机器视觉图像的视觉传感器两类。

一、道路检测分类

道路检测的任务是提取车道的几何结构，如车道的宽度、车道线的曲率等；确定车辆在车道中的位置、方向；提取车辆可行驶的区域。

根据道路构成特点，道路可以分为结构化道路和非结构化道路两类。

结构化道路具有明显的车道标识线或边界，几何特征明显，车道宽度基本上保持不变，如城市道路、高速公路。结构化道路检测一般依据车道线的边界或车道线的灰度与车道明显不同实现检测。结构化道路识别技术比较成熟。

非结构化道路相对比较复杂，一般没有车道线和清晰的道路边界，或路面凹凸不平，或交通拥堵，或受到阴影和水迹的影响。多变的道路类型，复杂的环境背景，以及阴影与变化的天气等都是非结构化道路识别方法所面临的困难，道路区域和非道路区域更难以区分，所以针对非结构化道路的道路检测方法尚处于研究阶段。非结构化道路检测主要依据车道的颜色或纹理进行检测。

从算法的实现原理来看，虽然方法在实现细节上各不相同，但可以用如图5-4所示的理论框架加以概括。也有部分道路检测方法未使用框架内的方法，如神经网络方法。

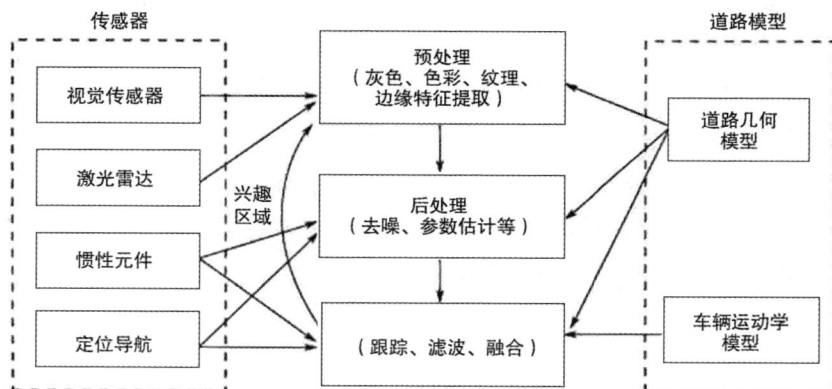

图 5-4　道路识别算法理论框架

二、复杂环境下的道路图像特点

复杂的道路环境和复杂的气候变化都会影响道路的识别，道路图像具有以下特点。

（一）阴影条件下的道路图像

阴影检测和去除一直是计算机视觉研究中的热点和难点，可以通过分析阴影特征来识别道路。

阴影检测方法一是基于物体的特性，二是基于阴影的特性。前者通过目标的三维几何结构、已知场景和光源信息来确定阴影区域，这种方法局限性很大，因为获得场景、目标的三维结构信息并不是件容易的事。后者通过分析阴影在色彩、亮度和几何结构等方面的特征来识别阴影，这种方法则具有普遍性和实用性。由于直射光线被遮挡，造成阴影区域较暗、亮度较小，这些都是检测阴影的重要特征。另外，分析阴影的色彩特征是目前的研究热点，因为彩色图像比灰度图像包含更多的信息。

（二）强弱光照条件下的道路图像

光照处理可分为强光照射和弱光照射。强光照射造成的路面反射会使道路其余部分像素的亮度变大，而弱光照射会使道路的像素变得暗淡。例如阴天，道路图像具有黑暗、车道线难辨别等特点。

（三）雨天条件下的道路图像

雨水覆盖分为完全覆盖和部分覆盖两种。前者完全改变了道路的相对特征和种子像素，因此这种情况下能够自然地识别。后者如果雨水能反光，可以通过光照处理来解决。

（四）弯道处的道路图像

弯道道路图像与直线图像相比，在建模上会有些复杂，但是并不影响道路图像的检测。弯道图像的彩色信息和普通图像的彩色信息差别不大，所以依然可以利用基于模型的道路图像进行建模，提取弯道曲线的斜率从而进一步检测图像。考虑到车辆行驶重要信息均来自近区域，而近区域视野的车道线可近似看成是直线模型。

三、图像特征分类

要对图像当中的物体进行分类，就需要先知道图像当中各个部分的特征，利用这些特征作为划分的标准。从某种意义上说，特征的合适与否对分类的精确度起着决定性作用。图像中的特征最基本的是颜色，除此之外，还有纹理、形状等个体的特征以及空间位置关系这种整体的特征。

（一）颜色特征

颜色特征就是对图像或者图像区域当中色彩的一个描述，它的特点是并不关注细节，不关注具体的某一个像素，而是从整体上来统计图像或者图像区域中的色彩。颜色特征有它自己的优点，比如颜色是不会因为旋转图像发生变化的，即使是放大或者缩小图像，也一样不会有影响。但是这样一来颜色特征也不太适用于对图像中的某一局部进行描述。在图像处理中，常用的颜色特征包括颜色直方图、颜色集、颜色矩、颜色聚合向量等。

颜色直方图。是对不同灰度级在图像中所占比例的一个统计分析，它的优点和缺点都在于它的计算与像素点的空间位置无关，它是一个完全的统计特性。这样一方面计算方便，对于不需要考虑空间位置的问题很适用，另一方面对于识别出物体的具体位置就显得不适用了，常用 RGB、HSV、HSI 等颜色空间下的图像来计算图像的颜色直方图。

1.RGB 模型也称为加色法混色模型，它是将彩色信息分成三个分量（R、G、B 分别代表红、绿、蓝），三个分量的不同组合可以表示出不同的颜色。RGB 模型可以建立在三维坐标系中，三个坐标轴分别用 RGB 的三个分量 R、G、B 表示。RGB 模型的空间是一个正方体，原点代表黑色，对角顶点代表白色，RGB 颜色空间中的任意一种颜色可以用原点的矢量表示。一般情况下，要将 RGB 颜色模型立方体归一化为单位立方体，此时 RGB 每个分量的值在 [0，1] 之间。RGB 颜色模型的优点是看起来比较直观，缺点是 R、G、B 三个分量相互依赖，任何一个分量发生改变，都会影响到整体颜色的改变。

RGB 模型是人眼最直观的颜色模式，大多数彩色摄像机都是用 RGB 格式获取图像，能够直观地表示物体的色彩，是一种重要的颜色模型。

2.HSV 模型用色调（H）、饱和度（S）和亮度（V）三种属性表达颜色特征。其中色调是与混合光谱中的光的波长相联系的，反映了人们对颜色种类的感受；饱和度与色调的纯度有关，表示颜色的浓度；亮度表示人眼感受颜色的强弱程度，颜色中掺入白色越多就越明亮。这三种属性能够独立表达人们感受颜色的过程，互相不影响。因此，HSV 模型也称为主观颜色模型。

HSV 模型也称六角锥体模型，色调 H 用绕中轴旋转的角度表示，取值范围为 0~360°，红色为 0，按逆时针角度方向计算，绿色为 120°，蓝色为 240°；亮度 V 用垂直轴线上的大小表示，取值范围为 0~1.0；饱和度 S 用离中心轴线的距离表示，取值范围为 0~1.0；当 S = 1 且 V = 1 时，得到纯色彩。

HSV 模型有两个显著特点：第一，在 HSV 模型中亮度分量 V 和色度分量 H 是相互独立的，V 分量与图像的颜色无关，只与图像的光照强度有关；第二，色调分量 H 及饱和度分量 S 互相独立，并且与人们感知色彩的方式紧密相连。这些优点使得 HSV 模型可以充分发挥色度分量 H 的作用，适合基于人类的视觉系统对彩色图像分析的算法。

3.HSI 色彩模型较好地反映了人们的视觉系统对不同色彩的感知方式，在该模型中用色调（H）、色饱和度（S）及强度（I）三个基本分量来表达不同的颜色。H 与光波的波长紧密相关，不同 H 的值代表着不同的颜色，如当 H 值的取值范围为 0~360 时，红色、绿色和蓝色的 H 值分别为 0、120 和 240；S 代表颜色的纯度，纯色是完全饱和的，颜色也最鲜艳，向纯光谱色中加入白光会降低饱和度；I 表示成像的亮度和图像的灰度，I 是一个主观的概念，表达了人类视觉对颜色明亮程度的感知。I 与图像的彩色信息无关，H 和 S 与人们感受颜色的方式紧密相连，因此，HSI 颜色模型得到了广泛的应用，成为颜色检测及分析的常用模型。

颜色集。可以看作是颜色直方图的一个变种，或者说近似。颜色集的计算需要在视觉均衡的颜色空间中进行，比如 HSV 颜色空间。所以计算时首先将 RGB 颜色空间转化到此颜色空间。然后把颜色空间分成若干个柄，再以色彩特征把图像划分成若干子图像。对于三个颜色分量，只保留其中一个量化此颜色空间，并用这个颜色分量作为索引，从而用一个二进制颜色索引集来表达完整的图像。

颜色矩。是用来表达图像或者图像区域中颜色分布的一种方法，常用的有三种，即颜色的一阶矩（均值）、二阶矩（方差）以及三阶矩（偏斜度）。它们可以比较充分地来表达一幅图像或者图像区域中的色彩分布。

颜色聚合向量。在求解颜色聚合向量时，首先要获取图像的直方图，然后利用它把其中每个柄的像素划分成两个部分，划分的方法是先给定一个阈值，然后统计柄当中部分像素占据的连续面积，如果它们大于这个阈值，那么这个区域当中的像素就是定义的聚合像素，反之则不是。

（二）纹理特征

纹理特征给人的直观印象是图像当中色彩分布的某种规律性，它也是面向全局的。但是它和颜色特征还不太一样，它在对每个像素点进行讨论的时候，往往需要在此像素点的邻域内进行分析。纹理特征是不会因为图像的旋转而发生变化的，对于一些噪声也有比较好的适应性。但是它也有自己的缺点，比如当放大或者缩小图像的时候，纹理特征会发生变化，而且光线的变化也会对纹理特征产生影响。纹理特征提取方法有很多，如统计方法、结构方法、模型方法和信号处理方法等。统计方法是基于像元及其邻域的灰度属性，研究纹理区域中的统计特性，或像元及其邻域内的灰度的一阶、二阶或高阶统计特性，如灰度共生矩阵法；结构方法是基于纹理基元分析纹理特征，着力找出纹理基元，认为纹理由许多纹理基元构成，不同类型的纹理基元、不同的方向和数目等，决定了纹理的表现形式，如数学形态学法；模型方法中，假设纹理是以某种参数控制的分布模型方式形成的，从纹理图像的实现来估计计算模型参数，以参数为特征或采用某种分类策略进行图像分割，如随机场模型法；信号处理方法是建立在时域、频域分析与多尺度分析基础上，对纹理图像中某个区域内实行某种变换后，再提取保持相对平稳的特征值，以此特征值作为特征表示区域内的一致性以及区域间的相异性，如小波变换方法。信号处理方法是从变换域中提取纹理特征，其他方法是从图像域中提取纹理特征。

（三）形状特征

形状特征的提出主要是为了讨论图像或者图像区域当中物体的各种形式的形状。这里的形状包含了图像或图像区域的周长、面积、凹凸性以及几何形状等特征。按照形状特征的关注点不同，一般把形状特征分为着眼于边界的特征和关系到整个区域的特征。比较成熟的形状特征描述方法有边界特征法，它着眼于图像中的边界，借以描述图像的形状，采用 Hough 变换提取直线和圆就是这类方法的典型应用；傅里叶形状描述符法是针对物体的边界进行傅里叶变换，因为边界有封装和周期性的特征，它可以把二维的问题降成一维；几何参数法是利用形状的定量计算来描述形状特征，计算的参数包括矩、面积、周长、圆度、偏心率等。

（四）空间关系特征

图像当中的物体是丰富多彩的，物体作为一个独立的个体会有它自己的特性，而从整体来看，物体和物体之间也会存在一定的联系，其中最直接的联系就是空间位置关系。比如物体之间可能邻接，也可能是被其他物体间隔的。物体和物体之间可能有相互重叠的情况，也有互不关联的状况。在描述空间位置的时候有时候用绝对的描述，比如用具体的图像中的坐标；也可以用相对的描述，比如相对某一物体的左或者右等。空间位置关系的作用是加强了图像当中物体彼此区分的能力。但是存在的问题是空间位置关系随着图像的旋转会发生变化，而尺度的变化也同样会影响它的效果。正是因为这个特点，一般都要将空间位置关系和其他特征配合起来使用。

四、道路识别方法

为了能在智能网联汽车的先进辅助驾驶系统中应用视觉识别技术，视觉识别必须具备实时性、鲁棒性、实用性这三个特点。实时性是指系统的数据处理必须与车辆的行驶速度同步进行；鲁棒性是指智能网联汽车上的机器视觉系统对不同的道路环境和变化的气候条件具有良好的适应性；实用性是指智能网联汽车先进辅助驾驶系统能够为普通用户所接受。

道路识别算法大体可以分为基于区域分割的识别方法、基于道路特征的识别方法和基于道路模型的识别方法。

（一）基于区域分割的识别方法

基于区域分割的识别方法是把道路图像的像素分为道路和非道路两类。分割的依据一般是颜色特征或纹理特征。基于颜色特征的区域分割方法的依据是道路图像中道路部分的像素与非道路部分的像素的颜色存在显著差别。根据采集到的图像性质，颜色特征可以分为灰度特征和彩色特征两类。灰度特征来自灰度图像，可用的信息为亮度的大小。彩色特征除了亮度信息外，还包含色调和饱和度。基于颜色特征的车道检测的本质是彩色图像分割问题，主要涉及颜色空间的选择和采用的分割策略两个方面。当然，由于不同道路的彩色和纹理会有变化，道路的颜色也随时间变化而变化，基于区域的分割是一个很困难的问题。同时，路面区域分割方法大多计算量大，难以精确定位车道的边界。

（二）基于道路特征的识别方法

基于道路特征的识别方法主要是结合道路图像的一些特征，如颜色、梯度、纹理等特征，从所获取的图像中识别出道路边界或车道标识线，适合于有明显边界特征的道路。基于特征的车道检测过程一般分为两个阶段：第一个阶段为特征提取，主要是利用图像预处理技术、边缘检测技术提取属于车道线的像素集合，并利用相位技术确定车道线像素的方向；第二个阶段是特征聚合，即把车道线像素聚合为车道线，包括利用车道线宽度恒定的约束进行车道线局部聚合，再利用车道线平滑性约束以及平行车道线交于消隐点的约束进行车道线的长聚合。

基于道路特征的车道线识别算法中的特征主要可以分为灰度特征和彩色特征。基于灰度特征的识别方法是根据车辆前方的序列灰度图像，利用道路边界和车道标识线的灰度特征完成的对道路边界及车道标识线的识别；基于彩色特征的识别方法是利用获取的序列彩色图像，根据道路及车道标识线的特殊色彩特征来完成对道路边界和车道标识线的识别。目前应用较多的是基于灰度特征的识别方法。

基于道路特征的识别方法与道路形状无关，鲁棒性较好，但对阴影和水迹较为敏感，且计算量较大。

（三）基于道路模型的识别方法

基于道路模型的识别方法主要是基于不同的（2D 或 3D）道路图像模型，采用不同的检测技术（Hough 变换、模板匹配技术、神经网络技术等）对道路边界或车道线进行识别。

在道路平坦的假设前提下，道路图像中的车道线可以认为在同一平面上，这时道路模型有直线模型、多项式曲线模型、双曲线模型以及样条曲线模型等。目前最常用的道路几何模型是直线道路模型。

为了更准确地描述道路形状，提出了曲线道路模型。常用的弯道模型有同心圆曲线模型、二次曲线模型、抛物线模型、双曲线模型、直线—抛物线模型、线性双曲线模型、广义曲线模型、回旋曲线模型、样条曲线模型、圆锥曲线模型和分段曲率模型等。

在道路不平坦的情况下，可以利用双目视觉系统获得立体道路图像，通过建立 3D 道路图像模型进行车道检测。

基于 2D 道路图像模型的识别方法便于采用，且不需要精确地标定或知道车辆的自身参数，其不利之处是很难对车辆位置进行估计。基于 3D 道路图像模型的识别方法主要用于对距离的分析不是要求很高的没有标识的道路识别。缺点是模型比较简单或噪声强度比较大时，识别精度比较低；模型比较复杂时，模型的更新比较困难。

由于道路模型在结构上有规律可循，从而可以利用少量信息求解出整个道路模型，进而对阴影、水迹等因素具有较高的抗干扰性。一般基于视觉的道路模型需要满足以下几个特点。

准确度高。模型最基本的一个特点是要求准确地描述道路的实际特征。现实道路形状多样，为模型的建立增加了难度，所以如何根据实际的应用需求选择和求解模型是关键。

鲁棒性高。模型的鲁棒性主要体现在对外界干扰因素的适应性。当由于外界干扰造成局部特征信息的获取失败或失效的时候，不会影响整体模型的求解。

实时性好。基于视觉的导航系统中，实时性是一个重要因素。通常为了提高模型拟合的准确度，必须尽可能多地利用道路特征信息，并利用复杂的算法排除干扰，这将会大大增加运算。因此如何在保证模型有效性的情况下减少算法计算量，是影响模型是否高效的重要因素。

灵活性好。为了适应显示道路形状多样性的特点，模型还需要具备构造和求解的灵活性。极少或不会因为道路相撞的变化，而造成模型求解方式的改变或失效。

基于模型的识别方法检测出的道路较为完整，只需较少的参数就可以表示整个道路，所以基于模型的方法对阴影、水迹等外界影响有较强的抗干扰性，不过在道路类型比较复杂的情况下，很难建立准确的模型，降低了对任意类型道路检测的灵活性。

（四）基于道路特征与模型相结合的识别方法

基于道路特征与模型相结合的识别方法的基本思想在于利用基于道路特征的识别方法在对抗阴影、光照变化等方面的鲁棒性，对待处理图像进行分割，找出其中道路区域，再根据道路区域与非道路区域的分割结果找出道路边界，并使用道路边界拟合道路模型，从而达到综合利用基于道路特征的识别方法与基于道路模型的识别方法的目的。

基于道路特征与模型相结合的识别方法能否取得好的识别效果，其关键之处在于分割与拟合这两个过程。基于特征的分割过程能否准确地分割待处理图像的道路区域与非道路区域，将直接影响拟合的准确性；道路模型的拟合过程能否排除分割过程残留的噪声的影响，能否适应复杂环境中道路形状的变化，将直接影响道路检测的最终结果。因此，能否找到一种鲁棒性强的分割方法以及一种能适应多种道路形状变化的道路模型，是算法成功的关键之处。

第三节　车辆识别技术

一、车牌识别技术

（一）车牌识别系统组成

车牌识别系统是一个基于数字图像处理和字符识别的智能化系统，该系统通过拍摄采集包含车牌的数字图像，对图像进行预处理以克服图像干扰，改善识别效果，接着在图像中自动找到车牌的位置也就是车牌定位，再分割出车牌字符形成一个个大小相同的单个字符，最后把大小归一化好的字符输入字符识别模块进行识别。它主要涉及图像采集、图像预处理、车牌定位、字符分割、字符识别等主要环节，其总体结构如图5-5所示。

车辆原始图像　→　图像预处理　→　车牌区域定位　→　车牌字符分割　→　车牌字符识别　→　输出车牌号码

图5-5　车牌识别系统组成

（二）车牌识别系统功能

车牌识别系统包括以下功能。

图像预处理。车辆图像的采集主要是利用摄像机室外拍摄车牌图像，存在许多干扰，为了减小误差，必须对图像进行预处理（灰度化、图像滤波、图像增强等），为车牌定位做好准备。

车牌定位。包括车牌的粗定位和精确定位，以及从车辆图像中提取出车牌图像的功能。

车牌字符分割。牌照中的字符可能出现一定的倾斜，故要对车牌倾斜进行校正。然后将车牌中的字符正确地分割成单个字符。

车牌字符识别。对分割出的字符进行归一化处理，识别字符并显示车牌号码。

（三）车牌区域特征

不同国家中，车牌的特征是不一样的，我国车牌具有以下四种可用于定位的特征。

颜色特征。是一种全局特征，是基于像素点的特征。现有的车牌主要由四种类型组成——小型汽车的蓝底白字车牌、大型汽车的黄底黑字车牌、白底黑字的军警车、黑底白字的国外驻华使馆用车。车牌底色和字符颜色反差较大，由于颜色对图像区域的方向、大小等变化不敏感，所以颜色特征不能很好地捕捉图像中车牌的局部特征。另外，仅使用颜色特征，信息量过大，基本上是灰度信息的三倍大，处理时间太长。

纹理特征。它描述了车牌区域的表面性质。车牌内有七个字符，大小统一、水平排列，有一部分会因为拍摄的原因存在一定程度的倾斜，字符和背景之间灰度值对比明显。但由于纹理只是物体表面的特性，并不能完全反映出物体的本质属性，所以仅仅利用纹理特征也是有问题的。与颜色特征不同，纹理特征不是基于像素点的特征，它需要在包含多个像素点的区域中进行统计计算。在模式识别中，这种区域性的特征具有较大的优越性。作为一种统计特征，纹理特征对于噪声有较强的抵抗能力。但是，纹理特征也有其缺点，容易受到光照强度、反射情况的影响。

形状特征。通常有两类表示方法：一类是轮廓特征，另一类是区域特征。轮廓特征主要针对物体的外边界，而图像的区域特征则关系到整个形状区域。由于受到摄像头的安装位置和拍摄角度的限制，拍摄到的图像中车牌区域往往不是矩形，而是一个平行四边形。因为国家统一的车牌大小是标准的，宽高比是一定的，即使有所变形也在一定范围内，因此车牌在原始图像中的相对位置比较集中，偏差不会很大。

灰度跳变特征。车牌的底色、边缘颜色和车身的颜色各不相同，表现在图像中就是灰度级互不相同，这样在车牌边缘形成灰度突变边界，形成灰度跳变特征。事实上，车牌边缘在灰度上的表现就是一种屋顶状边缘。在车牌区域内部，由于字符本身和牌照底色的灰度是均匀的，所以穿过车牌的水平直线呈连续的峰、谷、峰的分布。

（四）车牌定位算法

车牌定位算法很多，如基于灰度值的车牌定位算法、基于边缘检测技术的车牌定位算法、基于频谱分析的车牌定位算法、基于神经网络的车牌定位算法、基于遗传算法的车牌定位算法、基于模糊逻辑的车牌定位算法等。

基于灰度值的定位算法。其基本原理是车牌底色、车牌边框颜色及背景颜色灰度化后灰度值不同，形成了灰度值突变的边界。车牌边框的灰度值高于背景灰度值，且车牌边框为平行四边形，通过边缘提取，进行定位。

基于边缘检测技术的定位算法。根据车牌的特征和车牌内部字符的边缘特征，估计出最大车牌的区域。该方法可能会把干扰强的边缘误记为车牌窗口，需要大量的车牌字符区域和图像宽度比例的先验知识。

基于频谱分析的定位算法。如小波变换，根据小波分析可以在不同的分辨率层次上对图像进行分割，在低分辨率层次上进行粗分割，可以节约时间并同时为细分割缩小检测范围。

其他定位算法。基于神经网络、遗传算法、模糊逻辑算法等方法需要大量的先验知识，同时计算量巨大，但记忆性好。

任何算法均有其优劣，仅靠单一的方法是无法在多种情况下取得较好的定位效果的，可以采用结合多种算法的综合定位方法。

（五）字符识别算法

字符识别算法有很多，如基于模板匹配的字符识别算法、基于特征统计匹配法、基于边缘检测和水平灰度变化特征的方法、基于颜色相似度及彩色边缘的算法等。

基于模板匹配的字符识别算法。模板匹配方法是一种经典的模式识别方法，是最直接的字符识别方法，其实现方式是计算输入模式与样本之间的相似性，取相似性最大的样本为输入模式所属类别。这种方法具有较快的识别速度，尤其对二值图像，速度更快，可以满足实时性要求。但它对噪声十分敏感，任何有关光照、字符清晰度的变化都会影响识别的正确率，且往往需要使用大量的模板或多个模板进行匹配。

基于特征统计匹配法。针对字符图像的特征提取的方法多种多样，有逐像素特征提取法、垂直方向数据统计特征提取法、基于网格的特征提取法、弧度梯度特征提取法等很多方法。这种特征对一般噪声不敏感，选取的特征能够反映出图像的局部细节特征，方法相对简单，然而在实际应用中，由于外部原因的存在常常会出现字符模糊、字符倾斜等情况，从而影响识别效果，当字符出现笔画融合、断裂、部分缺失时，此方法更加无能为力。因此，实际应用效果不理想，抗干扰性不强。

基于边缘检测和水平灰度变化特征的方法。这类方法是使用最多的，细分类也多，有用可变矩形模板检测的方法搜索符合条件的车牌矩形区域的方法，有记录灰度水平跳变频度的方法，速度快、漏检率低，但误检率高。

基于颜色相似度及彩色边缘的算法。此类方法一般利用颜色模型转换，结合先验知识，进行定位和判断，不受大小限制，精度较高，缺点是对图像品质要求高，对偏色、牌照褪色及背景色干扰等情况无能为力，一般也不独立使用。

二、运动车辆识别技术

前方车辆检测是判断安全车距的前提，车辆检测的准确与否不仅决定了测距的准确性，而且决定了是否能够及时发现一些潜在的交通事故。

识别算法用于确定图像序列中是否存在车辆，并获得其基本信息，如大小、位置等。摄像机跟随车辆在道路上运动时，所获取道路图像中车辆的大小、位置和亮度等是在不断变化的。根据车辆识别的初始结果，对车辆大小、位置和亮度的变化进行跟踪。由于车辆识别时需要对所有图像进行搜索，所以算法的耗时较大。而跟踪算法可以在一定的时间和空间条件约束下进行目标搜索，还可以借助一些先验知识，因此计算量较小，一般可以满足预警系统的实时性要求。

目前用于识别前方运动车辆的方法主要有基于特征的识别方法、基于机器学习的识别方法、基于光流场的识别方法和基于模型的识别方法等。

（一）基于特征的识别方法

基于特征的方法是在车辆识别中最常使用的方法之一，又叫作基于先验知识的方法。

对于行驶在前方的车辆，其颜色、轮廓、对称性等特征都可以用来将车辆与周围背景区别开来。因此，基于特征的车辆检测方法就以这些车辆的外形特征为基础从图像中检测前方行驶的车辆。当前常用的基于特征的方法主要有使用阴影特征的方法、使用边缘特征的方法、使用对称特征的方法、使用位置特征的方法和使用车辆尾灯特征的方法等。

使用阴影特征的方法。前方运动车辆底部的阴影是一个非常明显的特征。通常的做法是先使用阴影找到车辆的候选区域，再利用其他特征或者方法对候选区域进行下一步验证。

使用边缘特征的方法。前方运动车辆无论是水平方向上还是垂直方向上都有着显著的边缘特征，边缘特征通常与车辆所符合的几何规则结合起来运用。

使用对称特征的方法。前方运动车辆在灰度化的图像中表现出较为明显的对称特征。一般来说对称特征分为灰度对称和轮廓对称这两类特征。灰度对称特征一般指统计意义上的对称特征，而轮廓对称特征指的是几何规则上的对称特征。

使用位置特征的方法。一般情况下，前方运动车辆存在于车道区域之内，所以在定位出车道区域的前提下，将检测范围限制在车道区域之内，不但可以减少计算量，还能够提高检测的准确率。而在车道区域内如果检测到不属于车道的物体，一般都是车辆或者障碍物，对于驾驶员来说都是需要注意的目标物体。

使用车辆尾灯特征的方法。在夜间驾驶场景中前方运动车辆的尾灯是将车辆与背景区别出来的显著且稳定的特征。夜间车辆尾灯在图像中呈现的是高亮度、高对称性的红白色车灯对。利用空间以及几何规则能够判断前方是否存在车辆及其所在的位置。

因为周围环境的干扰和光照条件的多样性，如果仅仅使用一个特征实现对车辆的检测难以达到良好的稳定性和准确性。所以如果想获得较好的检测效果，目前都是使用多个特征相结合的方法完成对前方运动车辆的检测。

（二）基于机器学习的识别方法

前方运动车辆的检测其实是对图像中车辆区域与非车辆区域的定位与判断的问题。基于机器学习的检测方法一般需要从正样本集和负样本集提取目标特征，再训练出识别车辆区域与非车辆区域的决策边界，最后使用分类器判断目标。通常的检测过程是对原始图像进行不同比例的缩放，得到一系列的缩放图像，然后在这些缩放图像中全局搜索所有与训练样本尺度相同的区域，再由分类器判断这些区域是否为目标区域，最后确定目标区域并获取目标区域的信息。

机器学习的方法无法预先定位车辆可能存在的区域，因此只能对图像进行全局搜索，这样造成检测过程的计算复杂度高，无法保证检测的实时性。

（三）基于光流场的识别方法

光流场是指图像中所有像素点构成的一种二维瞬时速度场，其中的二维速度矢量是景物中可见点的三维速度矢量在成像表面的投影。通常光流场是由于摄像机、运动目标或两者在同时运动的过程中产生的。在存在独立运动目标的场景中，通过分析光流可以检测目标数量、目标运动速度、目标相对距离以及目标表面结构等。

光流分析的常用方法有特征光流法和连续光流法。特征光流法是在求解特征点处光流时，利用图像角点和边缘等进行特征匹配。特征光流法的主要优点是：能够处理帧间位移较大的目标，对于帧间运动限制很小；降低了对于噪声的敏感性；所用特征点较少，计算量较小。主要缺点是：难以从得到的稀疏光流场中提取运动目标的精确形状；不能很好地解决特征匹配问题。连续光流法大多采用基于帧间图像强度守恒的梯度算法，其中最为经典的算法是 L–K 法和 H–S 法。

光流场在进行运动背景下的目标识别时效果较好，但是也存在计算量较大、对噪声敏感等缺点。在对前方车辆进行识别尤其是当车辆距离较远时，目标车辆在两帧之间的位移非常小，有时候仅移动一个像素，因此这种情况下不能使用连续光流法。另外车辆在道路上运动时，车与车之间的相对运动较小，而车与背景之间的相对运动较大，这就导致了图像中的光流包含了较多的背景光流，而目标车辆光流相对较少，因此特征光流法也不适用于前方车辆识别。但是在进行从旁边超过的车辆识别时，由于超越车辆和摄像机之间的相对运动速度较大，所以在识别从旁边超过的车辆时采用基于光流的方法效果较好。

（四）基于模型的识别方法

基于模型的方法是根据前方运动车辆的参数来建立二维或三维模型，然后利用指定的搜索算法来匹配查找前方车辆。这种方法对建立的模型依赖度高，但是车辆外部形状各异，难以通过仅建立一种或者少数几种模型的方法来对车辆实施有效的检测，如果为每种车辆外形都建立精确的模型又将大幅增加检测过程中的计算量。

多传感器融合技术是未来车辆检测技术的发展方向。目前，在车辆检测中主要有两种融合技术，即视觉和激光雷达传感器的融合技术以及视觉和毫米波雷达传感器的融合。

第四节　行人识别技术

行人识别技术是智能网联汽车先进驾驶辅助系统的重要组成部分。行人是道路交通的主体和主要参与者，由于其行为具有非常大的随意性，再加上驾驶员在车内视野变窄以及长时间驾驶导致的视觉疲劳，使得行人在交通事故中很容易受到伤害。行人识别技术能够及时准确地检测出车辆前方的行人，并根据不同危险级别提供不同的预警提示（如距离车辆越近的行人危险级别越高，提示音也应越急促），以保证驾驶员具有足够的反应时间，能够极大地降低甚至避免撞人事故的发生。

一、行人检测类型

行人检测技术是利用安装在车辆前方的视觉传感器（摄像头）采集前方场景的图像信息，通过一系列复杂的算法分析处理这些图像信息实现对行人的检测。根据所采用摄像头的不同，又可以将基于视觉的行人检测方法分为可见光行人检测和红外行人检测。

可见光行人检测。可见光行人检测采用的视觉传感器为普通光学摄像头，由于普通摄像头基于可见光进行成像，非常符合人的正常视觉习惯，并且硬件成本十分低廉；但是受到光照条件的限制，该方法只能应用在白天，在光照条件很差的阴雨天或夜间则无法使用。

红外行人检测。红外行人检测采用红外热成像摄像头，利用物体发出的热红外线进行成像，不依赖于光照，具有很好的夜视功能，在白天和晚上都适用，尤其是在夜间以及光线较差的阴雨天具有无可替代的优势，红外行人检测相比可见光行人检测的主要优势包括：红外摄像头靠感知物体发出的红外线（与温度成正比）进行成像，与可见光光照条件无关，对于夜间场景中的发热物体检测有明显的优势；行人属于恒温动物，温度一般会高于周围背景很多，在红外图像中表现为行人相对于背景明亮突出；红外成像不依赖于光照条件，对光照明暗、物体颜色变化以及纹理和阴影干扰不敏感。随着红外成像技术的不断发展，红外摄像头的硬件成本也在慢慢降低，由原来的军事应用慢慢开始转向了民事应用。

二、行人识别特征

行人识别特征的提取就是利用数学方法和图像处理技术从原始的灰度图像或者彩色图像中提取表征人体信息的特征，它伴随着分类器训练和识别的全过程，直接关系到行人识别系统的性能，因此行人识别特征提取是行人识别的关键技术。在实际环境中，由于行人自身的姿态不同、服饰各异和背景复杂等因素的影响，使得行人特征提取比较困难，因此选取的行人特征要鲁棒性比较好。目前行人识别特征主要有 HOG 特征、Haar 特征、Edgelet 特征和颜色特征等。

（一）HOG 特征

HOG 特征的主要思想是用局部梯度大小和梯度方向的分布来描述对象的局部外观和外形，而梯度和边缘的确切位置不需要知道。

梯度方向直方图描述符一般有三种不同形式，矩形梯度直方图描述符、圆形梯度方向直方图描述符和单个中心单元的圆形梯度直方图描述符。都是基于密集型的网格单元，用图像梯度方向的信息代表局部的形状信息。

（二）Haar 小波特征

Haar 小波特征反应图像局部的灰度值变化，是黑色矩形与白色矩形在图像子窗口中对应区域灰度级总和的差值。Haar 小波特征计算方便且能充分的描述目标特征，常与 Adaboost 级联分类器结合，识别行人目标。

常用的 Haar 小波特征主要分为八种线性特征、四种边缘特征、两种圆心环特征和一种特定方向特征。

Haar 小波特征都是由 2~4 个白色和黑色的矩形框构成。由该特征定义知，每一种特征的获得都是要计算黑色填充区域的像素值之和与白色填充区域的像素值之和的差值，这种差值就是 Haar 小波特征的特征值。实验表明，一幅很小的图像就可以提取成千上万的大量的 Haar 小波特征，这样就给算法带来了巨大的计算量，严重降低了检测 Haar 和分类器的训练的速度，为了解决这些问题，可以在特征提取中引入积分图的概念，并应用到实际的对象检测框架中。

（三）Edgelet 特征

Edgelet 特征描述的是人体的局部轮廓特征，该特征不需要人工标注，从而避免了重复计算相似的模板，降低了计算的复杂度，由于是对局部特征的检测，该算法能较好地处理行人之间的遮挡问题，对复杂环境多个行人相互遮挡检测效果明显优于其他特征。

每一个 Edgelet 特征就是一条由边缘点组成且包含一定形状与位置信息的小边，主要有直线型、弧形和对称型三种形式的 Edgelet 特征，该方法是通过 Adaboost 算法筛选出一组能力强的 Edgelet 特征进行学习训练，便能识别行人的各个部位，如头、肩、躯干和腿，最后分析各个局部特征相互之间的关系来进行整体的行人检测。

（四）颜色特征

就几何特征而言，颜色特征具有较强的鲁棒性，图像中子对象的方向和大小的改变对它影响不大，颜色给人以直观的视觉冲击，是最稳定、最可靠的视觉特征，颜色特征经常描述跟踪对象来实现目标的跟踪。

颜色特征提取与颜色空间和颜色直方图有关。颜色空间包括 RGB、HSV 和 HIS 等。颜色直方图表示的是整幅图像中不同颜色所占的比例，并不关心每种颜色所处空间位置，即无法描述图像中的对象。在运动目标的检测与跟踪中，颜色直方图有其独特的优点，即物体形变对其影响较小，由于颜色直方图不表示物体的空间位置，仅表示颜色，跟踪目标的颜色不变，形体发生变化不会影响颜色直方图的分布，所以应用颜色直方图作为特征进行行人跟踪，很好地改善了行人动作随意和形变较大的缺点。

上述 4 种特征各有优缺点，概括如下。

1.HOG 特征是比较经典的行人特征，具有良好地光照不变性和尺度不变性，能较强地描述行人的特征，对环境适应性较强，但它也有其自身的不足，如特征维数较高和计算量大，难保证实时性。

2.Haar 小波特征容易理解，计算简单，特别是引入积分图概念后，计算速度提高，实时性高，在稀疏行人且遮挡不严重的环境下检测效果较好，但是它对光照和环境遮挡等因素敏感，适应性差，不适合复杂易变的行人场景。

3.Edgelet 特征表征的是人体局部轮廓特征，可以处理一定遮挡情况下的行人检测，但是该算法要去匹配图像中所有相似形状的边缘，这样就需要耗费大量时间进行搜索，不能达到实时要求。

4. 颜色特征具有较强的鲁棒性，图像中子对象的方向和大小的改变对它影响不大，颜色给人以直观的视觉冲击，是最稳定、最可靠的视觉特征，常应用于行人跟踪领域，但是该特征容易受到背景环境的影响。

三、行人识别方法

从国内外当前的研究进展来看，行人识别的理论研究和实际应用已经取得了令人瞩目的成果，但仍然没有研发出一种广泛使用在各种场景下的通用识别方法，这主要是由行人的特性所决定的。行人属于非刚体，所以行人的姿态、穿着和尺度大小以及周围环境的复杂性、是否遮挡等都会对行人识别带来不同程度的难度，其难点主要表现在以下 5 个方面。

复杂场景。主要包括光照不均所造成的阴影目标以及雨雪大风天气等恶劣环境的影响，动态背景的影响包括波动的水流、摆动的树叶、涌动的喷泉以及转动的风扇等。识别行人时，当行人运动过慢、过快以及行人着装和周围环境相似时，都会容易造成将前景目标识别为背景，从而影响后续行人识别的准确度。另外，场景中多目标的相互遮挡以及行人尺度过小等都会给识别带来不同方面的困难。

行人着装和姿态的多样化。人是属于非刚体，具有丰富的姿态特征，如坐下、站立、蹲下、骑车、躺下和拥抱等，针对不同姿态下的行人，识别算法都要具体分析，往往一个针对站立行人识别很有效的算法，可能就无法有效地识别出骑车的行人。有时候身材和着装的不同，行人的外观差异性也很大，如冬天和夏天，行人是否带围巾、眼镜、头盔和口罩，晴天和雨天，行人是否撑雨伞、穿雨衣等，一个人在不同年龄段的高矮胖瘦，衣服的颜色、穿裙子或穿裤子都会影响到头部、躯干、手部及腿部的外观。

行人特征选取。常见的行人特征包括颜色特征、轮廓特征、HOG 特征、Haar 小波特征、Edgelet 特征等，行人识别往往利用其中的一种特征或者融合其中的多个特征来联合进行，增加识别的准确度。但是具体需要选择哪种特征能获得比较好的识别效果，不仅与选择的特征有关，还与采用的算法、场景的复杂性、行人运动的特性，甚至和摄像头获取视频序列的属性都有关，所以很难用某一种特征或通用的算法来解决行人识别问题。

行人目标遮挡。这是行人识别中比较难解决的问题，行人遮挡不仅表现在行人被场景内的静态物体部分遮挡或全遮挡，还表现在行人目标间的相互遮挡以及全遮挡等。遮挡极易造成行人目标信息的丢失，造成误检或漏检，从而影响识别的准确性，给后续的行人跟踪、识别带来巨大挑战。为了减少行人目标遮挡带来的歧义性，必须正确处理遮挡时所获取的特征与行人目标间的对应关系。

行人识别窗口自适应调整问题。在摄像头所获取的视频帧中，当行人目标与摄像头的距离发生变化时，往往导致视场内行人的尺寸也会发生相应的变化。在识别过程中，如何有效地调整行人识别窗口的大小，使之更符合行人尺寸大小，是保证行人识别算法鲁棒性的重要指标，同时也是保证后续跟踪、识别算法提取更加准确信息的有力保障。

目前，行人识别方法主要有基于特征分类的行人识别方法、基于模型的行人识别方法、基于运动特性的方法、基于形状模型的方法、基于模板匹配的方法以及基于统计分类的方法等。

基于特征分类的行人识别方法。着重于提取行人特征，然后通过特征匹配来识别行人目标，是目前较为主流的行人识别方法，主要有基于 HOG 特征的行人识别方法、基于 Haar 小波特征的行人识别方法、基于 Edgelet 特征的行人识别方法、基于形状轮廓模板特征的行人识别方法、基于部件特征的行人识别方法等。

基于模型的行人识别方法。它是通过建立背景模型识别行人，常用的基于背景建模的行人识别方法有混合高斯法、核密度估计法和 Codebook 法。

基于运动特性的行人识别方法。就是利用人体运动的周期性特性来确定图像中的行人。该方法主要针对运动的行人进行识别，不适合识别静止的行人。基于运动特性的识别方法中，比较典型的算法有背景差分法、帧间差分法和光流法。

基于形状模型的行人识别方法。主要依靠行人形状特征来识别行人，避免了由于背景变化和摄像机运动带来的影响，适合于识别运动和静止的行人。

基于模板匹配的行人识别方法。它是通过定义行人形状模型，在图像的各个部位匹配该模型以找到目标，建立的行人形状模型主要有线性模型、轮廓模型以及立体模型等。

基于统计分类的行人识别方法。它是从样本中训练得到行人分类器，利用该分类器遍历图像各窗口进行判别，训练是离线进行的，不占用识别时间，分类器具有鲁棒性。

第五节 交通标志识别技术

一、交通标志介绍

道路交通标志作为重要的道路交通安全附属设施，可向驾驶员提供各种引导和约束信息。驾驶员实时地、正确地获取交通标志信息，可保障行车更安全。

鉴于地区和文化差异，目前世界各个国家执行的交通标志标准有所不同。目前，我国道路交通标志执行的标准是 GB 5768.2–2009《道路交通标志和标线第 2 部分：道路交通标志》。由该标准可知，我国的交通标志分为主标志和辅助标志两大类，主标志又可以分为警告标志、禁令标志、指示标志、指路标志、旅游区标志、作业区标志、告示标志共 7 种。其中，警告标志、禁令标志和指示标志是最重要也是最常见的交通标志，直接关系到道路交通的通畅与安全，更与智能网联汽车的行车路径规划直接相关。为引起行人和车辆驾驶员的注意，交通标志都具有鲜明的颜色特征。我国警告标志、禁令标志和指示标志共计 131 种，这些交通标志由 5 种主要颜色（红、黄、蓝、黑和白色）组成。

警告标志。主要用来警告车辆驾驶员、行人前方有危险，道路使用行动需谨慎。警告标志有明显的颜色特征，即黄色的底、黑色边缘、黑色内部图形，其形状大多数是顶角朝上的正三角形。部分警告标志样式如图 5–6 所示

图 5-6　部分交通警告标志

禁令标志。主要用来禁止或限制车辆、行人的交通行为及相应解除，道路使用者应严格遵守。禁令标志有明显的颜色特征，多为白色的底、红色的边缘、红色的斜杠、黑色的内部图形，而且黑色图形在红色斜杠之上。禁令标志的形状大多数是圆形，其中特殊的是正八边形和倒三角形，这两者的个数都是一个。部分禁令标志样式如图 5-7 所示。

图 5-7　部分交通禁令标志

指示标志。主要用来指示车辆、行人的行进。指示标志有明显的颜色特征，即蓝色的底、白色内部图形，其形状多为圆形、矩形。部分指示标志样式如图5-8 所示。

图 5-8　部分交通指示标志样式

由国家标准对交通标志的规定可知交通标志的大小规格、制作材料、表面颜色、形状以及安装位置等信息，比如圆形交通标志的外径大小为 60 cm、80 cm 和 100 cm 这三个规格，交通标志表面采用反光材料，交通标志一般安装在道路的右侧、道路上方的悬臂或者桥梁上，有固定高度。同时，交通标志的颜色与形状之间也有着一定的关系，应该充分利用这些颜色信息和形状信息，以及颜色与形状信息间的对应关系。

交通标志具有鲜明的色彩特征，因此要实现对交通标志图像的有效分割，颜色是一个重要信息，选择合适的颜色空间对其加以分析和提取，将有助于系统识别的实时性和准确性。

二、交通标志识别系统

在智能网联汽车中，交通标志的检测是通过图像识别系统实现的。首先使用车载摄像机获取目标图像，然后进行图像分割和特征提取，通过与交通标志标准特征库比较进行交通标志识别，识别结果可以与其他智能网联汽车共享。

三、交通标志识别方法

交通标志识别主要有基于颜色信息的交通标志识别、基于形状特征的交通标志识别、基于显著性的交通标志识别、基于特征提取和机器学习的交通标志识别等。

（一）基于颜色信息的交通标志识别

颜色分割就是利用交通标志特有的颜色特征，将交通标志与背景分离。颜色特征具有旋转不变性，即颜色信息不会随着图像的旋转、倾斜而发生变化，与几何、纹理等特征相比，基于颜色特征设计的交通标志识别算法对图像旋转、倾斜的情况具有较好的鲁棒性。目前大部分的文献中所采用的颜色模型包括 RGB 模型、HSI 模型、HSV 模型及 XYZ 模型等。

（二）基于形状特征的交通标志识别

除颜色特征外，形状特征也是交通标志的显著特征。我国警告标志、指示标志、禁令标志共 131 种，其中 130 种都是有规则的形状，即圆形、矩形、正三角形、倒三角形、正八边形。颜色检测和形状检测是交通标志识别中的重要内容，检测方法通常都以颜色分割做粗检测，排除大部分的背景干扰，再提取二值图像各连通域的轮廓，进行形状特征的分析，进而确定交通标志候选区域并完成定位。

（三）基于显著性的交通标志识别

显著性作为从人类生物视觉中引入的概念，用来度量场景中具有最显眼的特征、最容易吸引人优先看到的区域，由于交通标志被设计成具有显眼的颜色和特定的形状，在一定程度上满足显著性的要求，可以采用显著性模型来识别交通标志。

（四）基于特征提取和机器学习的交通标志识别

无论是基于颜色和形状分析的算法，还是基于显著性的算法，由于它们能包含的信息有局限性，在背景复杂，或者出现与目标物十分相似的干扰物时，都不能很好地去除干扰，因此，通过合适的特征描述符更充分地表示交通标志，再通过机器学习方法区分标志和障碍物。

基于特征提取和机器学习的交通标志识别一般使用滑动窗口的方式或者使用之前处理得到的感兴趣块进行验证的方式。前者对全图或者交通标志可能出现的感兴趣区域操作，以多尺度的窗口滑动扫描目标区域，对得到的每一个窗口均用训练好的分类器判断是否是标志。后者则认为经过之前的处理，如颜色、形状分析等，得到的感兴趣块已经是一整个标志或者干扰物，只需对其整体进行分类即可。

第六节　交通信号灯识别技术

一、交通信号灯介绍

不同国家和地区采用的交通信号灯式样各不相同，在国内，交通信号灯的设置都必须遵循 GB 14887 2011《道路交通信号灯》和 GB 14886 2006《道路交通信号灯设置与安装规范》。

从颜色来看，交通信号灯的颜色有红色、黄色、绿色这三种颜色，而且三种颜色在交通信号灯中出现的位置都有一定的顺序关系。

从功能来看，交通信号灯有机动车信号灯、非机动车信号灯、人行横道信号灯、车道信号灯、方向指示信号灯、闪光警告信号灯、道口信号灯共 7 类。其中机动车信号灯、闪光警告信号灯、道口信号灯的光信号无图案；非机动车信号灯、人行横道信号灯、车道信号灯、方向指示信号灯的光信号为各种图案。

从安装方式来看，交通信号灯的安装方式有横放安装和竖放安装两种，一般安装在道路上方。

信号灯发光单元、壳体、遮沿表面应平滑，无开裂、无银丝、无明显变形和毛刺等缺陷，信号灯壳体颜色应与光信号颜色有明显区别。

信号灯各发光单元中心距不得大于发光单元透光面尺寸的135%。

机动车信号灯由红、黄、绿三个几何位置分立的单元组成一组，指导机动车通行。非机动车信号灯由红、黄、绿三个几何位置分立的内有自行车图案的圆形单元组成一组，指导非机动车通行。人行横道信号灯由几何位置分立的内有红色和绿色行人站立图案的单元组成一组，指导行人通行。方向指示信号灯用于指导某一方向上机动车通行，箭头方向向左、向上和向右分别代表左转、直行和右转，绿色箭头表示允许车辆沿箭头所指的方向通行。

各种不同排列顺序的机动车信号灯如图 5-9 所示。

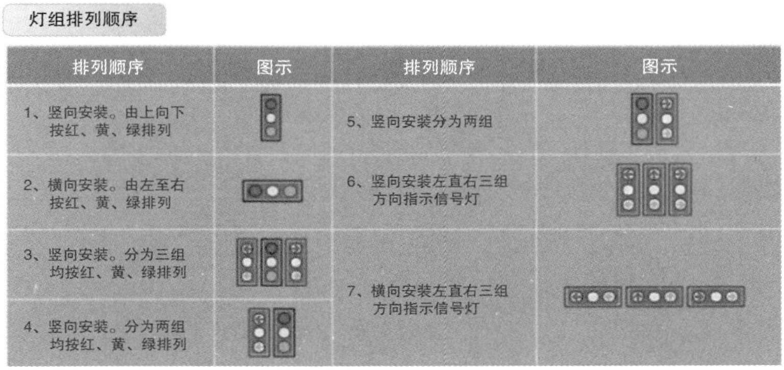

图 5-9　各种不同排列顺序的机动车信号灯

二、交通信号灯识别系统组成

交通信号灯识别系统包括检测和识别两个基本环节：首先是定位交通信号灯，通过摄像机，从复杂的城市道路交通环境中获取图像，根据交通信号灯的颜色、几何特征等信息，准确定位其位置，获取候选区域；然后是识别交通信号灯，检测算法中，已经获取交通信号灯的候选区域，通过对其分析及特征提取，运用分类算法，实现对其分类识别。

交通信号灯有各种识别系统。如图 5-10 所示为某交通信号灯识别系统，它主要由图像采集模块、图像预处理模块、检测模块、识别模块、跟踪模块和通信模块等组成。

图 5-10　交通信号灯识别系统组成

图像采集模块。摄像机成像质量好坏影响后续识别和跟踪的效果，一般采用彩色摄像机，其中摄像机的镜头焦距、曝光时间、增益、白平衡等参数的选择都对摄像机成像效果和后续处理有重要影响。

图像预处理模块。包括彩色空间选择和转换、彩色空间各分量的统计分析、基于统计分析的彩色图像分割、噪声去除、基于区域生长聚类的区域标记，通过图像预处理后得到交通信号灯的候选区域。

检测模块。包括离线训练和在线检测两部分。离线训练通过交通信号灯的样本和背景样本的统计学习得到分类器，利用得到的分类器完成交通信号灯的检测。

识别模块。通过检测模块在图像中的检测定位，结合图像预处理得出的信号灯色彩结果、交通信号灯发光单元面积大小和位置先验知识完成交通信号灯识别功能。

跟踪模块。通过识别模块得到的结果可以得到跟踪目标，利用基于彩色的跟踪算法可以对目标进行跟踪，有效提高目标识别的实时性和稳定性。运动目标跟踪方法可分为四类，分别是基于区域的跟踪方法、基于特征的跟踪方法、基于主动轮廓线的跟踪方法和基于模型的跟踪方法。

通信模块。该模块是联系环境感知模块、规划决策模块与车辆底层控制模块的桥梁，通过制定的通信协议完成各系统的通信，实现信息共享。

三、交通信号灯识别算法

交通信号灯的识别方法主要有基于颜色特征的识别算法和基于形状特征的识别算法。

（一）基于颜色特征的识别算法

基于颜色特征的交通信号灯识别算法主要是选取某个色彩空间对交通信号灯的红、黄、绿 3 种颜色进行描述。在这些算法中，通常依据对色彩空间的不同，主要有以下三类。

基于 RGB 颜色空间的识别算法。通常采集到的交通信号灯图像都是 RGB 格式的，因此，如果直接在 RGB 色彩空间中进行交通信号灯的识别，由于不需要色彩空间的转换，算法的实时性会很好；缺点是 R、G、B 三个通道之间相互依赖性较高，对光学变化很敏感。

基于 HSI 颜色空间的识别算法。HSI 色彩模型比较符合人类对色彩的视觉感知，而且 HSI 模型的 3 个分量之间的相互依赖性比较低，更加适合交通信号灯的识别；缺点是从 RGB 色彩空间转换过来会比较复杂。

基于 HSV 颜色空间的识别算法。在 HSV 颜色空间中，H 和 S 两个分量是用来描述色彩信息的，V 则是表征对非色彩的感知。虽然在 HSV 颜色空间中进行交通信号灯的识别对光学变化不敏感，但是相关参数的确定比较复杂，必须视具体环境而定。

（二）基于形状特征的识别算法

基于形状特征的识别算法主要是利用交通信号灯和它的相关支撑物之间的几

何信息。这一识别算法的主要优势在于交通信号灯的形状信息一般不会受到光学变化和天气变化的影响。

　　也可以将交通信号灯的颜色特征和形状特征结合起来，以减少单独利用某一特征所带来的影响。

第六章　智能网联汽车导航定位技术

第一节　全球定位系统

全球定位系统（GPS）是由美国国防部建设的基于卫星的无线电定位导航系统。它能连续为世界各地的陆海空用户提供精确的位置、速度和时间信息，最大的优势是覆盖全球，全天候工作，可以为高动态、高精度平台服务，目前得到普遍应用。

一、GPS 的组成与原理

（一）GPS 的组成

GPS 是由导航卫星、地面监控设备和 GPS 用户组成的，如图 6-1 所示。

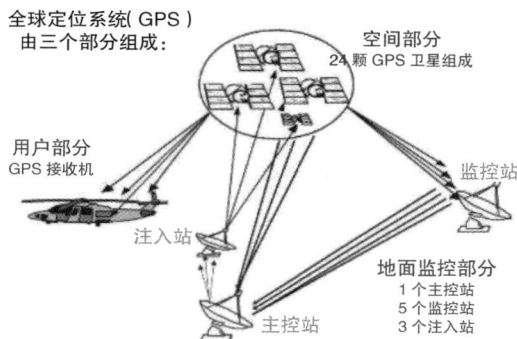

图 6-1　GPS 的组成

导航卫星。是由分布在 6 个地球椭圆轨道平面上的 21 颗工作卫星和 3 颗在轨备用卫星组成，相邻轨道之间的卫星彼此呈 30°，每个轨道面上都有 4 颗卫星，在距离地球 17 700 km 的高空上进行监测，如图 6-2 所示。这些卫星每 12 h 环绕地球一圈，在地球上的任何地方、任何时间都可以观测到 4 颗以上的 GPS 卫星，保持定位的精度，从而提供连续的全球导航能力。导航卫星的任务是接收和存储来自地面监控设备发送来的导航定位控制指令，微处理器进行数据处理，以原子钟产生基准信号和精确的时间为基准向用户连续发送导航定位信息。卫星信号的编码方式为码分多址（CDMA），根据调制码来区分不同卫星。

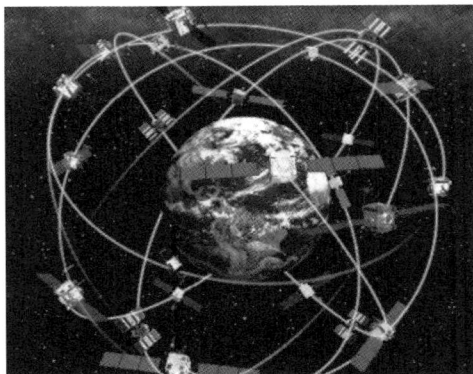

图 6-2　导航卫星

地面监控设备。由 1 个主控站、4 个注入站和 6 个监测站组成，它们的任务是实现对导航卫星的控制。监测站跟踪所有可见的 GPS 卫星，并从卫星广播中收集测距信息等，并将收集到的信息发送至主控站。主控站拥有许多以计算机为主体的设备，用于数据收集、计算、传输和诊断等。主控站编制导航定位指令发送到注入站，并调整卫星运行姿态，纠正卫星轨道偏差，进行卫星轨道和时钟校正参数计算，同时还协助、指挥、管理空间卫星和地面监控设备，监控卫星对用户的指令发送。注入站的任务是将主控站送来的导航、定位控制指令通过 S 波段发送至飞过头顶的卫星。

GPS 用户。主要由 GPS 接收机和 GPS 数据处理软件组成。GPS 接收机的主要功能是接收、追踪、放大卫星发射的信号，获取定位的观测值，提取导航电文中的广播星历以及卫星时钟改正参数等。GPS 数据处理软件的主要功能是对 GPS 接收机获取的卫星测量记录数据进行预处理，并对处理的结果进行平差计算、坐标旋转和分析综合处理，计算出用户所在位置的三维坐标、速度、方向和精确时刻等。

GPS 可以提供两种类型的服务，即军用服务和民用服务，也称为精密定位服务和标准定位服务。精密定位服务只能由美国授权的军方用户和选定的政府机构用户使用，标准定位服务对于全世界的所有用户均可用，且免收直接费用。

（二）GPS 的定位原理

GPS 定位原理是根据三角测量定位来实现的，并且同时利用相关技术获取观测值。在相关接收中，卫星钟用来控制卫星发射的伪随机信号，本地时钟用来控制用户接收机的伪随机信号，两者之间有比较大的时差。GPS 用户终端可以同时跟踪 4 颗 GPS 卫星，并捕获其信号，这里，将两时钟之间的时差作为未知量，使其和观测点坐标共同组成一个四元方程组，所得的解就是观测点的经纬度坐标和时差，使用这种方法进行定位可以得到较高的定位精度。这个观测值通常被称为伪距观测量。此观测值被称为伪距的原因是：第一，它是以地表和卫星之间的距离为变量的函数；第二，由于大气效应和时钟误差的影响，与实际的距离之间存在偏差。

设地面点 p 到卫星 i 的距离矢量为 S_i，地心原点 O 到卫星 i 的距离矢量为 S_0，地心原点 O 到地面点 p 的距离矢量为 S_p。如果卫星钟和地面钟不存在任何时差，说明此时伪距观测量代表了 p 点与卫星 i 之间的真实距离 S_i，其值为

$$S_i = c(t_i - t_j) - c\tau \tag{6-1}$$

式中，c 为光的传播速度；t_i 为地面接收机已同步的观测时刻；t_j 为卫星已同步的发射时刻；τ 为传播途径中的附加时延。

实际上卫星钟和地面钟之间的完全同步只存在理论上的可能性，实际上通常是存在一定的时钟差的，所以实际测量的并非真实距离，而是伪距，即

$$\rho_{pi} = c(t_{pi} - t_{pj}) \tag{6-2}$$

式中，ρ_{pi} 为地面点 p 到卫星 i 的伪距；t_{pi} 为含有时钟差的地面站接收时刻；t_{pj} 为含有时钟差的卫星发射时刻。

实际上接收时，地面站接收机的接收时刻要与 GPS 时间同步。这样，时钟差为两个微小量 Δt_i 和 Δt_j，即

$$t_{pi} = t_i + \Delta t_i \tag{6-3}$$

$$t_{pj} = t_j + \Delta t_j \tag{6-4}$$

$$\rho_{pi} = c(t_i - t_j) + c(\Delta t_i - \Delta t_j) = S_i + c\tau + c(\Delta t_i - \Delta t_j) \tag{6-5}$$

当接收机对卫星信号跟踪锁定后，可以从接收信号中提取，从而得到导航电文和伪距观测量。导航电文一般分为电离层修正数、卫星钟改正数和卫星星历参数三部分。进一步经过对卫星星历参数的统计计算，可求出发射时刻时卫星在地

心坐标系中的三维坐标值 X_i、Y_i 和 Z_i。关于卫星时钟差的修正，利用卫星钟改正数依据式（6-6）给以适当的调整。

$$\Delta t_j = a_0 + a_1(t - t_0) + a_1(t - t_0)^2 \qquad （6-6）$$

$$t = t_{pj} - \Delta t_j \qquad （6-7）$$

式中，t 为观测时间；t_0 为卫星钟基准时间。

设 p 点的地心坐标为 X_p、Y_p 和 Z_p，则 p 点至卫星 i 的实际距离为

$$S_i = \sqrt{(X_i - X_p)^2 + (Y_i - Y_p)^2 + (Z_i - Z_p)^2} \qquad （6-8）$$

将式（6-8）代入式（6-5）得

$$p_{pi} = \sqrt{(X_i - X_p)^2 + (Y_i - Y_p)^2 + (Z_i - Z_p)^2} + c\tau + c(\Delta t_i - \Delta t_j) \qquad （6-9）$$

在式（6-9）中，τ 为大气修正，可参考空间大气模型进行修正。这时，式（6-9）中只有 4 个未知量，X_p、Y_p、Z_p、$\Delta t_i - \Delta t_j$。需要同时观测 4 颗卫星，可以得到式（6-9）的 4 个方程，这些非线性方程可以通过线性化方法或者卡尔曼滤波技术进行求解，得到 P 点的坐标 X_p、Y_p、Z_p。

以上即为 GPS 定位的原理分析，通常，由此得到的定位数据还需进一步进行差分运算，减小误差，从而得到更为准确的定位信息。

（三）GPS 的特点

1. 能够全球全天候定位，因为 GPS 卫星的数目较多，且分布均匀，保证了地球上任何地方任何时间至少可以同时观测到 4 颗 GPS 卫星，确保实现全球全天候连续的导航定位服务。

2. 覆盖范围广，能够覆盖全球 98% 的范围，可满足位于全球各地或近地空间的军事用户连续精确地确定三维位置、三维运动状态和时间的需要。

3. 定位精度高，GPS 相对定位精度在 50 km 以内可达 6~10 m，100~500 km 可达 7~10 m，1000 km 可达 9~10 m。

4. 观测时间短，20 km 以内的相对静态定位仅需 15~20 min；快速静态相对定位测量时，当每个流动站与基准站相距 15 km 以内时，流动站观测时间只需 1~2 min；采取实时动态定位模式时，每站观测仅需几秒钟。

5. 可提供全球统一的三维地心坐标，可同时精确测定测站平面位置和大地高程。

6.测站之间无须通视，只要求测站上空开阔，这既可大大减少测量工作所需的经费和时间，也使选点工作更灵活，可省去经典测量中的传算点、过渡点等的测量工作。

二、差分全球导航定位系统

为了提高 GPS 定位精度，可以采用差分全球定位系统进行车辆的定位。差分全球导航定位系统（Differential Global Position System，DGPS）在 GPS 的基础上利用差分技术使用户能够从 GPS 系统中获得更高的精度。DGPS 系统由基准站、数据传输设备和移动站组成。

DGPS 实际上是把一台 GPS 接收机放在位置已精确测定的点上，组成基准站。基准站接收机通过接收 GPS 卫星信号，将测得的位置与该固定位置的真实位置的差值作为公共误差校正量，通过无线数据传输设备将该校正量传送给移动站的接收机。移动站的接收机用该校正量对本地位置进行校正，最后得到厘米级的定位精度。附近的 DGPS 用户接收到修正后的高精度定位信息。

根据 DGPS 基准站发送的信息方式可将 DGPS 定位分为三类，即位置差分、伪距差分和相位差分。这三类差分方式的工作原理是相同的，都是由基准站发送改正数，由移动站接收并对其测量结果进行改正，以获得精确的定位结果。所不同的是，发送改正数的具体内容不一样，其差分定位精度也不同。

（一）位置差分

位置差分是最简单的差分方法，适合于所有 GPS 接收机。位置差分要求基准站和移动站观测同一组卫星。安装在基准站上的 GPS 接收机观测 4 颗卫星后便可进行三维定位，解算出基准站的观测坐标。由于存在着轨道误差、时钟误差、大气影响、多径效应以及其他误差等，解算出的观测坐标与基准站的已知坐标是不一样的，存在误差。将已知坐标与观测坐标之差作为位置改正数，通过基准站的数据传输设备发送出去，由移动站接收，并且对其解算的移动站坐标进行改正。最后得到的改正后的移动坐标已消去了基准站和移动站的共同误差，例如卫星轨道误差、大气影响等，提高了定位精度。位置差分法适用于用户与基准站间距离在 100 km 以内的情况。

（二）伪距差分

伪距差分是目前用途最广的一种技术。几乎所有的商用 DGPS 接收机均采用这种技术。利用基准站已知坐标和卫星星历可计算出基准站与卫星之间的计算距离，将计算距离与观测距离之差作为改正数，发送给移动站，移动站利用此改正数来改正测量的伪距。最后，用户利用改正后的伪距来解出本身的位置，就可消去公共误差，提高定位精度。

与位置差分相似，伪距差分能将两站公共误差抵消，但随着用户到基准站距离的增加又出现了系统误差，这种误差用任何差分法都是不能消除的。用户和基准站之间的距离对精度有决定性影响。

（三）相位差分

相位差分技术是建立在实时处理两个测站的载波相位基础上的，它能实时提供观测点的三维坐标，并达到厘米级的高精度。

与伪距差分原理相同，由基准站通过数据传输设备实时将其载波观测量及站坐标信息一同传送给移动站。移动站接收 GPS 卫星的载波相位与来自基准站的载波相位，并组成相位差分观测值进行实时处理，能实时给出厘米级的定位结果。

实现载波相位差分 GPS 的方法有修正法和差分法。前者与伪距差分相同，基准站将载波相位修正量发送给移动站，以改正其载波相位，然后求解坐标；后者将基准站采集的载波相位发送给移动站，进行求差解算坐标。前者为准载波相位差分技术，后者为真正的载波相位差分技术。

第二节　北斗卫星导航定位系统

北斗卫星导航定位系统是中国自行研制开发的区域性有源三维卫星定位与通信系统，是继美国的 GPS、俄罗斯的 GLONASS 之后第三个成熟的卫星导航定位系统。北斗卫星导航定位系统致力于向全球用户提供高质量的定位、导航和授时服务，其建设与发展则遵循开放性、自主性、兼容性、渐进性这 4 项原则。

一、北斗卫星导航定位系统的组成

北斗卫星导航定位系统由空间段、地面段和用户段三部分组成，如图 6-3 所示。

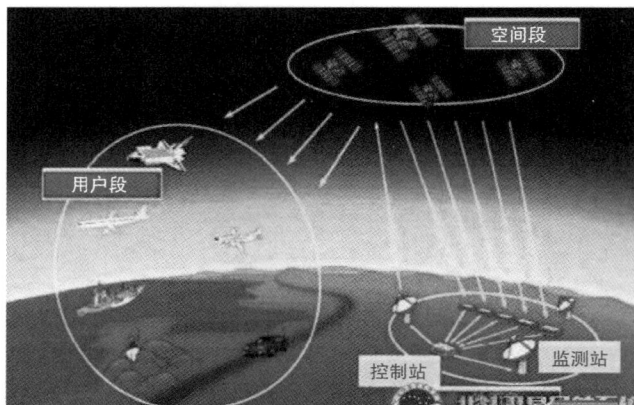

图 6-3　北斗卫星导航定位系统的组成

空间段包括 5 颗静止轨道卫星和 30 颗非静止轨道卫星；地面段包括主控站、注入站和监测站等若干个地面站；用户段由北斗用户终端以及与美国 GPS、俄罗斯的 GLONASS、欧洲的 GALILEO 等其他卫星导航系统兼容的终端组成。

二、北斗卫星定位原理

北斗一代和北斗二代定位系统都是采用伪距法进行导航定位。该方法的基本定位思想是三球交汇定位原理。北斗一代系统由于其观测量较少并且其工作方式是有源定位，使得北斗一代与北斗二代在定位原理和精度有所不同。

（一）北斗一代卫星定位原理

北斗一代卫星导航定位系统的定位原理是基于三球交汇原理进行定位，以两颗卫星的已知坐标为球心，两球心至用户的距离为半径，可画出两个球面，用户机必然位于这两个球面交线的圆弧上。另一个球面是以地心为球心，画出以用户所在位置点至地心的距离为半径的球面，三个球面的交汇点即为用户位置。

由上述原理可得，地面中心到双星的两个伪距分别为

$$\rho_1 = 2(R_1 + S_1) = c\Delta t_1 \tag{6-10}$$

$$\rho_2 = 2(R_2 + S_2) = c\Delta t_2 \tag{6-11}$$

式中，ρ_1、ρ_2 分别是第一个和第二个伪距观测量；S_1、S_2 分别是地面中心至双星距离；R_1、R_2 分别是用户设备至双星距离；Δt_1、Δt_2 分别是在地面中心的电文经

过两个卫星及用户之间的时间偏差。

S_1、S_2 和地面中心站的坐标都是已知的，即 S_1（x_1,y_1,z_1）、S_2（x_2,y_2,z_2）和（x_0，y_0，z_0）。设接收机坐标为（x，y，z），则

$$S_i = \sqrt{(x_i - x_0)^2 + (y_i - y_0)^2 + (z_i - z_0)^2} \qquad （6-12）$$

$$R_i = \sqrt{(x_i - x)^2 + (y_i - y)^2 + (z_i - z)^2} \qquad （6-13）$$

式中，$i=1$，2。

将式（6-12）和（6-13）代入式（6-10）和（6-11）中，可以求得用户坐标的三个未知量的两个方程。此时需要用到用户所处位置的高程值来解算用户位置。设该高程值为 H，则

$$H = \sqrt{x^2 + y^2 + z^2} \qquad （6-14）$$

（二）北斗二代卫星定位原理

北斗二代是典型的 RNSS 系统。北斗二代系统定位原理与 GPS 类似，至少需要 4 颗卫星，其伪距为

$$p_i(x_u) = \sqrt{(x_u - x_{si})^2 + (y_u - y_{si})^2 + (z_u - z_{si})^2} + n_i + c\Delta t \qquad （6-15）$$

式中，ρ_i 是第 i 颗卫星的伪距；$x_u=[x_u，y_u，z_u，\Delta t]$ 为所要求解的变量；$x_u=[x_u，y_u，z_u]$ 为接收机位置；Δt 为卫星时钟的钟差；$[x_{si}，y_{si}，z_{si}]$ 是定位卫星的位置；n_i 是卫星各个观测量的伪距误差；$i = 1$，2，3，4。求解式（6-15）即可得到用户位置。

三、北斗卫星导航定位系统的功能

北斗卫星导航定位系统具有以下功能。

短报文通信。北斗系统用户终端具有双向报文通信功能，用户可以一次传送 40~60 个汉字的短报文信息。

精密授时。北斗系统具有精密授时功能，可向用户提供 20~100 ns 时间同步精度。

定位精度。水平精度 100 m（1σ），设立标校站之后为 20 m（类似差分状态）；工作频率为 2491.75 MHz。

最大用户数。每小时 540 000 户。

北斗卫星导航定位系统可在全球范围内全天候及全天时为各类用户提供高精度和高可靠定位、导航、授时服务，并具有短报文通信能力，已经初步具备区域导航、定位和授时能力。

第三节 车载导航定位系统

一、车载导航定位系统组成

一个典型的车载导航定位系统通常包括定位模块、数字地图和无线通信模块等。

定位模块是所有车载导航定位系统中的关键元件。为了帮助用户得到位置信息，给用户提供恰当的向导或者给监控器提供位置信息，车载定位必须精准。常用的定位技术有航位推算（DR）和GPS。

车辆航位推算（Dead Reckoning，DR）方法是一种常用的自主式车辆定位技术。相对于GPS系统，它不用发射接收信号，不受电磁波影响，机动灵活，只要车辆能达到的地方都能定位。但是由于这种定位方法的误差随时间推移而发散，所以只能在短时间内获得较高的精度，不宜长时间单独使用。

DR是利用载体上某一时刻的位置，根据航向和速度信息，推算得到当前时刻的位置，即根据实测的汽车行驶距离和航向计算其位置和行驶轨迹。它一般不受外界环境影响，但由于其本身误差是随时间积累的，所以单独工作时不能长时间保持高精度。

DR的主要原理是利用DR传感器测量位移矢量，从而推算车辆的位置。航位推算原理图如图6-4所示。其中，(x_i, y_i)（$i = 1, 2, \cdots$）是车辆在t_i时刻的初始位置，航向角θ_i和行驶距离s_i分别是车辆从t_i时刻到t_{i+1}时刻的绝对航向和位移矢量长度。

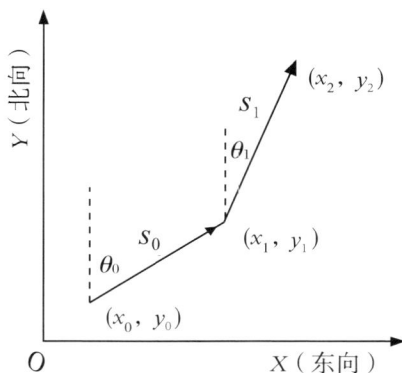

图 6-4　航位推算原理图如所示

由图 6-4 可推得

$$x_k = x_0 + \sum_{i=0}^{k-1} s_i \sin \theta_i \qquad （6-16）$$

$$y_k = y_0 + \sum_{i=0}^{k-1} s_i \cos \theta_i \qquad （6-17）$$

式中 x，x_k，y_k（$k = 1$，2，…）是车辆在 t_k 时刻的位置。

由此可见，航位推算必须通过其他手段提供车辆初始位置和初始航向角，位移和航向角的变化量要实时采样，而且采样频率要足够高，这样就可以近似认为采样周期内车辆加速度为零。航位推算的误差随距离和时间积累，不能长期单独使用，可以借助于 GPS 系统对其定位误差进行补偿。

无线通信模块是车辆定位和导航中的关键器件。除了提供个人呼叫以外，还提供一种语音数据转换信道，以便驾驶员获得一些信息，诸如实时交通信息、天气和旅行信息等。作为交通管制中心，可以通过无线移动通信网络得到路网中汽车的信息，并为其提供相应的服务。

定位模块通过与无线通信模块、数字地图等相结合，可以实时更新位置信息，提高定位精度。

二、GPS/DR 组合导航定位系统

GPS/DR 组合导航定位系统由 GPS 以及电子罗盘、里程计和导航计算机等组成。

GPS 独立给出车辆所在位置的绝对经度、纬度和海拔高度；电子罗盘作为航向传感器测量车辆的航向；里程计测量汽车单位时间内行驶的里程；导航计算机采集各传感器数据并做航迹推算、GPS 坐标变换及相关数据预处理，由融合算法融合估计出车辆的动态位置。GPS/DR 组合导航定位系统是一种相对低成本的导航系统，在这个系统上进行 GPS/DR 数据融合，可以实现较高精度的导航定位。

要实现 GPS/DR 组合定位的关键在于如何将两者的数据融合以达到最优的定位效果。目前，关于 GPS/DR 组合的数据融合方法很多，最常见也是使用最广泛的就是卡尔曼滤波方法。将卡尔曼滤波应用于 GPS/DR 组合定位系统当中，就是将 GPS 和 DR 的定位信息综合用于定位求解，通过卡尔曼滤波来补偿修正 DR 系统的状态，同时滤波之后的输出又能够为 DR 系统提供较为准确的初始位置和航向角，从而能够获得比单独使用任意一种定位方法都更高的定位精度和稳定性。

第四节　蜂窝无线定位技术

蜂窝定位是一种无线电定位，使用无线电波进行传播。现有无线定位系统基本都是采用相同或相似的定位方法和技术，绝大多数都是通过计算目标移动台的位置来定位，计算位置时需要用到的定位参数是通过测量传播于多个基站和移动台之间的定位信号获得。常用的无线定位方法主要有 AOA 定位、TOA 定位、TDOA 定位等。

一、AOA 定位

信号到达角度（AOA）定位方法也称方位测量定位方法，是由两个或多个基站接收到移动台的角度信息，然后利用其计算移动台的位置，如图 6-5 所示。

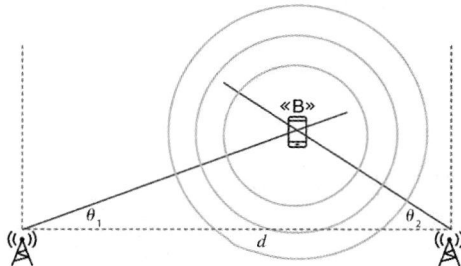

图 6-5　AOA 定位原理

假设有两个基站 BS1 和 BS2，θ_1 和 θ_2 分别是移动台 MS 到两个基站 BS1 和 BS2 的达到角度，则

$$\tan\theta_i = \frac{x - x_i}{y - y_i} \qquad (6-18)$$

求解式（6-18），可估算出移动台位置（x，y）。

二、TOA 定位

TOA 是基于时间的定位方法，称为圆周定位。它是通过测量两点间电波传播时间来计算移动台的位置。如果能够获取三个以上基站到移动台的传播时间，那么移动台在以（x_i，y_i）为圆心，以 c_{ti} 为半径的圆上，就能得出移动台的位置，如图 6-6 所示。

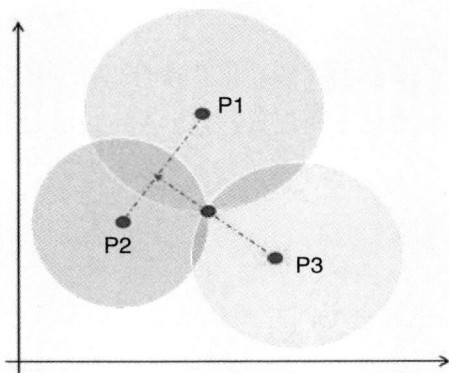

图 6-6　TOA 定位

BS_1、BS_2、BS_3 是三个基站，R_i 表示基站 i 与移动台 MS 之间的直线距离，则移动台应该位于半径为 R_i、圆心在基站 i 所在位置的圆周上。记移动台的位置坐标为（x_0，y_0），基站位置的坐标为（x_i，y_i），则两者之间满足如下关系。

$$(x_i - x_0)^2 + (y_i - y_0)^2 = R_i^2 \qquad (6-19)$$

在实际无线电定位中，已知电磁波在空中的传播速度 c，如果能够测得电磁波从移动台到达基站 i 的时间 TOA 为 t_i，则可以求出基站与目标移动台的距离 $R_i = ct_i$，取 i = 1，2，3，联立式（6-19）构成三个方程组，可以求得移动台位置坐标（x_0，y_0）。

三、TDOA 定位

TDOA 定位也称双曲线定位。它是利用移动台到达不同基站的时间不同，获取到达各个基站的时间差，建立方程组，求解移动台位置，这种定位要求各个基站时间必须同步。移动台位于以两个基站为交点的双曲线上，通过建立两个以上双曲线方程，求解双曲线交点即可得到移动台的二维坐标位置。

基站与移动台之间距离差通过测量信号从两个基站同时出发到达移动台或从移动台出发到达两基站的时间差 t_{21} 和 t_{31} 来确定，即 $R_{21} = R_2 - R_1 = c \times t_{21}$，$R_{31} = R_3 - R_1 = c \times t_{31}$。移动台坐标（$x_0$，$y_0$）和基站坐标（$x_i$，$y_i$）（$i = 1$，$2$，$3$）之间的关系为

$$\left[\sqrt{(x_0 - x_2)^2 + (y_0 - y_2)^2} - \sqrt{(x_0 - x_1)^2 + (y_0 - y_1)^2} \right]^2 = R_{21}^2 \qquad （6-20）$$

$$\left[\sqrt{(x_0 - x_3)^2 + (y_0 - y_3)^2} - \sqrt{(x_0 - x_1)^2 + (y_0 - y_1)^2} \right]^2 = R_{321}^2 \qquad （6-21）$$

求解式（6-20）和式（6-21）能获得移动台坐标，然后根据先验信息，消除位置的模糊性，求得移动台的真实位置。TDOA 定位法是目前各种蜂窝网络中主要采用的定位方法。

四、混合定位

混合定位技术就是把各种不同的测量信息和特征值进行融合对移动台进行定位的技术。常见的混合定位技术有 TDOA/AOA、TDOA/TOA、TOA/AOA、TDOA/ 场强定位等。

场强定位的基本原理与到达时间定位原理相似，移动台利用接收到的场强值大小来求解移动台的位置。场强定位容易受到外界周围环境的影响，定位精度不高。

第五节　导航中的路径规划技术

汽车导航中的路径规划是指在一定环境模型基础上，给定汽车起始点和目标点后，按照性能指标规划出一条无碰撞、能安全达到目标点的有效路径。路径规划主要包含两个步骤：建立环境模型，将现实的环境进行抽象后建立的相关模型；

路径搜索，即寻找符合条件的最优路径。不同的环境模型对路径搜索方法具有非常显著的影响。

一、环境模型建立方法

环境模型建立方法主要有可视图法、栅格法、自由空间法和拓扑法等。

（一）可视图法

在 C 空间（Configuration Space，位姿空间）中，运动物体缩小为一点，障碍物边界相应地向外扩展为 C 空间障碍。在二维的情况下，扩展的障碍物边界可由多个多边形表示，用直线将物体运动的起点 S 和所有 C 空间障碍物的顶点以及目标点 C 连接，并保证这些直线段不与 C 空间障碍物相交，就形成一张图，称之为可视图。由于任意两直线的顶点都是可见的，因此，从起点 S 沿着这些直线到达目标点的所有路径均是运动物体的无碰路径。对图搜索就可以找到最短的无碰安全运动路径。搜索最优路径的问题就转化为从起点到目标点经过这些可视直线的最短距离问题。

可视图法的优点是概念直观，实现简单；缺点是缺乏灵活性，一旦车辆的起始点和目标点发生改变，就要重新构造可视图，而且算法的复杂性和障碍物的数量成正比，且不是任何时候都可以获得最优路径。

（二）栅格法

栅格法是用栅格单元表示整个的工作环境，将自主车辆的连续工作环境离散化分解成一系列的网格单元，一般情况下，栅格大小与自主车辆的尺寸相同，尽量把自主车辆的工作环境划分为尺寸大小相同的栅格，但是也有尺寸大小不同的情况，主要还是根据实际情况来定。自主车辆的整个工作环境划分后的栅格分为两种，即自由栅格和障碍栅格。自由栅格指的是某一栅格范围内不含有任何障碍物；障碍栅格指的是这个栅格范围内存在障碍物，有的时候可能整个栅格内都布满障碍物，有的时候可能只有栅格的一部分是障碍物，但是只要有障碍物的存在就被称为障碍栅格。

栅格的标识方法有直角坐标法和序号法两种。直角坐标法以栅格左上角第一个栅格为坐标原点，水平向右为 x 轴正方向，竖直向下为 y 轴正方向，每一个栅格区间对应于坐标轴上一个单位长度。序号法就是从栅格阵左上第一个栅格开始，按照先从左至右，从上至下的顺序给每一个栅格一个编号。

均匀分解法中栅格大小均匀分布，占据栅格用数值表示。均匀分解法能够快速直观地融合传感器信息，但是，它采用相同大小栅格会导致存储空间巨大，大规模环境下路径规划计算复杂度增高。

为了克服均匀分解法中存储空间巨大的问题，递阶分解法把环境空间分解为大小不同的矩形区域，从而减少环境模型所占空间。递阶分解法的典型代表为四叉树分解法和八叉树分解法。八叉树分解法是 2D 四叉树结构在 3D 空间的扩展，用层次式的 3D 空间子区域划分来代替大小相等、规则排列的 3D 栅格，能够较好地表示三维空间。

栅格法对环境空间的划分方法和操作都比较简单，有一致的规则，较容易实现。但由于连续的工作空间被划分为离散的栅格空间，没有考虑环境本身固有的一些特点，这就使得栅格属性代表的信息具有片面性，并且栅格法对栅格大小的划分有很大的依赖性，当栅格划分较小且当环境很复杂时，搜索空间会急剧增大，算法的效率就会相当低。

（三）自由空间法

自由空间法是采用预先定义的如广义锥形和凸多边形等基本形状构造自由空间，并将自由空间表示为连通图，然后通过搜索连通图来进行路径规划。

自由空间法比较灵活，起始点和目标点的改变不会造成连通图的重构，但算法的复杂程度与障碍物的多少成正比，且不是任何情况下都能获得最短路径。

（四）拓扑法

拓扑法基本思想是降维法，即将在高维几何空间中求路径的问题转化为低维拓扑空间中判别连通性的问题。将规划空间分割成具有拓扑特征一致的子空间，根据彼此连通性建立拓扑网络，在网络上寻找起始点到目标点的拓扑路径，最终由拓扑路径求出几何路径。

拓扑法中自主车辆所处的环境用图形来表示，不同的地点用点来表示，不同点的相邻可达性用弧来表示。拓扑法的优点是不管环境多么复杂，都能找到无碰路径；缺点是建立拓扑网络的过程相当复杂，其计算量十分庞大，在障碍物数量增多或障碍物位置改变的时候，修改原来的拓扑网络是很棘手的问题。

总之，环境模型建立方法很多，可以根据具体情况选择，也可以把几种方法结合起来。

二、路径规划的经典算法

路径规划的经典算法主要有 Dijkstra 算法、A* 算法、D* 算法等。

（一）Dijkstra 算法

Dijkstra 算法是最经典的路径搜索算法，寻找解的质量稳定，计算速度快。Dijkstra 算法使用全局搜索，不但能够保证在一个区域当中找到两个坐标之间的最短路径，而且能够找到区域中某一点到其他点中的最短路径。

Dijkstra 算法的基本思想：若每个点都设有一个坐标（d_j，p_j），其中 d_j 是原点 O 到某一点顶的一条长度最短的路径；p_j 则是 d_j 的前一个点。求解从原点 O 到某一点 j 的路径中最短的一条路径，其算法步骤如下。

1. 判断路径规划的可行性，即起始点和终点的选择是否可行和存储节点的容器是否正确，将存放节点的容器初始化，然后把所有结点粘贴到临时缓存。

2. 首先查找离第一个节点最近的相关节点和两者之间的道路信息，并把它们都存储起来，然后查找与之距离最短的一个节点是不是终点，假如是终点，那么将节点存储起来，返回；若不是，则从暂时缓存中删除第一个节点，执行下一步操作。

3. 寻找离目前中间点最近的一个节点，将此节点存储起来。

4. 再次判断目前节点是不是线路规划的终点，假如是则返回节点，若不是则可以删除临时缓存中的已分析节点，重新回到步骤 3。

Dijkstra 算法的核心方法就是对当前网络中存在的所有节点开始查找，找到第一个节点到任意一个节点的最短线路。这种方法并没有考虑到任何节点是否存在方向性，因此 Dijkstra 算法具有比较好的计算可靠性、稳定性，但同时也存在着缺点，在范围较大的路径规划中，Dijkstra 算法计算效果不是很好。

（二）A* 算法

在静态路径下的规划算法中常用的算法为 A* 算法。它是一种启发式搜索策略，能根据求解问题的具体特征，控制搜索往最可能达到目的地的方向前进。这种搜索策略针对问题本身特点进行，因而比完全搜索的方法效率要高很多，它往往只需要搜索一部分状态空间就可以达到目的地。

A* 算法是目前最为流行的最短路径启发式搜索算法，它充分运用问题域状态空间的启发信息，对问题求解选取比较适宜的估价函数，再利用估价函数的反馈结果，对它的搜索战略进行动态的调节，最终得到问题的最优解。A* 算法给

出的估价函数为

$$f(j) = g(j) + h(j) \qquad (6-22)$$

式中，$f(j)$ 为估价函数；$g(j)$ 为从原点到当前节点 j 的代价；$h(j)$ 为从当前节点 j 到目标节点之间的最小代价的估计函数。

当 $h(j) = 0$ 时，即 $h(j)$ 没有用到任何启发式信息，此种情况下，A* 算法会演变衰退为一般的 Dijkstra 算法。因此，在一般情况下，$h(j)$ 到底为何种样式应该按照待求问题的实际情况而定，但是它务必要使估价函数中的 $h(j)$ 项小于等于点 j 到目标节点的实际最小代价，根据这样的搜索策略，就肯定可以找到最优解。

在最短路径问题中，$h(j)$ 可选择为当前顶点到目标顶点的直线距离 $d(j)$，而 $g(j)$ 则选择为原点到当前节点的实际距离 $d^*(j)$，则估价函数为

$$f(j) = d^*(j) + h(j) \qquad (6-23)$$

A* 算法步骤如下。

① 赋给初始值，初始化所有节点、临时缓存和关联容器。

② 计算初始节点和各个相关节点的权值 $f(j)$，然后保存起来，从中获得权值最小的节点，并保存该节点，最后把它从节点存储器中去掉。

③ 计算该节点是不是终点，假如是终点就返回节点，若不是终点就接着计算下一步。

④ 获得所有的中间节点与相关节点的权值 $f(j)$，然后开始判断，假如这个节点没有保存，那么把这个节点存储起来；假如这个节点已经保存，比较这个节点的权值和已保存节点的权值大小，如果不大于已保存权值，则开始更新替换。

⑤ 查找中间点的关联节点中权值最小的一个节点，将该节点保存，然后将其从节点缓存中去掉，并转到步骤③。

A* 算法的独特之处在于使用估价模型函数，这种算法会自动地使运算结果趋向于目的地，因此，它查找的节点越少，存储空间被占用得越少。与其他算法相比，如果它们的时间复杂度是一样的，A* 算法在实际应用中效果会更优越。

（三）D* 算法

A* 算法主要是在静态的环境下进行最短路径规划，但在实际环境下，可能由于交通环境复杂，路面的行人、路障、非机动车辆、机动车辆以及其他各种动态障碍物都会影响车辆的行进，所以有必要进行路径的动态规划。典型的动态规

划算法为 D* 算法。

D* 算法步骤如下。

① 利用 A* 算法对地图上给定的起始点和目标点进行路径规划，建立 OPEN 表和 CLOSED 表，存储规划路径上的每一路点到目标路点的最短路径信息。

② 在车辆对规划出的路径进行跟踪时，当下一个路点没有障碍能够通行时，则对上面规划出的路径从起始路点向后追溯到目标路点，直至车辆到达目的地。当在跟踪到某一路点 Y 时，检测到在下一路点处有障碍发生，则在当前路点处重新建立对后续路点的规划，保存障碍物之前的路点在 OPEN 表和 CLOSED 表里的信息和指针，删除障碍物之后路点在 OPEN 表和 CLOSED 表里的信息和后继指针。

③ 利用 A* 算法从当前路点 Y 开始向目标路点进行规划，重新规划得到最短路径。回到步骤②。

三、路径规划的智能算法

路径规划的智能算法主要有遗传算法、模拟退火算法、蚁群算法等。

（一）遗传算法

遗传算法（Genetic Algorithm，GA）是目前自主车辆路径规划中常用的一种算法。它是利用达尔文的生物自然遗传选择和生物自然淘汰的进化来实现的数学模型。遗传算法源于自然进化规律和遗传基因学，并且拥有"生成"与"检测"这种叠加顺序的查询算法。遗传算法把整个蚁群当中每个成员作为研究对象，而且通过随机化方法去控制当前被编码的参数空间进行查询。遗传算法的主要流程是选择、交叉、变异。遗传算法可以直接对蚁群对象操作，没有必要考虑函数导数与连续性的限制。遗传算法内部存在良好并行处理能力和优秀的全局查询特色。遗传算法通过概率化的方法，能自动获得查询空间，自动地改变查询方向，不需要有明确的规定。遗传算法目前已成为较新颖的查询方法，它的计算方法不复杂，高效、实用，而且有较好的鲁棒性，适用于并行处理领域。

遗传算法步骤如下。

① 初始化。设定起始群体 $P(0)$，生成 N 个个体，设定进化代数变量 $t=0$，设定 T 最大进化代数。

② 个体评价。获得群体 $P(t)$ 中每个样本的适应度。

③ 选择计算。选择是为了把优秀的个体或通过交配产生新的个体传到下一代。

④ 交叉计算。将最核心的交叉算子作用于群体。

⑤ 变异计算。把总群中的每个个体的一些基因座上的基因值改动。种群 $P(t_1)$ 是种群 $P(t)$ 历经选择、交叉、变异产生的。

⑥ 结束判断。当 $t = T$ 时，停止计算，输出具有最大适应度的个体。

（二）模拟退火算法

模拟退火（Simulated Annealing，SA）算法是求解规划问题中的最优值，方法是利用热力学中经典粒子系统的降温过程。当孤立的粒子系统的温度缓慢降低时，粒子系统会保持在热力学平衡稳定的状态，最终体系将处于能量最低的情况，简称基态。基态是能量函数的最小点。模拟退火算法能够有效地解决复杂的系统优化问题，并且限制性约束较小。

模拟退火算法步骤如下。

① 设定初始值，包括温度 T_0 及函数值 $f(x)$。

② 计算函数差值 $\Delta f = f(x') - f(x)$。

③ 若 $\Delta f > 0$，可把新点作为下一次计算的初始值。

④ 若 $\Delta f < 0$，则计算新接受概率：$p(\Delta f) = \exp(-\Delta f / KT)$，产生 [0，1] 区间上均匀分布的伪随机数 r，r 属于 [0，1]，根据 $p(\Delta f)$ 与 r 值的大小来判断下一次值的选取。

如果根据退火方案把温度进一步降低，循环执行上述步骤，这样就形成了模拟退火算法。假如此时系统的温度降到足够低，就会以为目前就是全局最优的状态。

（三）蚁群算法

蚁群算法（Ant Colony Algorithm，ACA）寻找最优解是效仿了真实蚂蚁的寻径行为，利用蚂蚁之间的相互通信与相互合作。蚁群算法与其他进化算法的相似之处：首先都是一种随机查找算法；其次，都是利用候选解群体的进化来寻找最优解，具有完善的全局优化能力，不依赖于特定的数学问题。

通过蚁群算法求解某些比较复杂的优化问题时，则将体现出该算法的优越性，同时蚁群算法自身也具有不少缺陷。蚁群算法具有以下优点。

① 蚁群算法在优化问题领域具有很强的搜索较优解的能力，因为它能够把一些常用的分布式计算、贪婪式搜索等特点综合起来，并且是一种正反馈机制的算法。想要快速地发现较优解，可利用正反馈机制得到，而过早收敛现象可由分布

式计算来排除。这样在查找过程的前期，就会找到可实施的方法。同样，若要减少查找过程消耗的时间，可通过贪婪式搜索来实现。

② 蚁群算法具有很强的并行性。

③ 蚁群中蚂蚁之间通过信息素展开协同合作，则系统会有比较好的可扩展性。

蚁群算法也具有以下缺陷。

① 蚁群算法需要消耗比较多的时间来查找。尤其是在群体规模较大时，由于蚁群中的蚂蚁活动是任意的，即使利用信息交换都可以找到最优路径，但在不是很长的时间里，很难发现一条比较好的线路。由于在刚开始寻找路径时，各线路上的信息浓度大小几乎是相同的，这样就存在一定困难。虽然利用正反馈方法反馈信息，能够让好线路上的信息量越来越多，但是需要消耗很长的时间间隔，才能使较多的信息量出现在较好的路径上，伴随正反馈的不断进行，会产生明显的差别，从而得到最好的路径。这一过程需要较长时间。

② 当查找过程进行到一定阶段时，蚁群中蚂蚁查找到的解相同，很难能够再深层次去查找得到更好的解，使算法出现停滞现象。

除了上述算法之外，还有其他很多算法，如基于广度优先搜索、深度优先搜索、最小生成树、神经网络、层次空间推理等。

第七章 智能网联汽车驾驶辅助技术

第一节 先进驾驶辅助系统定义和类型

一、先进驾驶辅助系统定义

先进驾驶辅助系统（Advanced Driver Assistance Systems，ADAS）是利用环境感知技术采集汽车、驾驶员和周围环境的动态数据并进行分析处理，通过提醒驾驶员或执行器介入汽车操纵以实现驾驶安全性和舒适性的一系列技术的总称，如图 7-1 所示。

二、先进驾驶辅助系统类型

先进驾驶辅助系统按照环境感知系统的不同可以分为自主式和网联式两种。

（一）自主式先进驾驶辅助系统

自主式先进驾驶辅助系统是基于车载传感器完成环境感知，依靠车载中央控制系统进行分析决策，技术比较成熟，多数已经装备量产车型。

自主式先进驾驶辅助系统按照功能可以分为避险辅助类、视野改善类、倒车/泊车辅助类、驾驶员状态监测类等。

图 7-1 汽车先进驾驶辅助系统

避险辅助类。避险辅助是指自动监测车辆可能发生的碰撞危险并提醒，必要时系统会主动介入，从而防止发生危险或减轻事故伤害。避险类先进驾驶辅助系统主要有汽车自适应巡航控制系统（ACC）、车道偏离预警系统（LDW）、车道保持辅助系统（LKA）、汽车并线辅助系统、汽车自动刹车辅助系统（AEB）等。

视野改善类。视野改善是指提高在视野较差环境下的行车安全。视野改善类先进驾驶辅助系统主要有汽车自适应前照明系统、汽车夜视辅助系统、汽车平视显示系统等。

倒车 / 泊车辅助类。倒车 / 泊车辅助是指辅助驾驶员进行倒车、泊车操作，防止在该过程中发生碰撞危险。倒车 / 泊车类先进驾驶辅助系统主要有倒车影像监视系统、全方位车身影像系统、自动泊车辅助系统等。

驾驶员状态监测类。驾驶员状态监测是通过监测驾驶员自身的身体状态及驾车行为，以保证驾驶员处于安全健康的驾车状态。驾驶员状态监测先进驾驶辅助系统主要有驾驶员疲劳检测系统、禁酒闭锁系统等。

（二）网联式先进驾驶辅助系统

网联式先进驾驶辅助系统是基于车与外界的通信互联完成环境感知，依靠云端大数据进行分析决策，例如汽车自动引导系统等，处于试验阶段。

网联式先进驾驶辅助系统功能主要有交通拥挤提醒、闯红灯警示、弯道车速警示、停车标志间隙辅助、减速区警示、限速交通标志警示、现场天气信息警示、违反停车标志警示、违规穿过铁路警示、过大车辆警示等。警示不仅告知车辆和驾驶员违反安全，而且可以通过 V2V、V2I 警示附近的车辆，从而协助防止相撞，例如有车辆在十字路口的死角闯红灯或违反停车标志时。

目前主要以自主式先进驾驶辅助系统为主，网联式先进驾驶辅助系统处于试验中，自主式和网联式融合是智能网联汽车先进驾驶辅助系统的发展趋势。

汽车先进驾驶辅助系统包括导航、实时交通系统 TMC、电子警察系统 ISA、车联网、自适应巡航 ACC、车道偏移预警系统 LDWS、车道保持系统、碰撞避免或预碰撞系统以及夜视系统。

第二节　汽车自适应巡航控制系统

一、汽车自适应巡航控制系统定义

汽车自适应巡航控制系统（Adaptive Cruise Control，ACC）是在定速巡航控制系统基础上发展起来的新一代汽车先进驾驶辅助系统。它将汽车定速巡航控制系统（Cruise Control System，CCS）和车辆前向撞击报警系统（Forward Collision Warning System，FCWS）有机结合起来，既有定速巡航控制系统的全部功能，还可以通过车载雷达等传感器监测汽车前方的道路交通环境，一旦发现当前行驶车道的前方有其他前行车辆，将根据本车和前车之间的相对距离及相对速度等信息，对车辆进行纵向速度控制，使本车与前车保持安全距离行驶，避免追尾事故发生，如图 7-2 所示。

图 7-2　汽车自适应巡航控制系统

二、汽车自适应巡航控制系统组成

汽车典型 ACC 系统的基本组成如图 7-3 所示，主要由信息感知单元、电子控制单元（ECU）、执行单元和人机交互界面等组成。

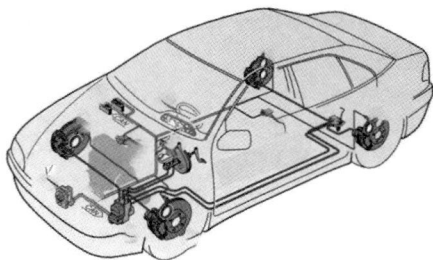

图 7-3　汽车典型 ACC 系统的基本组成

信息感知单元。主要用于向电子控制单元（ECU）提供适应巡航控制所需要的各种信息。它包括测距传感器、转速传感器、转向角传感器、节气门位置传感器、制动踏板传感器等。测距传感器用来获取车间距离信号，一般使用激光雷达或毫米波雷达；转速传感器用于获取实时车速信号，一般使用霍尔式转速传感器；转向角传感器应用于获取汽车转向信号；节气门位置传感器用于获取节气门开度信号；制动踏板传感器用于获取制动踏板动作信号。

电子控制单元（ECU）。ECU 根据驾驶员所设定的安全车距及巡航行驶速度，结合信息感知单元传送来的信息确定当前车辆的行驶状态，决策出车辆的控制作用，并输出给执行单元。例如当两车间的距离小于设定的安全距离时，ECU 计算实际车距和安全车距之比及相对速度的大小，选择减速方式，同时通过报警器向驾驶员发出报警，提醒驾驶员采取相应的措施。

执行单元。主要执行电子控制单元发出的指令，它包括油门控制器、制动控制器、档位控制器和转向控制器等，油门控制器用于调整节气门的开度，使车辆做加速、减速及定速行驶；制动控制器用于紧急情况下的制动；档位控制器用于控制车辆变速器的档位；转向控制器用于控制车辆的行驶方向。

人机交互界面。用于驾驶员设定系统参数及系统状态信息的显示等。驾驶员可通过设置在仪表盘或转向盘上的人机界面启动或清除 ACC 系统控制指令。启动 ACC 系统时，要设定当前车辆在巡航状态下的车速和与目标车辆间的安全距离，否则 ACC 系统将自动设置为默认值，但所设定的安全距离不可小于设定车速下交通法规所规定的安全距离。

三、汽车自适应巡航控制系统原理

在车辆行驶过程中，安装在车辆前部的车距传感器（雷达）持续扫描车辆前方道路，同时轮速传感器采集车速信号。当车辆前方无障碍物时，车辆按设定的速度巡航行驶；当行驶车道的前方有其他前行车辆时，ACC 系统电子控制单元将根据本车和前车之间的相对距离及相对速度等信息，通过与 ABS、发动机控制系统、自动变速器控制系统协调动作，对车辆纵向速度进行控制，使本车与前车始终保持安全距离行驶。

四、汽车自适应巡航控制系统状态

汽车 ACC 系统的状态可分为 ACC 关闭状态、ACC 等待状态和 ACC 工作状态三种。ACC 系统的状态及其转换如图 7-4 所示。

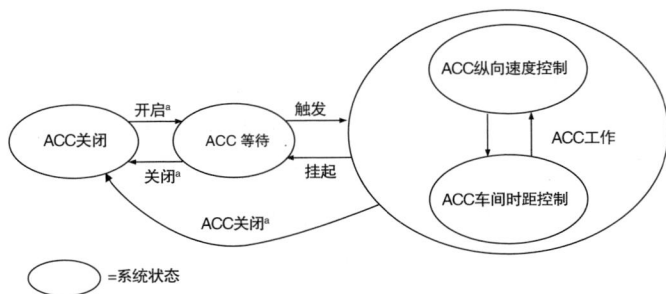

图 7-4　ACC 系统的状态及其转换

图 7-4 中，上角标 a 表示自检以后的手动和（或）自动操作。手动切换实现 ACC 的关闭与非关闭状态的转换，系统检测到错误后将自动关闭 ACC。

ACC 关闭状态。直接的操作动作均不能触发 ACC 系统。

ACC 等待状态。ACC 系统没有参与车辆的纵向控制，但可随时被驾驶员触发而进入工作状态。

ACC 工作状态。ACC 系统控制本车的速度和（或）车间时距。车间时距是指本车驶过连续车辆的车间距所需的时间间隔，它等于车间距与车速之比。

五、汽车自适应巡航控制系统要求

汽车 ACC 系统要求包括基本控制策略要求和基本性能要求。

（一）汽车 ACC 系统基本控制策略要求

1.当汽车 ACC 系统处于工作状态时，本车通过对速度的自动控制来与前车保持一定的车间时距或预先的设定速度（以两者中速度低者为准）。这两种控制模式之间的转换可由 ACC 系统自动完成。

2.稳定状态的车间时距可由系统自动调节或由驾驶员调节。

3.当本车的速度低于最低工作速度时，应禁止由"ACC 等待状态"向"ACC 工作状态"转换。此外，如果系统处于"ACC 工作状态"并且速度低于最低工作速度时，自动加速功能应被禁止，此时 ACC 系统可由"ACC 工作状态"自动转换为"ACC 等待状态"。

4.如果前方存在多部车辆，则 ACC 系统应自动选择跟随本车道内最接近的前车。

（二）汽车 ACC 系统基本性能要求

1. 控制模式。控制模式（车间时距控制和车速控制）应自行转换。

2. 车间时距。可供选择的最小稳态车间时距应适应各种车速下的 ACC 控制，并且至少应大于或等于 1 s，应提供一个在 1.5~2.2 s 区间内的车间时距。

3. 本车速度。ACC 系统可以控制本车的行驶速度。

4. 静止目标。对静止目标的响应不是 ACC 系统所具备的功能，如果 ACC 系统不能对静态目标做出响应，则应在车辆的用户使用手册中予以声明。

5. 跟踪能力。ACC 系统应具备相关标准中规定的探测距离、目标识别能力以及弯道适应能力。

六、汽车自适应巡航控制系统的作用

汽车 ACC 系统通过对车辆纵向运动进行自动控制，以减轻驾驶员的劳动强度，保障行车安全，并通过方便的方式为驾驶员提供辅助支持。

（一）汽车 ACC 系统的作用

1. 汽车 ACC 系统可以自动控制车速，但在任何时候驾驶员都可以主动进行加速或制动。当驾驶员在巡航控制状态下进行制动后，ACC 系统控制单元就会终止巡航控制；当驾驶员在巡航控制状态下进行加速后停止加速，ACC 系统控制单元会按照原来设定的车速进行巡航控制。

2. 通过测距传感器的反馈信号，ACC 系统控制单元可以根据靠近车辆物体的移动速度判断道路情况，并控制车辆的行驶状态；通过反馈式加速踏板感知的驾驶员施加在踏板上的力，ACC 系统控制单元可以决定是否执行巡航控制，以减轻驾驶员的疲劳。

3. 汽车 ACC 系统一般在车速大于 25 km/h 时才会起作用，当车速降低到 25 km/h 以下时，就需要驾驶员进行人工控制。通过系统软件的升级，ACC 系统可以实现"停车 / 起步"功能，以应对在城市中行驶时频繁的停车和起步情况。ACC 系统的这种扩展功能，可以使汽车在非常低的车速时也能与前车保持设定的距离。当前方车辆起步后，ACC 系统会提醒驾驶员，驾驶员通过踩油门踏板或按下按钮发出信号，车辆就可以起步行驶。目前奥迪和英菲尼迪等的一些车型都已经可以通过 ACC 系统自适应巡航跟车至 0 km/h，实现全速自适应巡航。

4. 汽车 ACC 系统使车辆的编队行驶更加轻松。ACC 系统控制单元可以设定自动跟踪的车辆，当本车跟随前车行驶时，ACC 系统控制单元可以将车速调整为与前车相同，同时保持稳定的车距，而且这个距离可以通过转向盘上的设置按钮进行选择。

5. 带辅助转向功能的自适应巡航控制系统不仅可以使车辆自动与前车保持一定间距，而且车辆还能够自动转向，使得驾驶过程更加安全舒适。

（二）汽车 ACC 系统工作模式

汽车 ACC 系统工作示意图如图 7-5 所示。共有 4 种典型的操作，即巡航控制、减速控制、跟随控制和加速控制。图中假设当前车辆设定车速为 100 km/h，目标车辆行驶速度为 80 km/h。

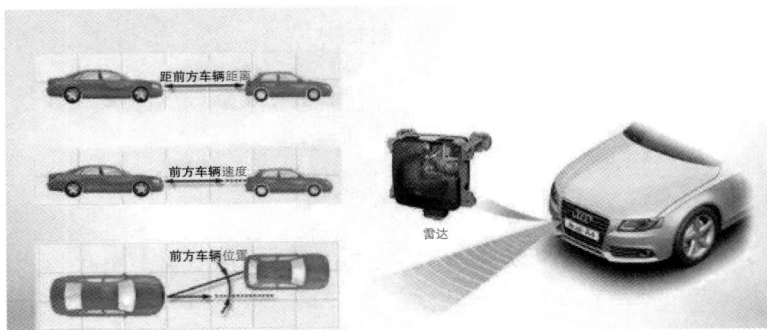

图 7-5　汽车 ACC 系统工作示意图

1. 巡航控制。巡航控制是汽车 ACC 系统最基本的功能。当前车辆前方无其他行驶车辆时，当前车辆将处于普通的巡航行驶状态，ACC 系统按照设定的行驶车速对车辆进行巡航控制。

2. 减速控制。当前车辆前方有目标车辆，且目标车辆的行驶速度小于当前车辆的行驶速度时，ACC 系统将控制当前车辆进行减速，确保两车间的距离为所设定的安全距离。

3. 跟随控制。当 ACC 系统将当前车辆车速减至理想的目标值之后采用跟随控制，与目标车辆以相同的速度行驶。

4. 加速控制。当前方的目标车辆加速行驶或发生移线，或当前车辆移线行驶使得前方又无行驶车辆时，ACC 系统将对当前车辆进行加速控制，使当前车辆恢复到设定的车速。

在恢复行驶速度后，ACC 系统又转入对当前车辆的巡航控制。当驾驶员参与车辆驾驶后，ACC 系统自动退出对车辆的控制。

七、汽车自适应巡航控制系统设定

汽车 ACC 系统的指令通过控制开关由驾驶员设定，如图 7-6 所示为某汽车 ACC 系统的控制开关，操作 ACC 所需的按键位于转向盘上，使用很简单，只用左手大拇指就够了。另外，按键的功能不唯一，可复用，如 SET 键还能以 10 为单位调整速度。模式选择主要有限速巡航和自适应巡航；车速有设定区间，如 30~150 km/h，在高速公路，设定的速度不要超过高速公路的限速，一般在 80~120 km/h 之间；车距选择一般由远及近有 5 个挡位供选择，选择多大的车距，要根据车速和路况决定，比如在高速公路，建议距离设定在较远的两个挡位。这些参数设定完，ACC 系统就可以工作了。

图 7-6　汽车 ACC 系统的控制开关

当汽车进入自适应巡航状态后，驾驶员右脚不用一直踩着油门，只要握好转向盘，控制行驶方向即可。如果驾驶员预见前方的路况比较复杂，担心 ACC 系统不能正确处理，只需轻踩刹车就可以解除 ACC 系统对车速的控制权。

对于带辅助转向功能的自适应巡航控制系统，当汽车进入自适应巡航状态后，驾驶员既不用踩着油门，也不用握转向盘，汽车能够自动跟随前车行驶。在遇到信号灯或者突发状态下，驾驶员踩下刹车，加速踏板，或者转动方向盘，车辆便会回归驾驶员的掌控中。

八、汽车自适应巡航控制系统应用实例

目前，汽车 ACC 系统在中高级轿车上得到了广泛的应用。

沃尔沃一款汽车的 ACC 系统如图 7-7 所示，通过设置在前风挡玻璃的摄像头以及隐藏在前格栅内的雷达来监测前方路况，在速度超过 30 km/h 时，按下转向盘上的启动键，就可以激活 ACC 系统。当前面有车时，车辆自动跟着前车行驶，

但不会超过设定的速度；如果前方没有车辆，就按设定的速度行驶。

图 7-7　沃尔沃 2017 款 XC60 汽车 ACC 系统

沃尔沃这款汽车 ACC 系统具有以下功能。

① 它在 0~200 km/h 的范围内都可以实现自动跟车。

② 对前车的识别能力强。当前车转弯或超过前车时，能快速捕捉到新的前车，继续自动跟车。

③ 如果有车辆插队驶入两车之间，ACC 系统会调节车速以保持之前设定的两车之间的安全距离。

④ 具有辅助超车功能。如果感觉前车较慢，当驾驶员打转向进入另外一条车道准备超车时，车辆会做瞬时加速以尽快超过前车。

未来汽车 ACC 系统将同其他的汽车电子控制系统相互融合，形成智能汽车电子控制系统，在卫星导航系统的指引下，利用环境感知技术和网络通信技术，实现自动驾驶功能。

第三节　车道偏离报警系统

一、车道偏离报警系统定义

车道偏离报警（Lane Departure Warning，LDW）系统是一种通过报警或振动等方式辅助驾驶员减少汽车因车道偏离而发生交通事故的系统。该系统通过摄像头检测前方车道线，计算出车身与车道线之间的距离，判断汽车是否偏离车道；

在驾驶员无意识（未打转向灯）偏离原车道时，系统能在偏离车道0.5 s之前发出警告或转向盘开始振动，提示驾驶员回到本车道内，减少因汽车偏离车道引发的危险，如图7-8所示。

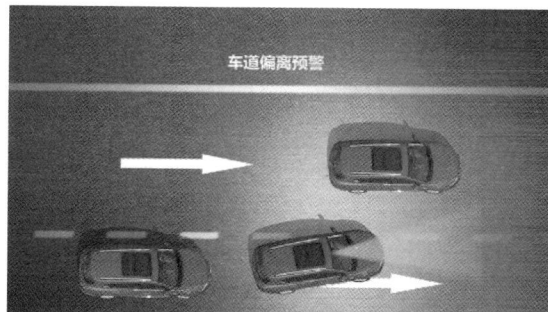

图7-8　车道偏离报警系统

二、车道偏离报警系统组成

车道偏离报警系统主要由信息采集单元、电子控制单元和人机交互单元等组成。

信息采集单元。包括图像采集模块和车辆状态传感器，图像采集模块是利用视觉传感器（摄像头）完成车辆前方道路图像和环境信息的采集，并将模拟视频信号转换为数字视频信号；车辆状态传感器采集车速、车辆转向状态等车辆运动参数。

电子控制单元。完成数字图像处理、车辆状态分析以及决策控制等功能，判断汽车是否偏离车道，如果发生偏离，就发出报警信息。

人机交互单元。通过显示界面向驾驶员提示系统当前的状态，当存在危险情况时，报警装置可以发出声音、光的提示，也有的以座椅或转向盘振动的形式提示。

三、车道偏离报警系统工作原理

当车道偏离报警系统开启时，系统利用安装在汽车上的图像采集单元获取车辆前方的道路图像，控制单元对图像进行分析处理，从而获得汽车在当前车道中的位置参数，车辆状态传感器会及时收集车速、车辆转向状态等车辆运动参数，控制单元的决策算法判定车辆是否发生车道偏离。当检测到汽车距离当前车道线过近有可能偏入临近车道或驶离本车道而且驾驶员并没有打转向灯时，人机交互界面就会发出警告信息，提醒驾驶员注意纠正这种无意识的车道偏离，及时回到当前行驶车道上，为驾驶员提供更多的反应时间，从而尽可能地减少因车道偏离而导致的事故的发生。如果驾驶员打开转向灯，正常进行变线行驶，则车道偏离报警系统不会做出任何提示。

四、车道偏离报警系统功能

报警临界线及其设置区域的概念示意图如图 7-9 所示。

车道偏离报警系统的功能构成，其中抑制请求、车速测量、驾驶员优先选择以及其他附加功能是可选的。

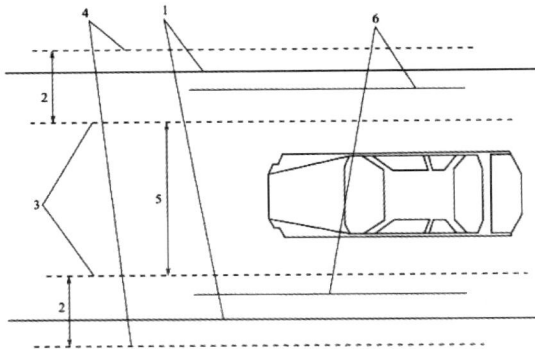

图 7-9　报警临界线及其设置区域的概念示意图

1—车道边界；2—报警临界线设置区域；3—最早报警线；4—最迟报警线；5—非报警区域；6—报警临界线

抑制请求是指当探测到驾驶员有意要偏离车道时，能根据驾驶员请求或因系统功能而禁止系统发出报警的能力。

偏离报警是指在没有抑制请求的前提下，因满足车道偏离报警条件而向驾驶员发出的报警。

状态提示是对系统当前所处状态的提示，如开或关、故障、失效等。

五、车道偏离报警系统要求

（一）基本要求

车道偏离报警系统至少应具有下列功能。

1. 监测系统状态，包括系统故障、系统失效、系统的开 / 关状态（如果有开关）。

2. 向驾驶员提示系统当前的状态。

3. 探测车辆相对车道边界的横向位置。

4. 判断是否满足报警条件。

5. 发出报警。

（二）操作要求

1. 当满足报警条件时，系统应自动发出报警提醒驾驶员。

2. 乘用车最迟报警线位于车道边界外侧 0.3 m 处；商用车最迟报警线位于车道边界外侧 1 m 处。

3. 当偏离速度 $0 < u \leq 0.5$ m/s 时，最早报警线距车道边界内的最大距离为 0.75 m；当偏离速度 $0.5 < u \leq 1.0$ m/s 时，最早报警线距车道边界内的最大距离为 1.5 um；当偏离速度 $u > 1.0$ m/s 时，最早报警线距车道边界内的最大距离为 1.5 m。

4. 当车辆处于报警临界线附近时，系统应持续报警。

5. 尽可能减少虚警的发生。

6. 系统应在规定的最低车速下正常运行。

（三）可选功能

1. 系统可配备开 / 关装置，以便驾驶员随时操作。

2. 系统可检测抑制请求信号以尽可能减少不必要的报警。例如当驾驶员正在进行转向、制动或其他更高优先级的操作如避撞操作时，系统抑制请求生效。

3. 当报警被抑制时，系统可通知驾驶员。

4. 系统可对本车速度进行测量以便为其他功能提供支持，例如当本车速度低于规定的最低车速时抑制报警。

5. 当仅在车道的其中一侧存在可见标线时，系统可以利用默认车道宽度在车道的另一侧建立虚拟标线进行报警，或者直接提示驾驶员系统失效。

6. 报警临界线的位置可在报警临界线设置区域内调整。

7. 弯道行驶过程中，考虑到弯道切入操作行为，系统会将报警临界线位置外移，但绝不可越过最迟报警线。

8. 若仅采用触觉报警和（或）听觉报警方式，则报警可设计为具有车辆偏离方式提示的功能，如可采用生源位置、运动方向等手段，否则，就需要利用视觉信息以辅助报警。

9.系统可抑制附加的报警，以避免因报警信息过多而烦扰驾驶员。

六、车道偏离报警系统应用实例

别克汽车的车道偏离报警系统如图 7-10 所示，用于实时监控车辆是否在车道线内，当车速大于 80 km/h 时，驾驶员因疲劳或注意力不集中等原因，导致汽车压线或即将压线等车道跑偏时，系统通过仪表显示橙色报警图标，配合声音报警或座椅振动给出警告。以下情况系统不会工作：打转向灯、有意打转向盘、有意刹车、有意加速、弯道压线不多时。

图 7-10 别克汽车的车道偏离报警系统

车道偏离报警系统对应用环境有较高的要求，如行车速度、路面宽度、车道标线的清晰程度、天气条件、光照变化等，都将影响车道偏离报警系统的应用效果。研究各种鲁棒性强、能适应各种天气条件、克服光照变化以及阴影条件影响的车道偏离评价算法是所有基于视觉的车道偏离报警系统的发展趋势。

第四节 车道保持辅助系统

一、车道保持辅助系统定义

车道保持辅助（Lane Keeping Assist，LKA）系统是在车道偏离报警系统的基础上对转向和制动系统协调控制，使汽车保持在预定的车道上行驶，减轻驾驶员负担，防止驾驶失误的系统，如图 7-11 所示。

图 7-11　车道保持辅助系统

车道保持辅助系统能够暂时接管并控制车辆主动驶回原车道，如果对车辆控制介入程度更高，还可以根据需要进行主动制动减速等一系列复杂的动作。自动化程度越高，功能越多，系统越复杂。

二、车道保持辅助系统组成

车道保持辅助系统主要由信息采集单元、电子控制单元和执行单元等组成，如图 7-12 所示。

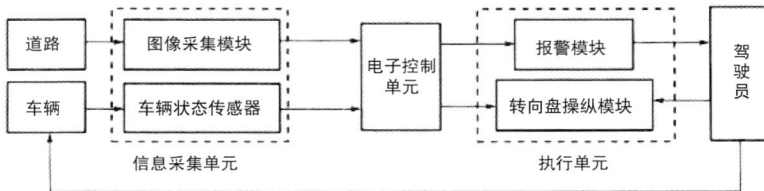

图 7-12　车道保持辅助系统组成

信息采集单元。主要通过多功能摄像头采集道路信息，通过车载传感器采集车辆状态信息，并把这些信息传送给电子控制单元。

电子控制单元。对采集的信息进行分析、计算、判断等，把控制指令传送给执行单元。

执行单元。按照电子控制单元的指令实施报警或转向盘操作。

三、车道保持辅助系统原理

车道保持辅助系统利用视觉传感器采集道路图像，利用转速传感器采集车速信号，利用转向盘转角传感器采集转向信号，然后对车道两侧边界线进行识别，通过比较车道线和车辆的行驶方向，判断车辆是否偏离行驶车道。当车辆行驶可能偏离车道线时，发出报警；当行驶偏离车道线后，电子控制单元计算出辅助操舵力、对应偏离的程度来控制转向盘操纵模块，施加操舵力使车辆回到正常轨道；如果驾驶员打开转向灯，正常进行变线行驶，那么系统不会做出任何提示；如果驾驶员既没有打开转向灯，也没有主动减速、转动转向盘，则系统就会使用视觉、听觉甚至振动转向盘提醒驾驶员潜在的危险，但提醒不会直接影响车辆的行驶状态。

四、车道保持辅助系统应用实例

车道保持辅助系统已经在一些高级轿车上有实际应用。

新蒙迪欧 LKA 系统的控制按钮位于车灯控制器最左边，可以对提醒模式和强度进行调节，模式分为转向盘抖动警告、辅助修正以及二者叠加三种模式；强度提供了高、标准、低三个级别，如图 7-13 所示。

图 7-13　新蒙迪欧 LKA 系统控制按钮

新蒙迪欧 LKA 系统工作过程如图 7-14 所示。它是通过车内后视镜附带的摄像头，提取车道标线的影像，计算车身与车道标线的接近速率，如果计算出车辆一定时间内将跨越标线，系统将会发出警告，同时在狭窄的道路上，系统也会允许驾驶员在转弯时轻微压线，减低系统对驾驶员的干扰。

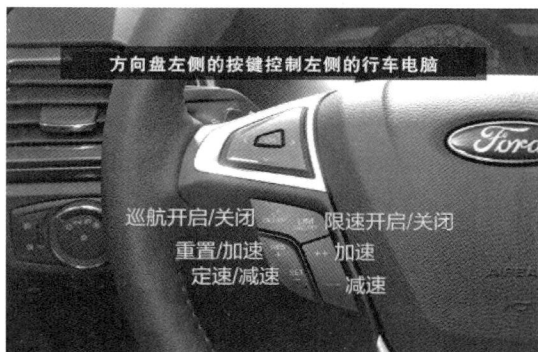

图 7-14　新蒙迪欧 LKA 系统工作过程

　　LKA 系统在每次启动后就会自动开启，但驾驶员也可手动关闭该功能。当系统判定驾驶员对于即将越过车道标线的情况没有采取任何修正的动作时，LKA 系统将会介入，会对转向系统下达修正方向的指令，仪表盘也会发出提醒，请驾驶员手握转向盘。同时，如果驾驶员开启转向灯变道，行驶偏离原有路线时，系统不会发出任何警告或修正动作。

　　新蒙迪欧所匹配的 LKA 系统将全程监视两侧车道的标记，如果车辆偏离行驶车道，系统将通过振动转向盘和仪表盘信息给予提醒，并辅助重回当前行驶车道。

　　恶劣的环境气候（下雪、大雾）、路面污损、前风挡脏污都会影响系统的工作效率，另外，各个国家的道路标线有所不同，也会影响系统的辨识率。

　　车道保持系统与自适应巡航控制系统集成是智能网联汽车向自动驾驶迈进的重要一步。

第五节　汽车并线辅助系统

一、汽车并线辅助系统定义

　　由于汽车后视镜本身存在视觉盲区，如图 7-15 所示，以致驾驶员无法及时、准确地获知盲区内车辆的动向，因此，车辆并线剐蹭或碰撞便成为常见的交通事故。

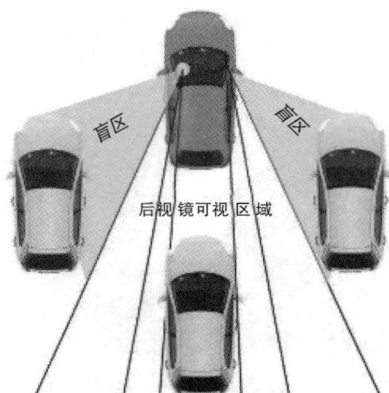

图 7-15 汽车后视镜盲区

汽车并线辅助系统也称盲区监测系统，它是通过车载传感器检测后方来车，在左右两个后视镜内或者其他地方提醒驾驶员后方安全范围内有无来车，从而消除视觉盲区，提高行车安全，如图 7-16 所示。

图 7-16 汽车并线辅助系统

汽车盲区检测除检测车辆以外，还应包括城市道路上汽车盲区内行人、骑行者的检测，以及高速公路弯道的检测与识别等。

二、汽车并线辅助系统组成

汽车并线辅助系统一般由信息采集单元、电子控制单元和预警显示单元等组成，如图 7-17 所示。

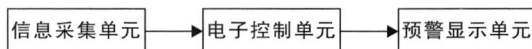

信息采集单元 → 电子控制单元 → 预警显示单元

图 7-17 汽车并线辅助系统组成

信息采集单元。利用传感器检测汽车盲区里是否有行人或其他行驶车辆，并把采集到的有用信息传输给电子控制单元，传感器有超声波传感器、摄像头或探测雷达等。

电子控制单元。对采集到的信息进行分析判断，向预警显示单元发送信息。

预警显示单元。接收电子控制单元的信息，如果有危险，则发出预警显示，此时不可变道。

并线辅助系统的传感器一般安装在后保险杠两侧，可以实现盲区检测、并线辅助和倒车辅助。

三、汽车并线辅助系统原理

汽车并线辅助系统是通过安装在车辆尾部或侧方的传感器检测后方来车或行人，传感器有视觉传感器、激光雷达等，电子控制单元对于传感器采集的信息进行分析处理，如果盲区内有车辆或行人，预警显示单元发出报警。

对于智能网联汽车，也可以采用 V2V 和 V2I 之间通信，告知驾驶员盲区内是否有车辆或行人。

四、汽车并线辅助系统要求

汽车并线辅助系统具有以下要求。

实时性。汽车并线辅助系统是一种以预防为主的车载装置，需要及时发现盲区内潜在的危险并发出警告，这无疑要求系统必须具有良好的实时性。尤其在高速公路上，车速快，如何实现实时检测是一个技术难点。实时性是整个系统具有实用价值的前提。

有效性和可靠性。系统的功能由其有效性来实现，同时需要一定的可靠性来保障。由于实际道路的复杂性、多样性，系统的有效性和可靠性受到挑战。骑行者作为非刚性物体，由于各种因素导致其外形在不断地变化，对检测的有效性造成干扰；车道线残缺、其他交通工具的遮挡以及建筑或桥梁的遮挡等都会使得弯道检测失真。

实时性要求对传感器获取的数据进行快速的分析和处理，这将对准确性有所影响，从而使整个检测过程更加困难。

五、汽车并线辅助系统应用实例

沃尔沃汽车的并线辅助系统（也称盲点监测系统）如图 7-18 所示。位于外后视镜根部的摄像头会对距离 3 m 宽、9.5 m 长的一个扇形盲区进行 25 帧/s 的图像监控，如果有速度大于 10 km/h、且与车辆本身速度差在 20~70 km/h 之间的移动物体（车辆或者行人）进入该盲区，系统对比每帧图像，当系统认为目标进一步接近时，A 柱上的警示灯就会亮起，防止出现事故。沃尔沃汽车盲点信息监测系统在左右两个反光镜下面内置有两个摄像头，将后方的盲区影响反馈到行车电脑的显示屏幕上，并在后视镜的支柱上有并线提醒灯提醒驾驶员注意以消除盲区。

图 7-18　沃尔沃汽车并线辅助系统

第六节　汽车自动刹车辅助系统

一、汽车自动刹车辅助系统定义

汽车自动刹车辅助（Automatic Braking Assistance）系统或自动紧急制动系统（Autonomous Emergency Braking，AEB）系统可以预知潜在的碰撞危险并及时通知驾驶员，而且在必要的情况下，此系统会自动控制制动踏板完成刹车操作，以避免或减轻碰撞伤害，如图 7-19 所示。

图 7-19　汽车 AEB 系统

目前，全球主流的汽车厂商都有自己的预碰撞安全系统，不过各个厂商的叫法各不相同，功能的实现效果及技术细节会有所不同，如大众 Front Assist 预碰撞安全系统、沃尔沃 CWAB 系统、奔驰 Pre-safe 安全系统、斯巴鲁 Eye Sight 安全系统等，它们的比较见表 7-1。

表 7-1　几种汽车 AEB 系统的比较

系统	探测设备	作用范围	探测对象
大众 Front Assist	毫米波雷达	30 km/h 以下避免碰撞	车辆
沃尔沃 CWAB	激光雷达、毫米波雷达、摄像头	30 km/h 以下避免碰撞 30 km/h 以上减轻碰撞	车辆、行人
奔驰 Pre-safe	毫米波雷达	30 km/h 以下避免碰撞 30 km/h 以上减轻碰撞	车辆、行人
斯巴鲁 Eye Sight	立体摄像头	100 km/h 以下	车辆、行人

二、汽车自动刹车辅助系统组成

汽车 AEB 系统主要由行车环境信息采集单元、电子控制单元和执行单元等组成，如图 7-20 所示。

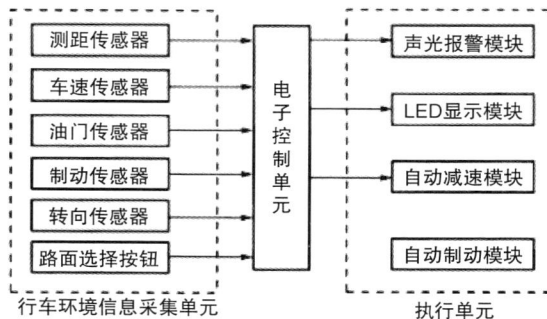

图 7-20　汽车 AEB 系统组成

行车环境信息采集单元。由测距传感器、车速传感器、油门传感器、制动传感器、转向传感器、路面选择按钮等组成，对行车环境进行实时检测，得到相关行车信息。测距传感器用来检测本车与前方目标的相对距离以及相对速度，目前，常见的测距技术有超声波测距、毫米波雷达测距、激光测距、红外线测距和视频传感器测距等；车速传感器用来检测本车的速度；油门传感器用来检测驾驶员在收到系统提醒报警后是否及时松开油门，对本车实行减速措施；制动传感器用来检测驾驶员是否踩下制动踏板，对本车实行制动措施；转向传感器用来检测车辆目前是否正处于弯道路面行驶或者处于超车状态，系统凭此来判断是否需要进行报警抑制；路面选择按钮是为了方便驾驶员对路面状况信息进行选择，从而方便系统对报警距离的计算。需要采集的信息因系统不同而不同。所有采集到的信息都将被送往电子控制单元。

电子控制单元。接收行车环境信息采集单元的检测信号后，综合收集到的数据信息，依照一定的算法程序对车辆行驶状况进行分析计算，判断车辆所适用的预警状态模型，同时对执行单元发出控制指令。

执行单元。可以由多个模块组成，如声光报警模块、LED 显示模块、自动减速模块和自动制动模块等，根据系统不同而不同。它用来接收电子控制单元发出的指令，并执行相应的动作，达到预期的预警效果，实现相应的车辆刹车功能。当系统检测到存在危险状况时，首先进行声光报警，提醒驾驶员；当系统发出提醒报警之后，如果驾驶员没有松开油门，则系统会发出自动减速控制指令；在减速之后系统检测到危险仍然存在时，说明目前车辆行驶处于极度危险的状况，需要对车辆实施自动强制制动。

三、汽车自动刹车辅助系统原理

汽车 AEB 系统利用测距传感器测出与前车或者障碍物的距离，然后利用电子控制单元将测出的距离与报警距离、安全距离等进行比较，小于报警距离时就进行报警提示，而小于安全距离时即使在驾驶员没踩制动踏板的情况下，AEB 系统也会启动，使汽车自动制动，从而为安全出行保驾护航。

图 7-21 所示为某汽车 AEB 系统工作过程示意图。

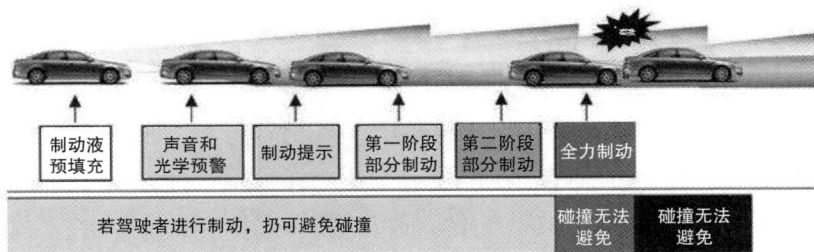

图 7-21　汽车 AEB 系统工作过程

四、汽车自动刹车辅助系统类型

欧洲新车星级评价（E-NCAP）以多年来统计的事故数据作为依据，对汽车 AEB 系统使用环境提出三种应用类型，即城市专用 AEB 系统、高速公路专用 AEB 系统和行人保护专用 AEB 系统。

城市专用 AEB 系统。城市交通事故大多发生在路口等待、交通拥堵等情况下，因为驾驶员注意力分散，忽视了自身的车速和与前车的距离，造成碰撞事故。城市内驾驶特点是速度慢，易发生不严重的碰撞。城市专用 AEB 系统可以监测前方路况与车辆移动情况，如果探测到潜在的风险，它将采取预制动措施，提醒驾驶员风险的存在；如果在反应时间内未接到驾驶员的指令，该系统则会自动制动来避免事故。而在任何时间点内，如果驾驶员采取了紧急制动或猛打转向盘等措施，该系统将停止。

马自达阿特兹 2015 款搭载的低速刹车辅助系统（SCBS）属于城市专用 AEB 系统的一种。SCBS 系统能够在车辆低速行驶时主动侦测同前方车辆的距离，当车辆车速在 4~30 km/h 时，SCBS 系统会自动打开，通过判断本车与前方车辆的距离，当监测到两辆车距离过近时，该系统会自动刹车减速，避免或减轻伤害；在 20 km/h 速度以下时，会自动停车，避免追尾前车或减轻对前车的伤害。有权威数据显示，在大城市的车辆追尾、剐蹭事故中，有 70% 以上的事故发生在车辆中低速行驶时，特别在拥堵路况上车辆走走停停、驾驶员走神等更是追尾和剐蹭事故的主要原因。

高速公路专用 AEB 系统。在高速公路上发生的事故与城市交通事故相比，其特点不同。高速公路上的驾驶员可能由于疲劳驾驶，当意识到危险时车速过快无法控制车辆。为了能保证这种行驶情况下的安全，AEB 系统必须能用相应的控制策略来应对。系统在车辆高速行驶状态下工作，首先通过报警来提醒驾驶员潜在的危险。如果在反应时间内，驾驶员没有任何反应，第二次警示系统将启动，比如突然的制动或安全带收紧，此时制动器将调至预制动状态；如果驾驶员依然没有反应，那么该系统将会自动实施制动。

行人保护专用 AEB 系统。除探测道路上的车辆外，还有一类 AEB 系统是用来检测行人和其他公路上弱势群体的。通过车上一个前置摄像头传来图像，可以辨别出行人的图形和特征，通过计算相对运动的路径，以确定是否有撞击的危险。如果有危险，系统可以发出警告，并在安全距离内，制动系统采用全制动使车辆停止行驶。实际情况下预测行人行为是比较困难的，系统控制的算法也非常复杂，该系统需要在危险发生前更迅速地做出正确判断，更有效地做出响应，防止危险事态发生，同时也需要避免系统在特定情况下发生误触发，如图 7-22 所示。

图 7-22 行人保护专用 AEB 系统

五、汽车自动刹车辅助系统测试方法

E-NCAP 根据 AEB 系统工作形式不同，将其分为 AEB 结合碰撞预警功能（FCW）、单独 AEB 以及单独 FCW 三种情况。E-NCAP 试验评价方法中将汽车 AEB 系统测试方法分为车与车工况（CCR）、车与行人工况（CP）。

（一）车与车工况（CCR）

车与车工况主要分为以下三种情况。

车与车后方接近静态试验（CCRs）。前方目标车辆（FVT）静态下后方测试车辆（UVT）接近状况。根据实际调查情况，车辆事故的第一种普遍情况是前车静态下发生的。根据系统分类和工作形式分类，定义测试流程和方法见表 7-2。

表 7-2 CCRs 试验速度参数表   km/h

工况	AEB+FCW		独立 AEB	独立 FCW
	AEB	FCW		
城市工况 AEB	10~50	–	10~50	–
郊区工况 AEB		30~80	30~80	30~80

车与车后方接近移动试验（CCRm）。前方 EVT 匀速移动状态下后方 UVT 接近状况。根据实际调查情况，车辆事故的第二种情况是在前车匀速移动的状况下发生的。根据系统分类和工作形式分类，定义相应的测试流程和方法见表 7-3。

表 7-3 CCRm 试验速度参数表 km/h

AEB+FCW		独立 AEB	独立 FCW
AEB	FCW		
30~70	50~80	30~80	50~80

车与车后方接近制动试验（CCRb）。前方 EVT 匀速移动中突然制动状态下后方 UVT 接近状况。根据实际调查情况，车辆事故的第三种情况是在前车移动中突然制动的状况下发生的。

以上三种测试方法是根据前方 EVT 的状态变化，后方 UVT 在不同车速下对 AEB 系统进行全面的性能测试。其中，CCRs 和 CCRm 试验根据表 7-1 和表 7-2 中提供的车速区间，从小到大用 5 km/h 或者 10 km/h 的车速间隔进行试验。CCRb 试验规则是在两车都以 50 km/h 速度行驶，两车间距为 12 m 和 40 m 的两种情况下，前车模拟实际情况，分别进行 2 m/s^2 和 6 m/s^2 的减速度进行制动，以此来测试系统的性能。

（二）车与行人工况（CP）

车与行人工况主要分为以下三种情况。

1.CP1。清晰状态下遇到行人从左侧人行道进入车道。

2.CP2。隐蔽状态下遇到行人从左侧人行道进入车道。

3.CP3。清晰状态下遇到行人从右侧人行道快步进入车道。

目前，车与行人工况还未正式加入测试规范中，试验方法和规范也正在研究过程中。美国、日本、欧盟等国家和地区已纷纷将 AEB 纳入新车安全性评价项目中，为自动驾驶和无人驾驶打下基础。

六、汽车 AEB 系统应用实例

斯巴鲁 Eye Sight 系统主要是通过前风挡玻璃的两个立体摄像头，模拟人类的立体视觉，来判断车辆前方的路口，探测范围为 79 m，可以识别汽车、行人、摩托车，如图 7-23 所示。

图 7-23　斯巴鲁 EyeSight 系统

斯巴鲁 Eye Sihgt 系统在前后车速不同的情况下采取不一样的措施。当车速差低于 30 km/h 时，系统能识别车辆、行人的路径，如检测到危险时，驾驶员没有及时刹车，系统可以自动协助制动，甚至完全把车制动停止，避免发生碰撞。而在一些野外路段，也可以将系统关闭。而在车速差 30 km/h 以上时，系统不是以刹停的方式而是适当减速，以最大限度降低碰撞速度。

沃尔沃 CWAB 系统以摄像头、雷达同时探测，雷达负责探测车辆前方 150 m 内的范围，摄影镜头则负责前方 55 m 内的车辆动态，如图 7-24 所示。当与前车距离过近或路中间有行人时，会通过类似于刹车灯的警示灯亮起的方式，提醒驾驶员注意。如果发出警示后碰撞的风险仍然在增加，制动支持功能会被激活。刹车片能缩短响应时间，预充液压增强制动压力，确保驾驶员在没用力踩刹车的情况下也能实现有效制动。如果驾驶员没有实施制动而系统预见碰撞即将发生，制动器将被激活，自动采取制动措施。

图 7-24　沃尔沃 CWAB 系统

除了 CWAB 系统外，沃尔沃还研发了城市安全系统与之相配合，该系统在车速 30 km/h 以下时启动，自动探测前方 10 m 内是否有静止或移动中的车辆。如果前车突然刹车，而驾驶员对系统发出的警告未采取任何行动，车辆就会自动刹车。

如果两车的相对速度差低于 15 km/h，该系统启动后可以使车辆自动刹停，避免碰撞的发生。当两车的相对速度差在 15~30 km/h 之间时，该系统可在碰撞发生前将速度降至最低，最大限度地减少本车与前车乘员及车辆因碰撞而产生的损伤。

随着汽车安全技术涉及的范围越来越广、越来越细，现代汽车正朝着更加智能化、自动化和信息化的机动一体化方向发展。汽车自动刹车系统应和其他控制系统相结合，采用智能型传感器、快速响应的执行器、高性能电控单元、先进的控制策略、无线通信等技术以提高汽车的主动安全性，使车辆从被动防撞减少伤害向主动避撞减少事故的方向发展。

第七节　汽车自适应前照明系统

一、汽车自适应前照明系统定义

汽车自适应前照明系统（Adaptive Front-lighting System, AFS）是一种照明装置，它能够根据天气情况、外部光线、道路状况以及行驶信息来自动改变前照明系统的工作模式，调整照射光线的光形，消除因为夜间或者能见度低时转弯或者其他特殊行驶条件下带来的视野暗区，能够为驾驶员提供更宽范围更为可靠的照明视野，保证驾驶员和道路行人的安全。汽车 AFS 是未来汽车前照明系统的主要发展方向。

二、汽车自适应前照明系统组成

汽车自适应前照明系统主要由传感器单元、CAN 总线传输单元、控制单元（ECU）和执行单元等组成，如图 7-25 所示。

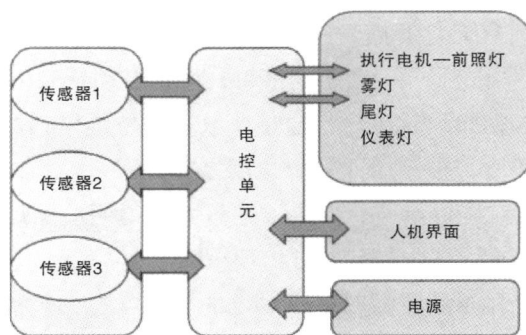

图 7-25　汽车自适应照明系统组成

传感器单元。是采集车辆当前信息（如车速、车辆姿态、转向角度等）和外部环境（如弯道、坡度和天气等）的变化信息的，包括汽车车速传感器、转向盘转角传感器、环境光强传感器、车身高度传感器、位置传感器等。

CAN 总线传输单元。CAN 总线传输单元负责把各种传感器采集的信息传输给控制单元，实现内部控制与各种传感器检测以及执行机构之间的数据通信。

控制单元（ECU）。需要对车辆行驶状态做出综合判断，输出脉冲变量给执行单元。

执行单元。控制单元输出信号给执行单元的执行电动机，调节前照灯的照射距离和角度，为驾驶员提供更广阔的视野，保障行车安全。

三、汽车自适应前照明系统原理

汽车自适应前照明系统实现的基本原理是，通过安装在车辆上的车速、姿态、转角、位置等传感器采集汽车动态信号参数，经过控制单元的分析判断和算法运算产生控制信号传输给执行单元，执行单元控制前照明系统运转。

系统主要功能按以下方法实现。

1. 系统通过开关器件获取功能开关信号，通过轮速传感器获取车速信号，通过转向盘转角传感器获取转角信号，通过车身高度传感器获取姿态信号等。经过巡检算法判断，如果前照灯需要进行转动，系统会根据角度算法计算出需要转动的角度，通过控制单元输出控制信号控制水平和垂直安装的步进电机转动，最后再通过机械传动机构实现前照灯转动，让照明光束始终与道路保持一致，这样驾驶员能够清楚地看到即将出现的弯道上的路况以便及时采取预防或者紧急避险措施。

2. 系统通过获取大灯开关器件信号和环境光强传感器的光照强度信号，对前照灯开关进行控制，系统会设置一个光照阈值。当光照强度小于阈值时，系统自动延时打开前照灯；当光照强度大于阈值时，系统自动延时关闭前照灯。

3. 系统在前照灯初始化置位时，通过获取霍尔位置传感器的位置信号，判断前照灯实际运行的角度与控制单元输出角度之间的误差。如果误差不大，通过角度 PD 调节算法对误差进行调节；如果误差过大，说明前照灯出现了故障，系统会产生故障报警信号提醒驾驶员前照灯出现故障。

4. 系统通过液晶显示装置实时显示系统的工作状态，包括车速状态、转向盘转角状态、车灯转角状态等。

四、汽车自适应前照明系统功能

为了使汽车在不同的光线和路况下安全行驶，汽车 AFS 能够改变前照灯照射方向，使光线随着汽车前进方向和车身姿态的变化而转动，消除驾驶员在夜间或恶劣天气下行车的视野盲区。与传统的汽车照明模式比较，AFS 能够根据道路和天气环境的变化适时地开启相应的照明模式，图 7-26 为不同工作模式下的照射光形。

图 7-26 AFS 不同工作模式下的照射光形

汽车 AFS 照明模式主要有基础照明模式、弯道照明模式、城市道路照明模式、高速公路照明模式、乡村道路照明模式和恶劣天气照明模式等。

（一）基础照明模式

车辆在行驶过程中，当道路状况及环境气候均处于正常状况时，前照明系统的工作模式相当于传统的汽车照明系统，其照明模式为基础照明模式。在基础照明模式下，前照明系统不作任何调整。

当环境光强传感器检测到外界光线变化时，系统就会执行相应的动作。例如天黑或者汽车进入隧道后，环境光强传感器检测到外界光线下降，系统自动开启前照灯并且根据感知的光线强度来补充光照强度以满足驾驶要求；当传感器检测到外界光线强度能够达到照明要求，例如白天或者汽车出隧道后，系统就自动关闭汽车前照灯。有时候，车辆停止后，驾驶员下车后仍然需要灯光照明来观察停车情况，所以，系统可以设置灯光延时功能。

汽车经常会行驶在坡路上，有时即使是在平坦的道路上，由于汽车载重或者突然的加速或刹车，都会导致车身发生俯仰，车身的俯仰就一定会造成前照灯照射的角度发生变化，如图 7-27 所示。

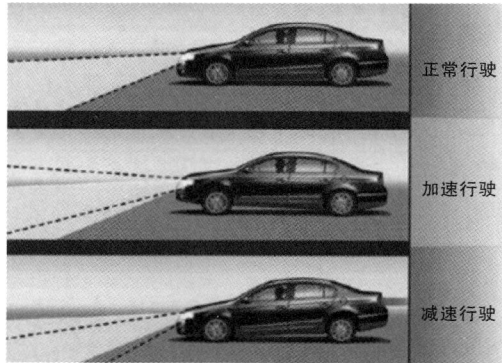

图 7-27　汽车俯仰灯光照射图

汽车正常行驶过程中，前照灯光轴在水平位置。当车身发生后仰时，前照灯的照射光线就会抬高，光线抬高造成远处的照射光线发散，使得驾驶员视野模糊，不能清晰地辨认远处的行人和物体，一旦发生紧急情况，就没有足够的时间来保证行车安全。当车身发生前仰时，前照灯的照射光线降低，从而导致照明范围缩小，驾驶员不能及时地发现前方路况，严重影响了行车安全。在这种行车条件下，车身高度传感器能够检测到汽车前后高度的变化，结合车速传感器采集到的车速信息，系统根据汽车前后高度的变化量以及轴距计算出车身俯仰角的差值，从而调整汽车前照灯纵向角度，使前照灯光轴恢复到水平位置以提供最佳的照明条件，确保驾驶员在该情况下有足够视野来判断前方的路况，保证行车安全。

（二）弯道照明模式

汽车在夜间转弯行驶时，传统汽车前照灯的照射光线与车身前进方向平行，所以在车身的两侧就会出现暗区，驾驶员无法及时地发现弯道上的路况，容易导致交通事故的发生。在这种情况下，AFS 可以开启弯道照明模式。当汽车进入弯道时，转向盘转角传感器和车速传感器共同作用采集数据。例如当转向角大于 12° 并且车速大于 30 km/h 时，系统开始工作；当转向角小于 9° 或车速小于 5 km/h 时，系统不工作或停止工作。在弯道模式下，控制单元根据传感器采集的数据计算出车灯需要偏转的角度，驱动步进电机转动以使大灯转动。

AFS 能够使车辆在进入弯道时产生旋转的光型，给弯道以足够的照明。

汽车向左转弯时，左侧前照灯向左偏转一定角度，右侧车灯不动；汽车向右转弯时，右侧前照灯向右偏转，左侧车灯不动。这种照明模式既提供了汽车在弯道上行驶时侧面道路足够的照明强度，又保证了前进方向的照明。在弯道照明模式下，左右车灯最大偏转角度也是不一样的，右侧道路行驶国家的交通法规规定右侧近光灯变化角度最大为 5°，左侧近光灯变化角度最大为 15°。为保证弯道照明模式下的行车安全，车灯偏转角度依据的原则是尽可能地保证照明距离大于安全刹车距离。

（三）城市道路照明模式

城市道路行车的特点是车速较低，车流量和人流量都很大，外界照明条件好，十字路口多，发生随机性事故的可能性较大。在这样的道路上行车要求视野清晰，防止炫光。

资料表明，对向行车时，驾驶员接收到的照射光强如果达到 1000 cd 就会产生眩晕。当环境光强传感器检测到光强达到阈值、车速小于 60 km/h 时，车辆进入城市照明模式，系统使左右近光灯的功率减小，降低灯光亮度，同时驱动控制车灯的电机转动，使前照灯略向下偏转，进一步降低射向车和行人的光照强度，防止炫光现象的发生。

在市区车辆行驶速度较为缓慢的前提下，AFS 使用比较宽阔的光型，以便在道路边缘和交叉路口都能获得较好的照明，有效地避免了与岔路中突然出现的行人、车辆可能发生的交通事故。

（四）高速公路照明模式

高速公路上行车特点是车速快，车流量相对较小，侧向干扰少。这样的行车特点要求前照灯光线照射距离足够远，以保证前方出现状况时驾驶员有足够的时间采取措施。在高速公路上行车，汽车灯光的照射距离应该与车速成正比的关系，汽车灯光的照射距离要大于驾驶员的反应距离和刹车距离的总和。

汽车行驶在高速公路时，当车速传感器检测到车速大于 70 km/h，并根据 GPS 判断其为高速行驶模式时，系统自动开启高速公路照明模式。汽车前照灯照射光线随着车速的增加在垂直方向上抬高，以使光线能够照射更远，保证驾驶员能够在安全距离之外发现前方的车辆。

（五）乡村道路照明模式

乡村道路外界照明条件差，岔路口多，路况复杂，路边障碍物不容易被发现；道路狭窄，起伏不平，造成行车时车身倾斜从而导致前照灯俯仰角发生变化，容易引发交通事故。

AFS 工作在乡村道路照明模式时，通过环境光强传感器、车速传感器和 GPS

来判断外界行驶条件，决定是否开启乡村道路照明模式。在乡村道路照明模式下，系统增大左右前照灯的输出功率，增强光照亮度来补充照明。依据右侧行车的交通法规，车辆在乡村道路行驶时，右侧的前照灯照射光线要向右偏转一些，拓宽右侧道路的照明范围以使灯光能够照射到路面边缘。

（六）恶劣天气照明模式

恶劣天气照明模式主要针对的是阴雨天气，此时地面的积水会将前照灯打在地面上的光线反射至对面会车驾驶员的眼睛中，使其炫目，进而可能造成交通事故。在阴雨天气下行驶的车辆，AFS 根据检测路面湿度、轮胎滑移以及雨量传感器判断系统状态为雨天模式，AFS 驱动垂直调高电动机，降低前照灯垂直输出角，并调节其照射强度，避免反射炫光在 60 m 范围内对迎面行车驾驶员造成炫目。

当车辆行驶在雾天或者是沙尘暴天气时，AFS 根据感知雾、风速传感器、颗粒物传感器以及环境光强传感器感知光线强弱，判断是否遇到雾天或是沙尘暴天气，从而驱动垂直调高电机，增大前照灯垂直输出角，使得照明光线有所提升，同时，开启车灯清醒装置，尽可能地使驾驶员获得较好的视觉，可以安全地行驶在可见度较低的恶劣天气中。

在汽车 AFS 实际开发和使用中，根据实际情况，可以对上述功能取舍。

五、汽车自适应前照明系统应用实例

奔驰公司智能前照明系统采用 LED 光源，如图 7-28 所示。

图 7-28　奔驰 E 级 LED 智能照明系统

奔驰 E 级 LED 智能照明系统具有 5 种发光模式，分别是乡村道路照明、高速公路照明、增强型雾灯、主动转弯照明和弯道辅助照明。

乡村道路照明。能够更加宽阔地照亮驾驶员一侧的路面，从而使驾驶员在黑暗中更容易判断前方路况，并能够在其他车辆或人员穿越其行车路径时，更容易做出反应。

高速公路照明。夜间在高速公路上行驶，车速达到预设的速度时，LED 大灯的亮度会比传统模式近光灯增加 60% 的照明度。并且划分出了两档：在车速为 90 kmh 时，一档自动激活，可有效改善夜间高速公路行车的远距离视野；当车速超过 110 km/h 时，二档启用，照明范围进一步增强，识别距离再次加大，近光灯照射距离比普通模式增加 50 m。

增强型雾灯。在浓雾、霾等天气下行驶，该功能在 70 km/h 速度以内且后雾灯打开时被激活，驾驶员一侧的 LED 大灯可向外转动约 8° 并降低大灯照射高度，以便更好地照亮近侧路面，同时还可减轻在雾天的反射灯炫光。当车速超过 100 km/h 时，该模式便会自动关闭。

主动转弯照明。根据不同的车速和转向角，主动转弯照明会自动开启。此时主动大灯可迅速向转弯方向转动（最大可达 15°），增强转角方向的照明效果约 90%。

弯道辅助照明。当车速低于 40 km/h 行驶时，转动转向盘或是使用转弯信号灯时，弯道照明功能会被自动激活。此时会照亮汽车前方侧面约 65°、30 m 远的照射区域。对比传统车灯技术，能够更早地发现横穿道路的行人。

除以上 5 种照明模式外，奔驰还为新 E 级推出了增强型自适应远光灯的功能。该系统可实现远光灯在持久照明的同时，能有效避免对其他车辆或行人造成的炫光干扰。通过车前立体多功能摄像头探测，LED 灯组会在 ECU 的控制下自动把光线压低至前方同向或对向车辆之下，使其他车辆不受远光灯影响。根据交通流量及道路照明条件的不同，远光照射距离可以从 65 m 一直延伸至 300 m。

目前，汽车自适应前照明系统主要用在豪华轿车上，如奔驰、奥迪、宝马、雷克萨斯等的一些车型上。

第八节　汽车夜视辅助系统

一、汽车夜视辅助系统定义

汽车夜视辅助系统是一种利用红外成像技术辅助驾驶员在黑夜中看清道路、行人和障碍物等，减少事故发生，增强主动安全的系统，如图 7-29 所示。

图 7-29　汽车夜视辅助系统

二、汽车夜视辅助系统类型

按照工作原理不同，汽车夜视辅助系统可以分为主动夜视辅助系统和被动夜视辅助两种。

主动夜视辅助系统。采用主动红外成像技术，把目标物体反射或自身辐射的红外辐射图像转换成人眼可观察的图像，这种系统本身必须具备光源，不发出热量的物体也可以看到，通过图像处理提高清晰度，道路标志清晰可见。

被动夜视辅助系统。被动夜视辅助系统采用热成像技术，基于目标与背景的温度和辐射率差别，利用辐射测温技术对目标逐点测定辐射强度而形成可见的目标热图像，这种系统本身没有光源，仅依靠对物体本身发出的光线进行识别，不发出热量的物体看不清或看不到。图像清晰度取决于天气条件和时间段，图像与实际景象不完全符合。

三、汽车夜视辅助系统组成

汽车主动夜视辅助系统主要由红外发射单元、红外成像单元、电子控制单元 ECU 和图像显示单元等组成，如图 7-30 所示。

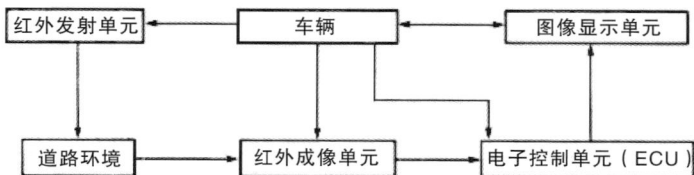

图 7-30　汽车主动夜视辅助系统的组成

红外发射单元。位于两个前照灯内，当它被激活时，产生的红外线用于照射车辆前方区域，相应的夜视图等同于在远光灯下透过风挡玻璃所见到的情景。

红外成像单元。主要是红外图像摄像头，记录车辆前方区域内的图像，并提供其探测范围内是否存在行人或障碍物的信息，然后通过数字视频线将数据发送给 ECU。

电子控制单元。ECU 分析红外成像单元传来的数据，再通过集成化数据处理，将画面传输给图像显示单元，其中识别的行人和动物以高亮度显示。一般对于数字化的 CCD 摄像头，采集到信号后，会进行必要的去噪声、信号增强等处理，然后再送给图像显示单元。

图像显示单元。接收控制单元传来的信号并显示，驾驶员就可以清晰地看到前大灯照射范围之外的景物，避免出现意外。

汽车被动夜视辅助系统没有红外发射单元，主要由红外成像单元、电子控制单元（ECU）和图像显示单元等组成。

四、汽车夜视辅助系统原理

（一）汽车主动夜视辅助系统原理

汽车主动夜视辅助系统将摄像头安装到汽车前大灯，通过卤素灯泡照射，使用多套照射系统和摄像机来识别红外反射波，利用目标反射红外光源。红外光源发出的短红外线是主动照射目标，红外 CCD 探测器接收的目标再反射短红外光线，通过 ECU 处理后，可以把图像信息传递给驾驶员。主动夜视系统对比分辨度高，且图像较清晰、可靠。由于不依靠物体的热源，即使不发热的物体也能清晰可见，比如道路上的行人、车辆、道路标志牌等都可以被发现。

（二）汽车被动夜视辅助系统原理

汽车被动夜视辅助系统利用热成像摄像头接收人、动物等发热物体发出的不同的红外热辐射原理（远红外线）映射出不同的图像，并对图像进行放大和处理后输出。由于不同物体对红外线反射强弱不同，行人、动物等可以发热的物体在反射中特别突出，通过传感器的捕捉，带有热源的物体影像输出到车载显示屏上。被探测到的物体看起来就像是照相机的底片一样。但是被动红外夜视系统本身无法克服的缺点是，对于无生命、无热源特征的目标，比如道路的标志牌、车道线、车道护栏等物体，无法检测到图像。此外，由于汽车前风挡玻璃不能传输长波的远红外线，摄像头必须安装在车外，需经常去清洁，且在汽车前端碰撞时易受损伤。

在被动夜视辅助系统中，关键零部件是红外摄像头，它与主动夜视辅助系统的红外摄像头原理相同，但接收对象存在差异，因此其软硬件设计也有不同。主动夜视辅助系统红外摄像头主要接收物体对红外光源的反射光线，而被动夜视辅助系统红外摄像头主要接收物体本身发出的红外辐射。被动夜视辅助系统红外摄像头主要装配于车辆前保险杠，一般安装在一个防撞击的盒子里，风挡玻璃清洗系统同时负责相机的清洁。当外界气温低于 5 ℃时，镜头盖则被加热，拍摄距离 300 m，部分车型红外摄像头也可以随着车速的增加，通过镜头焦距的改变使得远距离的目标放大，使目标更清晰。

五、汽车夜视辅助系统应用实例

目前，在奥迪、宝马、奔驰等的一些车型上，都装备了夜视辅助系统。

奥迪 A8L 夜视辅助系统主要元件是控制单元和摄像头。控制单元是夜视辅助系统的核心，位于左前座椅前方的汽车底板内，装在那里的一个塑料盒内，如图 7-31 所示。

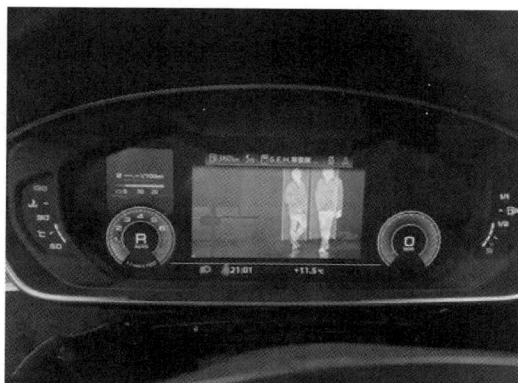

图 7-31　奥迪 A8L 夜视辅助系统控制单元

汽车夜视辅助系统控制单元主要完成以下任务：处理夜视辅助系统摄像头的原始图像；识别出热敏图像上的人并将其做上标记；持续不断地对摄像头图像进行分析，并测算车辆与识别出的行人的碰撞可能性；在识别出有碰撞危险时发出警告；将已处理完的热敏图像传送给组合仪表；使用 CAN 扩展总线接收并处理夜视辅助系统功能所需要的数值和信息；为摄像头供电（蓄电池电压）；持续地对系统进行诊断，并将识别出的故障记录到故障存储器内；通过测量数据块、自适应和执行元件诊断来帮助查找夜视辅助系统故障；通过软件对售后和生产中的系统进行校准；行车中在某些条件下进行动态校准；存储用户对夜视辅助系统所做的设置。

奥迪 A8L 夜视辅助系统的摄像头是一种红外热敏图像摄像头。为防止石击，摄像头的镜头前有一个锗制成的保护窗；摄像头有加热元件，防止结冰，加热电流可根据温度来调节。

奥迪 A8L 夜视辅助系统的摄像头安装在车辆散热器隔栅的奥迪环中。

该摄像头配有自己的运算器，除了录下原始图像并把图像传给控制单元，还要储存校准数据。这些校准数据并不是存储在控制单元内，而是存储在摄像头内，这样，在更换损坏的夜视辅助系统控制单元后，就不必重新进行校准。该摄像头的图像是黑白图像，其分辨率水平为 320 像素，垂直为 240 像素，每秒 20 帧照片，夜视辅助系统的探测范围约 300 m，摄像头的水平探测张角约为 24°。

奥迪 A8L 夜视辅助系统除了可以让驾驶员看清近光灯照不到的黑暗中的交通标牌、弯道、车辆、障碍物等会造成危险的事物，正确判断出前方道路的情况，还可以通过远红外热成像摄像头捕捉到车辆前方 0~24°、0~300 m 范围内的热源（包括人和动物），让驾驶员提前做出反应，避免交通事故的发生。当热源（人或者动物）出现在捕捉范围内时，系统会将拍摄到的热信号送交电控单元处理，处理后的图像就会在仪表盘的显示器中显示出来。当行人有横穿车辆前方的意图时，系统会迅速做出判断并以红色突出显示，同时发出声音警告，如图 7-32 所示。

图 7-32　奥迪 A8L 夜视辅助系统

奥迪 A8L 夜视辅助系统是全天候的电子眼，在雨雪、浓雾天气公路上的物体及路旁的一切也都能尽收眼底，大大提高汽车行驶的安全性。

目前，越来越多的汽车厂家开始开发和使用汽车夜视辅助系统，这不仅能够提高驾驶安全性，还能够提高其豪华程度。随着科技的发展和夜视辅助系统生产成本的降低，汽车夜视辅助系统将会全面普及。

第九节　汽车平视显示系统

一、汽车平视显示系统定义

汽车平视显示系统（Head Up Display，HUD）也称抬头显示系统，它是利用光学反射原理，将汽车驾驶辅助信息、导航信息、检查控制信息以及 ADAS 信息等以投影方式显示在风挡玻璃上或约 2 m 远的前方、发动机罩尖端的上方，阅读起来非常舒适，同时还可以显示来自各个驾驶辅助系统的警告信息，例如车道偏离警告、来自带行人识别功能的夜视辅助系统的行人避让警告等，避免驾驶员在行车过程中频繁低头看仪表或车载屏幕，对于行车安全起着很好的辅助作用，如图 7-33 所示。图中 72 km/h 表示当前车速，60 表示限速。

图 7-33　汽车平视显示系统组成

二、汽车平视显示系统组成

汽车平视显示系统主要由图像源、光学系统和图像合成器等组成，如图 7-34 所示。

图 7-34　平视显示系统

图像源。一般采用液晶显示屏，实现 HUD 系统的各种功能，并输出视频信号。

光学系统。将视频信号投射出去，并且可以调节大小、位置等参数。

图像合成器。一般将前风挡玻璃作为图像合成器，把外部景物信息和内部投影信息合成到一起，投射的图像在风挡玻璃上发生反射，以达到和前方路况信息叠加、融合的效果。

因此，带平视显示系统的车辆安装的是特设的前风挡玻璃，其与传统前风挡玻璃的区别在于前风挡玻璃两侧扁平玻璃中间的 PVB（聚乙烯醇缩丁醛）膜的厚度不是恒定不变的，而是略微呈楔形，这样的结构使驾驶员不会看到重影。

三、汽车平视显示系统原理

汽车平视显示系统原理与使用的光学系统结构密切相关。根据光学系统结构不同，汽车平视显示系统可以分为风挡玻璃映像式平视显示系统、前置反射屏式平视显示系统、自由曲面平视显示系统、菲涅尔透镜平视显示系统、与仪表盘相结合的平视显示系统等。

（一）风挡玻璃映像式平视显示系统

风挡玻璃映像式平视显示系统是最基本也是使用最为广泛的结构。

从图像源发出的光经投影透镜折射和风挡玻璃反射与外部的景物光一同进入人眼，人眼沿着光线的反向延长线观察到位于风挡玻璃左侧的虚像，从而保证驾驶员能够在观察前方路况信息的同时也能观察到仪表盘上的信息。风挡玻璃一方面能透射外部景物光，另一方面又能反射图像源经过投影透镜的光。这种系统的优点是驾驶员在能够观察到投影像的同时还允许一定范围的头部移动；缺点是图像小、亮度低、视场角小、质量和体积都较大。

（二）前置反射屏式平视显示系统

前置反射屏式平视显示系统也是较为普遍的结构形式。

在驾驶室内设置独立的半反射半透射的反射屏，图像源发射出的光线经过反射屏反射进入人眼，驾驶员沿着该反射光线反向延长线方向能够观察到悬浮在前方的虚像。在这种结构中，反射屏与风挡玻璃是相互独立的两个部分，并不需要对风挡玻璃做镀膜等其他处理。此外，反射屏可以前后转动，投影角度比较灵活。使用时可以将反射屏竖起，不使用时将反射屏放平。但是反射屏的设置会使车内空间变得狭小，且结构复杂。图像源发射出的光线透射过反射屏后会被风挡玻璃反射，部分反射光线会进入人眼对驾驶员形成干扰。

（三）自由曲面平视显示系统

汽车的风挡玻璃不是一个平面，而是带有一定弧度的曲面，因此可以用自由曲面来代替传统结构中风挡玻璃所在的面。自由曲面平视显示系统包括两个自由曲面和一个折叠反射镜，实现对图像源成像。

图像源发射出的光线先经过折叠反射镜反射，再经过初级自由曲面反射，最后经过自由曲面像合成器反射进入人眼，其中，自由曲面像合成器是风挡玻璃所在的面。这种结构形式简单灵活，像差平衡能力强，成像质量较好，但制造成本较高。人眼直接通过风挡玻璃观察外界景物时，风挡玻璃可能会产生一定的像差。

（四）菲涅尔透镜平视显示系统

在平视显示系统中，为了获得较大的观察图像范围，通常需要较大口径的光学透镜。光学透镜的口径越大，透镜的体积越大，质量越重，透镜越不易加工，且成本越高，因而难以大批量生产。为了在保证透镜口径的前提下减小透镜厚度，可以使用菲涅尔透镜。

菲涅尔透镜平视显示系统有两片菲涅尔透镜，图像源位于第一片菲涅尔透镜下方，先经过第一片透镜再经过第二片透镜放大，最后经风挡玻璃的反射进入人眼。菲涅尔透镜系统结构形式简单，透镜的体积小，质量轻，同时，菲涅尔透镜还可以校正风挡玻璃所产生的像差，但是系统的轴外视场像差较大。

（五）与仪表盘相结合的平视显示系统

在上述平视显示系统中，汽车前方仪表盘的存在限制了平视显示系统的可用空间范围。与仪表盘相结合的平视显示系统包含一个图像源、一个分光镜、多个平面反射镜和一组光学系统。

图像源发出的光经过分光镜分成透射部分和反射部分，透射部分的光经过平面反射镜反射，将透射图像反射到仪表盘上作为显示信息；反射部分的光经过光学系统折射和风挡玻璃反射进入人眼。仪表盘系统和平视显示系统采用同一个图像源，可以保证二者显示信息的实时性，而且使用这种包含分光镜在内的系统，可以去除掉一些不必要的结构，充分利用驾驶台前方的可用空间，减小系统的体积。

四、汽车平视显示系统应用实例

宝马 7 系平视显示系统可提供多种有助于提高交通安全性和驾驶舒适性的功能，可显示定速巡航控制系统、导航系统、检查控制信息以及车速等方面的信息。

宝马 7 系平视显示系统工作原理需要一个光源来投射 HUD 信息，使用红色和绿色 2 个 LED 灯组作为光源，通过 TFT（薄膜晶体管）投影显示屏产生图像内容。TFT 投影显示屏相当于一个滤波器，运行或阻止光线通过。由一个图像光学元件确定 HUD 显示图像的形状、距离和尺寸，图像看起来就好像自由漂浮在道路上方，风挡玻璃的作用相当于偏光镜。HUD 投射图像内容距离观察者的眼睛大约 2.7 m。

宝马 7 系平视显示系统显示效果如图 7-35 所示。

图 7-35　宝马 7 系汽车平视显示系统

目前，汽车平视显示系统也不仅仅局限于高档轿车和跑车，奔驰、本田、奥迪、Nissan 等多个汽车厂家都有车型装备了平视显示系统。随着技术的进步，汽车平视显示系统的应用将会越来越多。

第十节　自动泊车辅助系统

一、自动泊车辅助系统定义

自动泊车辅助系统（Park Assist，PA）是利用车载传感器探测有效泊车空间并辅助控制车辆完成泊车操作的一种汽车先进驾驶辅助系统，如图 7-36 所示。

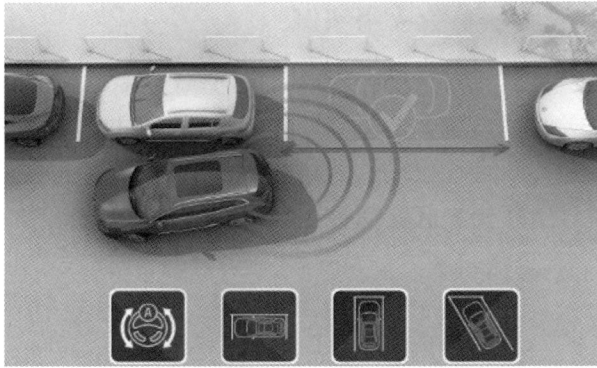

图 7-36　自动泊车辅助系统

相比于传统的电子辅助功能，比如倒车雷达、倒车影像显示等，自动泊车辅助系统智能化程度更高，减轻了驾驶员的操作负担，有效降低了泊车的事故率。

二、自动泊车辅助系统组成

自动泊车辅助系统主要由信息检测单元、电子控制单元和执行单元等组成，如图 7-37 所示。

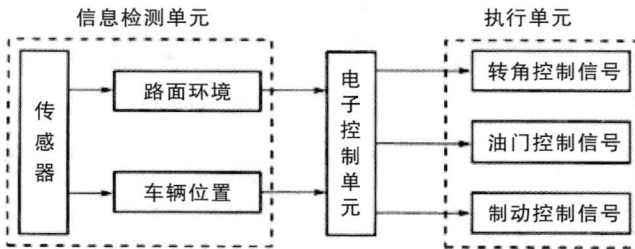

图 7-37　自动泊车辅助系统组成

信息检测单元。是自动泊车系统的耳目，利用摄像头或雷达传感器等对路面环境和车辆位置等进行检测，可采集图像数据及周围物体距车身的距离数据，并通过数据线传输给电子控制单元。

电子控制单元。是自动泊车辅助系统的核心，将信息检测单元上传的数据进行分析处理后，得出汽车的当前位置、目标位置以及周围的环境参数，依据这些参数做出自动泊车策略，并将其转换成电信号。

执行单元。接收电子控制单元的指令，精确控制转向盘的转动、油门和刹车的运动，以使汽车能准确跟踪路径，并随时准备接收中断以紧急停车。

三、自动泊车辅助系统原理

自动泊车辅助系统工作原理是通过车载传感器扫描汽车周围环境，通过对环境区域的分析和建模，搜索有效泊车位，当确定目标车位后，系统提示驾驶员停车并自动启动自动泊车程序，根据所获取的车位大小、位置信息，由程序计算泊车路径，然后自动操纵汽车泊车入位。

从机理上分析，自动泊车辅助系统的运行过程如图 7-38 所示。

图 7-38　自动泊车辅助系统操作过程

激活系统。汽车进入停车区域后缓慢行驶，人工开启自动泊车辅助系统，或者根据车速自动启动自动泊车辅助系统。

车位检测。通过车载传感器获取环境信息，传感器主要采用测距传感器（如雷达）和视觉传感器（如摄像头），然后识别出目标车位。

路径规划。根据所获取的环境信息，电子控制单元对汽车和环境建模，计算出一条能使汽车安全泊入车位的路径。

路径跟踪。通过转角、油门和制动的协调控制，使汽车跟踪预先规划的泊车路径，实现轻松泊车入位。

四、全自动泊车技术

自动泊车辅助系统在泊车过程中，驾驶员需要控制制动踏板、加速踏板及排档杆，转向盘操作由电脑完成，目前已装备量产车型；全自动泊车技术在泊车过程中，不需要驾驶员控制汽车任何操作，所有泊车过程全部由电脑控制，目前处于试验阶段。

（一）奥迪全自动泊车技术

奥迪全自动泊车技术是通过智能手机上的应用程序"一键自动停车"来完成。当驾驶员将车辆开到停车场的入口附近时，驾驶员下车拿出手机，然后只是简单地点一下屏幕，就转身离去，随后车辆开始自行启动，进入停车场寻找停车位，如图 7-39 所示。

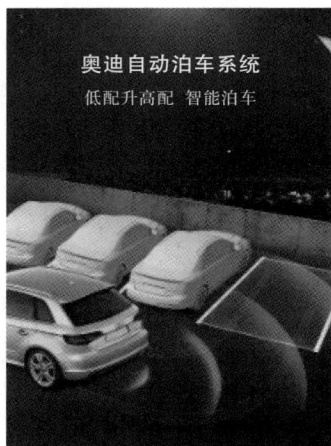

图 7-39　奥迪全自动泊车技术

虽然奥迪确实实现了全自动泊车，但是车辆并不是依靠自己的力量，在演示的场地中布满了激光扫描设备来帮助车辆定位，也就是说只有在与奥迪合作安装了激光扫描设备的停车场，这项技术才能得以真正地使用。

（二）沃尔沃全自动泊车技术

沃尔沃开发的全自动泊车系统是与无人驾驶技术、网络技术与无线通信技术的进一步结合。在基础设施建设方面，沃尔沃全自动泊车系统并不算复杂，只需要在停车场出入口以及停车场内部设置传感器，用于引导车辆进出停车场以及寻找车位。沃尔沃的这项技术，可以让驾驶员不在车内，便可实现车辆的自动泊车和锁闭，并且它还能让车辆自己从泊车位来到驾驶员的身边。这些操作都可以用手机端的自动停车 APP 来完成，只需轻点按钮，车辆便会自动寻找车位，当车辆完成泊车后，也会在手机上接收到泊车完毕的信息。同样，如果想让车自己来到驾驶员身边，也只需在手机上进行简单操作，如图 7-40 所示。

图 7-40　沃尔沃全自动泊车技术

沃尔沃的这项技术还可以在自动泊车的过程中实时监测车辆周围的各种障碍物，以便随时调整行车路线。

（三）宝马远程代客泊车技术

远程代客泊车技术是在 360° 防碰撞系统的基础上，借助其激光扫描仪获得的数据，实现车辆自动泊车。驾驶员只需将车辆开到停车场入口处，即可通过智能手表启动远程代客泊车系统，如图 7-41 所示。

图 7-41　宝马远程代客泊车技术

在车辆进行自动泊车的过程中，系统可以自动识别周围物体，避开意外出现的障碍物，比如行人、其他车辆以及未完全入位的车辆。

相比沃尔沃的全自动泊车技术，由于宝马借助了 360° 防碰撞系统的激光扫描仪，而减少了对于 GPS 卫星定位系统的依赖，使得该系统的使用范围不仅局限于无遮蔽的露天停车场，即便是地下停车场或立体停车场，搭载这项技术的宝马车型都可以畅通无阻。除了配备激光扫描仪之外，这款试验用车还配备了处理系统与运算系统，这意味着车辆可以独立完成楼内定位、监测周围环境并进行独立的自动导航。这样，停车场便不需要配备自动驾驶所需要的复杂基础设施。

全自动泊车技术是实现汽车无人驾驶的重要环节，目前还处于试验阶段，真正达到全自动泊车的应用，还有很多技术需要解决完善。

第八章 智能网联汽车安全技术

第一节 汽车安全技术

一、智能网联汽车安全

（1）人身安全类

智能网联汽车引发的人身安全问题是指智能网联汽车信息系统被病毒感染、被黑客攻击后，出现拒绝服务、失去控制等状况，影响用户人身安全。具体来看，有些安全漏洞将削弱关键系统的安全性，将乘车人、外部行人和周边环境置于危险当中，可能导致的后果包括在驾驶途中突然熄火、车辆行驶中被黑客控制肆意改道等。一些非关键安全系统受影响将导致汽车拒绝服务或进行不必要的操作，如刹车失灵、选择性爆胎、发动机停止等。上述问题都有可能导致智能网联汽车行驶过程中用户对其失去控制，造成人身伤害。

（2）数据隐私类

隐私类风险指的是安全漏洞可能导致个人信息、车辆信息被窃取，被滥用或被篡改。目前智能汽车上至少有超过 100 个智能传感器，代码量逼近一亿行，每天向云端传输的数据达到 100 MB，这些数据涵盖了汽车和乘客的各类信息，包括位置信息、操作记录、驾驶习惯等，如果信息泄露，意味着用户隐私被侵犯。

智能网联汽车运行过程中也会产生各种类型的数据，涉及汽车硬件配置、软件信息、系统设置、用户个人信息等多个层面，如果这些信息被窃取，可以对用户形成较为精准的形象素描，进而对用户造成深层次侵扰，如以隐私泄露相要挟、利用行车信息向用户播发恶意广告、利用车辆软硬件信息与用户操作习惯实施网络攻击等。

（3）经济损失类

经济损失类风险指用户可能遭受经济损失，包括车内财物丢失、汽车被破坏或被盗。此外，黑客还有可能远程控制汽车和挟持乘客，索要赎金等。

（4）品牌信誉类

2015年2月，宝马ConnectedDrive车联网数字服务系统被发现存在安全漏洞，该漏洞涉及宝马集团旗下的宝马、MINI和劳斯莱斯三大品牌，约220万辆配备了ConnectedDrive数字服务系统的车辆受到影响。智能网联汽车被频频曝出的漏洞导致大规模的召回事件，严重损害车企的品牌价值。

（5）公共安全类

智能网联汽车安全涉及公众利益、经济建设、国家安全、社会秩序等方面。大规模的智能网联汽车安全事件极有可能造成交通系统大面积瘫痪，恐怖分子或极端分子有可能利用智能网联汽车实施恐怖活动等。

（6）智能网联汽车安全发展趋势

1. 智能网联汽车安全事件将不断增多，影响范围将不断扩大

智能网联汽车普及后，攻击智能网联汽车对黑客越来越有吸引力，网络连接的增多也将扩大被攻击利用的风险，车载系统的统一与开放使病毒与恶意攻击的打击面增大。如果智能网联汽车的防护做得不完善，安全问题会快速增长，安全事件将不断增多，一旦发生安全事件，造成的负面影响就是无法想象的。

2. 智能网联汽车安全将成为安全产业发展的重点

各汽车产业强国在发展智能网联汽车过程中不同程度地意识到信息安全的潜在风险，特别是整车厂和零部件厂商均在研发不同的应对策略，在下一阶段，智能网联汽车安全将成为安全产业发展的重点。

3. 构建智能网联汽车纵深防御体系

网络攻击手段不断更新，智能网联汽车安全防护水平需要不断提升，网络安全防御能力也需要不断升级。因此，构建贯穿智能网联汽车全生命周期、云管端全链条的立体综合纵深防御体系，是保障智能网联汽车安全发展的必然趋势。首先，在识别智能网联汽车安全脆弱性、安全威胁、安全风险的基础上进行建模，制定安全方案，定义安全技术，采取安全措施，导入安全机制，基于软硬件防护构建纵深防御平台。其次，可从单点、特定的安全测试体系，向信息安全、车联网安全的综合防御体系转变，从本质上提高智能网联汽车防御水平。最后，可利用大数据、云计算、机器学习、人工智能等技术部署智能网联汽车安全管理平台，实现对智能网联汽车控制数据的动态安全监控防护，结合攻击模型，进行深度学习，划分整体安全需求，实现自动化威胁识别、阻断、预警、溯源、处理。

4. 构建智能网联汽车安全标准体系成为必要的需求

目前迫切需要建立完整有效的智能网联汽车信息安全标准体系，以应对未来大规模爆发的黑客攻击。现阶段较为可行的是在整车厂内部构建信息安全标准体系，应对未来车联网业务发展的需求。通过体系化的管理，持续地改进智能网联汽车的信息安全防护等级。

二、智能网联汽车安全分类

汽车安全指的是汽车在设计、生产、测试、停放、使用、维修、管理等过程中与安全相关的性能处于可知可控的状态（一种相对具体的安全状态），而汽车安全性则多指汽车在保障乘员安全、车内财物安全、汽车系统安全等方面应该具备的能力。简单地说，汽车安全性是指预防事故发生、减轻事故伤害、避免财物损失、避免系统风险的能力。多年来，人类通过综合运用与汽车相关的安全法规、安全技术、安全管理手段等多种有效措施，不断发展和完善汽车结构设计，不断丰富汽车功能，开发出性能更先进的安全设施，从而提高汽车的安全性能。目前，汽车安全的意义已不再限于保护车内乘员的生命财产安全，而是扩展到保护车外的行人、车辆、交通设施、运营平台等多元化、深层次的安全。

汽车安全技术是随着道路条件的改善、车辆行驶速度的提高、汽车保有量的增加、汽车技术的不断发展而逐步受到重视的。在汽车发展初期，由于道路条件差、车辆行驶速度低、车辆保有量少，汽车安全技术受到的关注较少。随着汽车的广泛使用以及安全事件的不断增多，自 20 世纪 50 年代开始，各汽车企业全面重视汽车安全问题，开始了对汽车安全问题的系统研究，传统的汽车安全按防范伤害着眼点不同可分为汽车主动安全、汽车被动安全、汽车功能安全，而智能网联汽车安全是从传统汽车安全的基础上发展而来的，进一步延伸出了汽车信息安全、车联网安全、自动驾驶安全。

本书把智能网联汽车安全分为三大类，即传统汽车安全、网联汽车安全和智能汽车安全，下面会一一介绍。

（一）传统汽车安全

传统汽车安全主要包括：汽车被动安全、汽车主动安全和汽车功能安全。

1. 汽车被动安全是指汽车在发生事故以后对车内乘员的保护，它包括最大限度地减轻事故后果的所有结构和设计措施。如今这一概念已经延伸到车内外所有的人甚至物体。汽车内部被动安全主要指减轻车内乘员受伤和货物受损，而汽车外部被动安全主要指减轻事故所涉及的其他人员伤害和车辆的损害。由于国际汽车界对于被动安全已经有着非常详细的测试细节的规定，所以在某种程度上，被动安全是可以量化的。

2.汽车主动安全就是尽量自如地操纵控制汽车，无论是直线上的制动与加速还是左右转弯都应该尽量平稳，不至于偏离既定的行进路线，而且不影响驾驶者的视野与舒适性。这样的汽车，当然就有着比较高的避免事故能力，尤其在突发情况下能尽量保证汽车安全。汽车主动安全主要取决于汽车的尺寸和设备质量参数、制动性、行驶稳定性、可操纵性以及驾驶员工作位置的状况（座椅舒适性、噪声、温度、湿度、通风和操作轻便性等）。

3.汽车功能安全是指系统不存在由于电子电器功能故障而导致的不合理的风险。当安全系统满足以下条件时就认为是功能安全的：任一随机故障、系统故障或共因失效都不会引起安全系统的故障，从而避免人员的伤亡、环境的破坏、设备财产的损失，也就是装置或控制系统的安全功能无论是在正常情况下，还是在有故障存在的情况下，都应该保证正确实施。

（二）网联汽车安全

目前全球约有 10 亿辆汽车投入使用，许多汽车品牌已经把带联网功能的系统嵌入旗下车型，如凯迪拉克的 OnStar 系统、宝马的车载 i-drive 系统，可以通过特定的平台，如控制中心、智能手机 App，对车辆进行远程控制，实现特定的功能。随着移动互联网技术向汽车领域的不断渗透，汽车看上去更像是奔跑在路上的联网终端，未来的汽车互联还将扩展到车辆与车辆之间、车辆与基础设施之间。然而，汽车网联化也带来了越来越多的安全风险，黑客针对网联汽车的攻击事件也呈现愈演愈烈的态势。

那么联网汽车面临哪些安全风险、存在哪些安全问题呢？联网汽车安全分成四部分：汽车总线安全、汽车无线通信系统安全、车联网安全和 V2X 通信安全。

1.汽车总线安全

首先在智能网联汽车内部，电子部件的数量越来越多，车内 ECU 就有几十个甚至上百个，这么多的电子单元都要进行信息交互，传统的点对点通信已经不能满足需求，因此必须采用先进的总线技术，车用总线是车载网络中底层的车用设备或车用仪表互联的通信网络。本书主要讨论汽车 CAN 总线的安全。

车内网络系统通过搭建整车网络，连接车内的每一个 ECU 模块，实现模块间通信。按照美国汽车工程师协会提出的关于汽车网络的划分，车内网络可以划分为 A、B、C、D 四类。A 类：低速网络，通信速率低于 10 kbit/s，主要应用于电动门窗、座椅调节、灯光照明等汽车系统；B 类：中速网络，通信速率为 10~125 kbit/s，主要应用于电子车辆信息中心、故障诊断、仪表显示等系统；C 类：中高速网络，通信速率为 125 kbit/s~1 Mbit/s，主要应用于实时控制系统，譬如悬架、发动机、ABS 等系统；D 类：高速网络，通信速率在 1 Mbit/s 以上，用于车内的音视频、网络大数据的传输。在当前的车内网络中，LIN 网络属于 A 类，CAN、TTCAN 网络属于横跨 B 类和 C 类的网络，这两类之间的界限已经越来越模糊了，而 FlexRay、TTP、MOST 则属于 D 类网络。

CAN 总线网络是由以研发和生产汽车电子产品著称的德国 BOSCH 公司开发的，并最终成为国际标准（ISO11898），是国际上应用最广泛的汽车总线之一。CAN 总线协议目前已经成为汽车计算机控制系统和嵌入式工业控制局域网的标准总线，同时也是车载 ECU 之间通信的主要总线。当前市场上的汽车至少拥有一个 CAN 网络，作为嵌入式系统之间互联的主干网进行车内信息的交互和共享。

CAN 总线的短帧数据结构、非破坏性总线仲裁技术、灵活的通信方式等特点能够满足汽车实时性和可靠性的要求，但同时也带来了一系列安全隐患，如广播消息易被监听，基于优先级的仲裁机制易遭受攻击，无源地址域和无认证域无法区分消息来源等问题。特别是在汽车网联化大力发展的背景下，车内网络攻击更是成为汽车信息安全问题发生的源头，CAN 总线网络安全分析逐渐成为行业安全专家的关注点。如在 2013 年 9 月召开的 DEFCON 黑客大会上，黑客演示了从 OBB-II 接口入侵汽车 CAN 总线，进而控制福特翼虎、丰田普锐斯两款车型，实现方向盘转向、刹车制动、油门加速、仪表盘显示等动作。

2. 汽车无线通信系统安全

由于联网汽车需要依赖蜂窝网、WiFi、蓝牙、NFC、Zigbee、卫星通信等无线通信技术，也需要依赖射频钥匙模块、胎压监测模块、GPS 导航模块等一系列无线通信模块，一旦某个通信协议出现漏洞或某个无线通信模块存在安全风险，就会对联网汽车造成严重威胁。表 8-1 列举了无线通信面临的主要安全风险。

表 8-1　无线通信面临的主要安全风险

蜂窝网	WiFi	蓝牙	ZigBee	射频通信	卫星通信
伪基站攻击	钓鱼攻击	协议栈漏洞	数据包捕获	干扰攻击	加密算法破解
中间人攻击	信号监听	信号嗅探	恶意重放	欺骗攻击	GPS 欺骗

续表

蜂窝网	WiFi	蓝牙	ZigBee	射频通信	卫星通信
重定向攻击	数据包捕获	PIN 码破解	密钥嗅探	SDR 攻击	导航攻击
重放攻击	暴力破解	跳频干扰	信号篡改	高能量脉冲	定位欺骗
流量监听	WiFi 干扰	匹配对抗	诱导攻击	信号压制	信号屏蔽
数据篡改	网络嗅探	加密信号破解	拒绝服务	覆盖攻击	信号定制攻击
…	…	…	…	…	…

3. 车联网安全

汽车网联化涉及车内通信、广域通信和车际通信。车内通信主要是上面提到的总线网络以及 WiFi、RFID、蓝牙、红外、NFC 等无线通信方式；广域通信包括 2G/3G/4G/5G、卫星通信等方式，也包括互联网、虚拟通信网、行业专网等通信网络；车际通信目前主要包括 LTE-V2X 以及 IEEE802.11P 等方式。汽车网联化使用的计算系统和联网系统沿袭了既有的计算机和互联网框架，也继承了这些系统的天然缺陷。车载信息系统与外界互联互通，信息传输和数据交互频率更加频繁，已影响到用户的隐私安全。

另外，汽车网联化云服务平台是车联网的管理平台，负责智能网联汽车以及相关设备的汇聚、计算、监控管理，提供智能网联汽车远程控制、智能交通管控、远程诊断、道路救援等应用服务。因为运行有大量数据后台管理，这里面临着数据量大、实时服务要求高、数据质量不稳定和软件演化导致的一系列安全挑战。

4.V2X 通信安全

V2X 技术需要通过及时可靠的车与车（V2V）、车与基础设施（V2I）、车与人（V2P）、车与网（V2N）等通信将车辆的状态信息（特别是车辆的位置、速度、行驶方向信息）通知给周围的车辆，通过协作的方式来感知碰撞风险，所涉及的关键技术包括能够支持车辆在高速移动的环境下实时可靠通信的无线通信技术、车辆状态特别是车辆位置的感知技术、海量车辆状态数据处理分析技术。与传统的无线自组织网络和无线传感器网络相比，V2X 的一些独有特性给安全机制的设计带来了诸多困难，不仅使这些领域的成熟安全理论和技术难以直接移植应用，也使得 V2X 安全架构和相关安全技术的研究充满挑战。图 8-1 所示为 V2X 的主要应用场景。

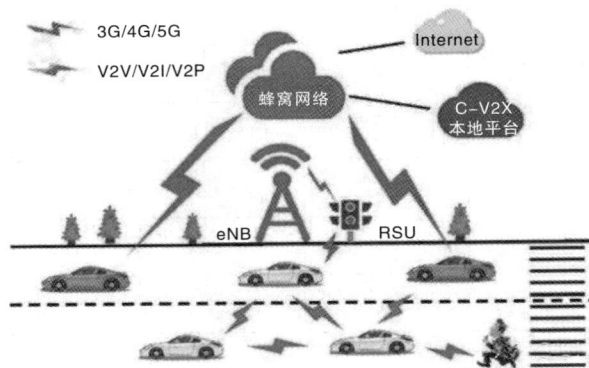

图 8-1　V2X 的主要应用场景

三、智能汽车安全

关于智能汽车安全，主要讨论自动驾驶汽车及相关系统的安全。

智能汽车有雷达、摄像头等先进传感器、控制器、执行器，通过车载环境感知系统和信息终端实现车、路、人等的信息交换，使车辆具备环境感知能力，能够自动分析车辆行驶的安全及危险状态，并使车辆按照人的意愿到达目的地，最终实现代替人进行操作运行的目的。智能汽车的初级阶段是具有先进驾驶辅助系统的汽车，终极目标是实现完全自动驾驶。智能汽车与网络相连便成为智能网联汽车。

汽车智能化的终极形就是实现完全自动驾驶。自动驾驶汽车依靠人工智能、视觉计算、雷达、监控装置和全球定位系统协同合作，让汽车可以在没有任何人操作的情况下，自主安全地控制机动车辆。自动驾驶，包括现阶段的半自动驾驶，实现的过程都是通过安装在车辆上的各类传感器对车辆周围的环境进行感知，数据传到分析处理单元，控制单元根据分析处理单元发送的结果进行判断，进而向车辆的执行器发出命令，做出转向、加速、刹车等不同的命令。自动驾驶系统借助的是人工智能，使得在无须人控制方向盘和刹车的情况下车辆能自动行驶。

不管哪个等级的自动驾驶都会包含环境感知、规划决策和执行控制三个方面。

对环境的感知和判断是自动驾驶汽车正常运行的前提和基础，环境感知系统获取周围环境和车辆信息的实时性、稳定性、真实性，直接关系到后续的检测或识别的准确性和执行有效性。环境感知方式主要有视觉感知、超声波雷达感知、毫米波雷达感知和激光雷达感知，以及准确定位和实时导航等。视觉感知和雷达感知是自动驾驶感知的最主要的方式，这些感知设备都存在被攻击的风险，黑客可以利用红外线照射的方式，让车载高清摄像头"失明"。对于超声波雷达、毫米波雷达，黑客可以利用干扰设备，让二者"失聪"。此外，对于复杂的外部环境，如果黑客伪造障碍物或者路侧单元，也会对自动驾驶汽车感知系统造成有效干扰，导致汽车的路径规划产生严重偏移，进而造成后果严重的交通事故或安全事件。

规划决策方面，自动驾驶汽车在技术尚未成熟之前，既有来自云端的决策，也有来自汽车内部单元的决策，还有车内驾驶者或者实际操控者的决策。对于来自云端的决策，一旦云端被黑客攻破或者控制，或决策信息及命令在传输过程中被黑客"劫持"，那么汽车就会成为"砧板上的鱼肉"；对于车内各嵌入式单元的决策，如果使用的算法不够合理或科学，极有可能被黑客利用。决策算法面临的最大挑战，就是如何达到自动驾驶所需要的极高安全性和可靠性。作为智能决策的控制器是智能汽车的核心，这种情况下，汽车在黑客眼中，和手机、电脑没多少差别，也就是说，只要能攻破中央处理单元，就能拿到整车的控制权。

第二节　主动安全技术

一、汽车主动安全概述

汽车主动安全性主要包括制动性能、操纵稳定性能、动力性能、轮胎性能、照明灯和信号灯的性能以及汽车前后视野性能等，这些性能综合起来，形成了汽车主动安全评价体系。汽车的制动性能是使行驶的车辆减速或停车，以及在长下坡时维持一定车速和在坡道及平路驻车的能力；汽车的操纵稳定性能是指驾驶员以最少的修正来维持汽车按给定的路线行驶，以及按驾驶员的愿望转动方向盘以改变汽车行驶方向的性能；汽车的动力性能主要包括爬坡能力、加速能力及最大车速三个方面，一般选用加速时间作为评价汽车动力性能的主要参数。汽车轮胎与安全行驶性能与负荷、气压、高速性能、侧偏性能、水滑效应、耐磨性等有关。

针对汽车主动安全的综合评价体系，汽车产业在相应的主动安全环节加大了投资力度，开展关键技术的研究及试验，现已成熟的相关技术有 ABS、ASR、ESP、EBD、LDWS、ACC 等。

二、汽车主动安全关键技术

（一）ABS 概述

ABS（Antilock Braking System，车轮防抱死制动系统）是一种具有防滑、防锁死等优点的汽车安全控制系统。

ABS 的工作原理为：汽车制动时，根据 ABS 电控单元的控制指令，自动调节制动轮缸的制动压力的大小，使车轮不抱死，并处于理想滑移率的状态。其具体工作分为四个过程。

1. 常规制动过程：当驾驶员踩下制动踏板时，制动主缸产生的油压通过管路，进入制动轮缸，从而使车轮制动器产生制动力。

2. 保压制动过程：随着制动压力升高，当车轮转速下降到一定程度、车轮开始出现部分滑移现象时，ABS 电控单元向制动压力调节装置发出指令，关闭制动主缸与制动轮缸的通道，使制动轮缸的油压保持不变，即处于一个稳定的油压状态。

3. 降压制动过程：当制动油压保持不变而车轮转速继续下降，车轮滑移率超过 20% 时，ABS 电控单元将向制动压力调节装置输出控制信号，打开制动轮缸与储能器的通道，制动轮缸内的高压油流入储能器，制动油压下降，车轮转速由下降逐渐变为上升。

4. 增压制动过程：当车轮转速上升，滑移率下降到低于 10% 时，ABS 电控单元向制动压力调节装置发出指令，使制动主缸和制动轮缸油路接通，高压油进入制动轮缸，制动油压增加，车轮转速又开始下降。

如此交替进行控制，使车轮的滑移率始终被控制在 10%~20% 的范围内，从而使汽车的制动性能达到最佳状态。

（二）ASR 概述

ASR（Acceleration Slip Regulation，驱动防滑系统）是继 ABS 后采用的一套防滑控制系统，是 ABS 功能的进一步发展和重要补充。ASR 可独立设立，但大多数与 ABS 组合在一起，常用 ABS/ASR 表示，统称为防滑控制系统。

随着驱动轮转矩的不断增大，汽车的驱动力随之增大，当驱动力超过地面附着力时，驱动轮开始滑转。当车轮与地面之间的附着系数非常小时，尽管驱动轮不停地转动，但汽车仍原地不动，即驱动轮滑转。ASR 在车轮滑转时，将滑转率控制在最佳滑转率（10%~30%）范围内，从而获得较大的附着系数，使路面能够提供较大的附着力，车轮的驱动力能够得到充分利用。ASR 在汽车驱动加速时发挥效用，以获得尽可能高的加速度，使驱动轮的驱动力不超过轮胎与路面间的附着力，以防止车轮滑转，从而改善汽车的操纵稳定性能及加速性能，提高汽车的行驶平顺性。与 ABS 不同的是，ASR 在整个汽车行驶过程中均起作用。

ASR 主要由传感器、电控单元和执行器等组成。

传感器主要包括加速踏板开度传感器、制动踏板压力传感器、轮速传感器、节气门位置传感器、防滑差速器压力传感器等。执行器主要包括发动机副节气门开度调节器、制动压力控制器和防滑差速器压力控制器等。

当电控单元接收到来自传感器的信号后，判断驱动轮是否打滑（如加速时驱动轮打滑），如果驱动轮空转或打滑严重，则电控单元向执行器发送控制信号，改变发动机副节气门开度、制动器或防滑差速器压力，以降低驱动轮滑移率，然后传感器采集轮速信号、副节气门开度信号、防滑差速器压力信号等重新发送给控制单元，进入下一轮判断。

ASR 的电控单元具有运算功能，根据前后轮速传感器传递的信号及发动机和自动变速器的电子控制单元中节气门开度信号来判断汽车的行驶条件，经过分析判断，对副节气门执行器、ASR 制动执行器发出指令，执行器完成对发动机供油系统或点火时刻的控制，或对制动压力进行调整。

主、副节气门开度传感器用于检测节气门的开启角度，并将这些信号传送给发动机和自动变速器。ASR 系统的执行器主要是制动压力调节器和副节气门开度调节装置等，它与 ABS 共用轮速传感器、液压驱动元件等，并扩展了电控单元的功能，增设了 ASR 制动执行器、节气门执行器、ASR 工作指示灯及 ASR 诊断系统等。

一般情况下，对于单轴驱动汽车，启动后，当车轮速度高于 10 km/h 时，ASR 系统便开始监测驱动轮的驱动特性，各轮速传感器将采集到的信号传给电控单元，经电控单元处理后，得到各驱动轮的速度和加速度值。当车速小于门限速度（一般取为 40~50 km/h）时，再进一步识别驱动轮的滑转率，如果发现某一驱动轮发生过度滑转，ECU 就指令 ASR 制动系统制动滑转轮，并根据滑转轮的滑转情况改变制动力，直至滑转率达到要求。

如果另一驱动轮也发生滑转，当其滑转率刚好超过门限值后，电控单元便指令节气门执行器减小节气门开度，降低发动机输出转矩；若车速大于门限值，驱动轮发生滑转，则电控单元便指令节气门执行器减小节气门开度，从而使汽车驱动轮始终处于最佳的滑转范围内。如果 ASR 系统的某个部件发生故障，则 ASR

诊断系统将通过仪表板上的 ASR 故障指示灯指示，提醒驾驶员注意。

（三）ESP 概述

ESP（Electronic Stability Program，电子稳定程序系统）是对旨在提升车辆的操控表现的同时，有效地防止汽车达到其动态极限时失控的系统或程序的通称。

ESP 主要由传感器、ECU 和执行器等部分组成，在实时监控汽车运行状态的前提下，对发动机及制动系统进行干预和调控。在汽车行驶过程中，方向盘转角传感器感知驾驶员转弯的方向和角度，轮速传感器感知车轮的速度，制动压力传感器感知制动装置的制动压力，横摆角速度传感器则感知汽车绕垂直轴线的运动，横向加速度传感器感知汽车发生横向移动时的横向加速度。ECU 得到这些信息之后，通过计算后判断汽车正常安全行驶和驾驶者操纵汽车意图的差距，然后发出指令，调整发动机的转速和车轮上的制动力，从而修正汽车的过度转向或转向不足，以避免汽车打滑、转向过度、转向不足和抱死，从而保证汽车的行驶安全。

汽车与路面之间力的作用全靠轮胎，轮胎通过纵向、横向滑转来传递地面施加的纵向力及侧向力。轮胎力和其他外力决定了汽车的运动，也由此决定了其稳定性。ESP 通过对每个车轮滑移率的精确控制，使各个车轮的纵向分力和侧向分力迅速改变，从而在所有工况下均能获得期望的操纵稳定性。

ESP 通过车载传感器不断地检测车辆当前行驶状态和驾驶员的意图，然后对车辆进行必要的干预，使车辆按照驾驶员意图在正确的轨道上行驶。ECU 发出信号给 ESP 控制模块，ESP 控制模块采用通断液压管路的方式对各个车轮进行制动，从而保证行车安全。

（四）EBD 概述

EBD（Electronic Brake-force Distribution，电子制动力分配系统）完善并提高了 ABS 的功能，它在 ABS 开始动作之前就已经平衡了每一车轮的制动力。ABS 可以在汽车制动过程中自动控制和调节车轮制动力，防止车轮抱死，保持最大的车轮附着系数，从而得到最佳制动效果，即最短的制动距离、最小的侧向滑移量和最好的制动转向性能。EBD 可以在制动时控制制动力在各轮间的分配，更好地利用后桥的附着系数，不仅提高了汽车制动的稳定性和汽车制动时的操纵性能，而且使后轮获得更好的制动效能。

EBD 必须在 ABS 的基础上工作。从硬件而言，它并没有增加新的元器件，而是通过软件升级和改变应用程序来实现制动力的合理分配，这样也就降低了成本。EBD 在汽车制动时根据各轮速传感器的信号来运算滑移率（定义为车辆实际车速与车轮线速度之差和车辆实际车速之比），通过控制后轮制动压力，使后轮滑移始终保持小于或等于前轮滑移率，取代机械式分配阀对后轮的控制，实现接近于理想制动力分配曲线的制动效果。

（五）LDWS 概述

LDWS（Lane Departure Warning System，车道偏离预警系统）主要由 HUD 抬头显示器、摄像头、控制器以及传感器组成。当车道偏离系统开启时，摄像头（一般安置在车身侧面或后视镜位置）会时刻采集行驶车道的标志线，通过图像处理获得汽车在当前车道中的位置参数，当检测到汽车偏离车道时，传感器会及时收集车辆数据和驾驶员的操作状态，之后由控制器发出警报信号，整个过程大约在 0.5 s 内完成，为驾驶者提供更多的反应时间。如果驾驶者打开转向灯，进行正常变线行驶，那么 LDWS 不会做出任何提示。

LDWS 的工作过程：当车辆越过路标（白色行车道表示）、没有启动转向指示灯时，前保险杠后的红外传感器检测到这个动作，并且触发 ECU，根据偏离车道的方向，通过司机座椅的左侧或者右侧的震动，来对司机进行警示。

LDWS 分为纵向 LDWS 和横向 LDWS。纵向 LDWS 主要用于预防由于车速太快或方向失控引起的车道偏离碰撞，横向 LDWS 主要用于预防由于驾驶员注意力不集中以及驾驶员放弃转向操作而引起的车道偏离碰撞。

当车辆偏离行驶车道时，LDWS 可通过警报音、方向盘震动或自动改变转向提醒驾驶员。LDWS 已经商业化使用的产品都是基于视觉的系统，根据摄像头安装位置的不同，可以将之分为：侧视系统——摄像头安装在车辆侧面，斜指向车道；前视系统——摄像头安装在车辆前部，斜指向前方的车道。

无论是侧视系统还是前视系统，都由道路和车辆状态感知、车道偏离评价算法和信号显示界面三个基本模块组成。系统首先通过状态感知模块感知道路几何特征和车辆的动态参数，然后由车道偏离评价算法对车道偏离的可能性进行评价，必要的时候通过信号显示界面向驾驶员报警。

（六）ACC 概述

ACC（Adaptive Cruise Control，自适应巡航控制系统）是定速巡航控制系统的提升和扩展，它除了定速巡航功能外，还具有获取前方道路信息，并基于与前车的间距和相对速度等信息，控制汽车的节气门开度和制动力矩，调节其纵向速度，使其相对前车以合适的安全间距行驶的功能。当与前车之间的距离过小时，ACC 控制单元可以通过与制动防抱死系统、发动机控制系统协调动作，使车轮适当制动，并使发动机的输出功率下降，以使车辆与前方车辆始终保持安全距离。

1. ACC 的架构

ACC 的架构包括信号采集、信号控制、执行控制和人机交互界面等几部分。信息采集单元主要采集本车状态信息与行车环境等信息，如前车与本车间距和相对速度等；信号控制单元根据车载传感器采集到的行驶信息，确定本车的控制方案，并调节油门控制单元或刹车制动执行单元；执行控制单元根据信号控制单元发出的指令动作，主要包括使油门踏板动作、使刹车踏板动作等；人机交互界面供驾驶员对 ACC 进行功能选择和参数设定。

2. ACC 的功能概述

ACC 在特定工况下实现了汽车的纵向自动驾驶，减轻了驾驶员的操作负担。起初 ACC 只能在车速大于一定的情况下才能启用，随着技术的不断进步，ACC 逐渐得到完善，可以具有起停跟随功能，工作范围扩展到全车速，可以应对城市中多信号灯、拥堵等路况。本书将传统型需要车速达到一定条件才能启用的 ACC 称为典型 ACC，将拥有在全速范围内发挥功能的 ACC 称为全速 ACC。

（1）ACC 的具体作用

通过车距传感器的反馈信号，ACC 控制单元可以根据靠近车辆物体的移动速度判断道路情况，并控制车辆的行驶状态，通过反馈式加速踏板感知驾驶者施加在踏板上的力，ACC 控制单元可以决定是否执行巡航控制，以减轻驾驶者的疲劳感。

典型的 ACC 一般在车速大于 25 km/h 时才会起作用，而当车速降低到 25 km/h 以下时，就需要驾驶者进行人工控制。通过系统软件的升级，全速 ACC 可以实现"停车/起步"功能，以应对在城市中行驶时频繁的停车和起步情况。

（2）ACC 在典型路况的应用

当前方没有车辆时，ACC 会以一定的速度巡航（巡航的车速在设定的车速限值范围内），当雷达监测范围内出现车辆时，如果车速过高，此时汽车会减速，并以一定的车速跟随前车行驶，保持安全距离；若前车又切出本车道，则本车会自动加速至设定车速。前方车道无车，此时车速约为 80 km/h。前方车道出现车辆，车速下降，此时车速约为 70 km/h。

（七）APS 概述

APS（Automatic Parking System，自动泊车系统）由最初的泊车辅助系统演化而来。APS 借助雷达或倒车影像等声效或影像技术，辅助驾驶员安全、准确地停车入位，能够实现车辆在纵向和横向上的同时控制。

APS 主要由传感器、ECU、执行器以及人机交互单元等组成。传感器系统包括环境数据采集系统和车身运动状态感知系统。环境数据采集系统一般具有两种检测方式，即图像采集检测（如摄像头）和距离探测（如超声波），用以采集在泊车过程中的周边环境信息以及停车位空间参数。车身运动状态感知系统通过轮速传感器、加速度传感器、陀螺仪等，获取车辆实时行驶状态信息。ECU 接收各传感器系统传递来的电信号，计算并分析当前目标停车位信息，判断是否具备停车的空间条件，进行最优泊车路径的规划，将泊车过程中所需的转向力矩、转角信号等以电信号形式向执行器发出控制指令。执行器主要是指转向执行机构，它具体执行 ECU 的控制指令，实施转向操作，完成泊车时行车方向的控制。

当 APS 的 ECU 借助安装在车身周围的摄像头、雷达等装置检测到合适车位时，通过人机交互单元以语音或屏幕显示等方式将目标停车位信息提示给驾驶员，并由驾驶员予以确认。驾驶员若认可目标车位信息并确认后，由 ECU 规划最佳泊车路径并向执行器发出控制指令，执行器具体实施转向动作，同时车身运动状态感知系统将汽车行驶状态向 ECU 实时反馈，便于 ECU 适时调整泊车策略，实现闭环控制。

APS 涉及的关键技术如下：

1. 泊车车位检测技术：通过超声波雷达或者摄像头等装置来检测目标泊车车位，判断目标车位类型，分析车位空间大小，确定车位起点和终点。在车位识别的技术方面，停车泊位一般分为两种类型：一种是空间车位，如两车之间的停车区域；另一种是线车位，即地面划有停车标线的区域。前者多采用超声波进行车位探测，后者常利用摄像头获取车位信息。用于超声波检测的传感器（雷达），其主要功能是对前后障碍物的感知和车位的识别，一般在汽车前部和后部各配置4只雷达。其中，用于前后障碍物感知的雷达，探测距离可小于 2 m，但要求有一个较大的波束角。用于车位识别的雷达，要求探测距离大于 5 m，要有一个小的波束角。基于摄像头的线车位检测，是通过摄像装置拍摄目标停车位及周边环境影像，利用图像处理的算法有效地识别出车位的标线区域。

2. 泊车路径规划技术：运用转向几何学和运动学原理，利用汽车在泊车过程中围绕转向中心做圆周运动的特点。通过车位检测信息获取停车位空间的几何形状，以及当前车辆位置与目标停车位的相对位置数据，分析低速时汽车动力学模型和避免碰撞的条件，采取两个最小半圆法和圆弧切直线等控制算法，预先规划出泊车的几何路径。

3. 泊车运动控制技术：也称为路径跟踪控制。ACC 根据停车位信息和车辆初始位置选择合适的泊车路径，并实时跟踪车辆实际运行路径。如果车辆运动中偏离目标路径，则进行车辆跟踪，路径的调整控制策略设计，使车辆重新回到目标路径上或重新规划新路径。对于泊车运动控制方面，基于对行车安全以及路径跟踪的效果，车速要求一般控制在 5~12 km/h。

第三节　智能汽车自主循迹控制技术

一、概述

智能车辆是集环境感知、规划决策、多等级辅助驾驶等功能于一体的综合系统，集中运用了计算机、现代传感、信息融合、通信、人工智能及自动控制等技术，是典型的高新技术综合体。目前对智能车辆的研究主要致力于提高汽车的安全性、舒适性，以及提供优良的人车交互界面。

智能汽车与自动驾驶有所不同，它指的是利用多种传感器和智能公路技术实现的汽车智能网联。智能汽车首先有一套导航信息资料库，存有全国高速公路、普通公路、城市道路以及各种服务设施（餐饮、旅馆、加油站、景点、停车场）的信息资料。其次是 GPS 定位系统，利用这个系统精确定位车辆位置，与道路资料库中的数据相比较，确定以后的行驶方向；道路状况信息系统，由交通管理中心提供实时的前方道路状况信息，如堵车、事故等，必要时及时改变行驶路线；车辆防碰系统，包括探测雷达、信息处理系统和驾驶控制系统，用于控制与其他车辆的距离，在探测到障碍物时及时减速或制动，并把信息传给指挥中心和其他车辆；紧急报警系统，当汽车检测到存在安全隐患时通过声音、图像及触觉等多种方式提醒驾驶人，遭遇事故时自动报告指挥中心进行救援；无线通信系统，用于汽车与指挥中心之间的联络；智能网联系统，用于控制汽车的点火、改变速度和转向等。

智能汽车研究包含众多任务，如何利用环境感知信息实现智能汽车的自主循迹控制是其中一项重要的内容。汽车本身是非线性的，其行驶的道路环境复杂多变，使得智能汽车自主循迹控制成为一个非线性、复杂、时变的控制问题，此时需要引入智能控制理念，采用仿人智能控制决策，使控制系统达到期望的目标。

近年来随着控制理论的发展，越来越多的智能控制技术被应用于智能汽车自主循迹控制中。然而智能控制方法往往需要庞大的计算量并且依赖于高精度的电子元件设备，这在实际应用中势必会增加控制的成本并造成控制系统的滞后。为了弥补这些缺点，必须综合运用现代控制方法和智能控制方法来实现智能汽车自主循迹控制。

二、智能汽车自主循迹控制

智能汽车自主循迹横向控制通过调整汽车的转向盘转角使汽车与期望轨迹之间的横向循迹误差最小，同时使汽车运动方向与期望轨迹切线方向之间的角度误差最小，在保证控制精度的前提下兼顾汽车的平顺性和舒适性。

（一）智能汽车自主循迹控制系统的主要任务

智能汽车自主循迹控制系统的主要任务包括任务规划、行为决策以及底层汽车操作。在实际应用中，汽车的自主循迹控制分为横向控制和纵向控制。横向控制主要是通过控制转向盘转角使汽车沿期望的既定路线行驶，同时满足一定的舒适性和平顺性要求。纵向控制是行车方向上的控制，主要是通过控制汽车的加速和制动使汽车按期望的车速行驶，同时实现与前、后平距离的保持及紧急避障等功能。

（二）智能汽车自主循迹控制系统汽车模型的分类

智能汽车自主循迹控制中所选择的汽车模型可以分为汽车转向几何学模型、汽车运动学模型和汽车动力学模型。汽车转向几何学模型是智能汽车自主循迹控制中使用最早也是最广泛的汽车模型，它用一个简单的公式表示智能汽车前轮转角与期望道路轨迹之间的几何关系。汽车转向几何学模型在控制时又分为非预瞄和基于预瞄两种方式。由于汽车转向几何学模型易于理解，控制方法简单，在智能汽车循迹横向控制方面有着广泛应用。汽车运动学模型反映的是汽车在全局坐标系中的位移与汽车的车速：横摆角和前轮转角之间的关系。汽车运动学模型可以很好地解决智能汽车编队跟随控制问题，但由于模型复杂，计算量大，工程应用中可能存在错误，而且运算过程中需要计算道路曲率的一、二阶导数，这无形中要求道路必须连续且平顺，在独立的智能汽车自主循迹控制中应用较少。汽车动力学模型以牛顿力学定律为基本原理，反映汽车的受力与汽车各运动学变量之间的关系。该种模型易于理解，在应用时算法稍显复杂，其控制精度要高于汽车转向几何学模型和汽车运动学模型。但由于普遍使用的线性二自由度汽车模型在建模时进行了一定的线性化假设，模型在非线性区的控制精度较低。

（三）智能汽车自主循迹的控制内容

智能汽车自主循迹控制按照其控制内容可以分成横向控制、纵向控制以及纵横向耦合控制。横向控制分为补偿跟踪控制和预瞄跟踪控制。补偿跟踪控制的输入是当前时刻汽车行驶的状态信息和道路信息之间的偏差，控制器根据输入的偏差进行补偿校正，计算出相应的转向盘转角。预瞄跟踪控制则是模拟驾驶人驾驶汽车时的预瞄原理，根据未来某一时刻汽车的期望位置和预计位置之间的差值进行控制。纵向控制常用于现代汽车的自适应巡航控制中，其目的是使智能汽车在循迹时保持期望的既定车速，同时保持与前、后车的距离处于安全标准之内。

（四）自主循迹控制存在的问题

传统的自主循迹控制方法往往依赖于被控对象的精确数学模型，由于智能汽车系统的复杂性、非线性、时变性和不确定性，一般无法获得精确的数学模型，而且在研究时提出的一些比较苛刻的线性化假设与实际应用往往不相符，使传统的自主循迹控制方法在汽车非线性区循迹时经常会失效。

神经网络可以通过其自学习能力对汽车动力学模型进行非线性补偿，改善其在非线性区的控制效果。但神经网络补偿方法需要大量的线上计算并依赖于高精度的 ECU，仅靠神经网络补偿实现智能汽车的自主循迹控制势必会增加控制的成本并产生一些潜在的误差。

智能汽车自主循迹控制中使用了多种不同的汽车模型，这些不同的汽车模型各有特点，适用范围也不同，在同一行驶工况下的控制精度也有差异，目前尚缺少关于智能汽车自主循迹控制不同汽车模型的统一比较。

目前智能汽车自主循迹纵向控制方法大多是将期望车速视作道路曲率和汽车侧向加速度的函数，这些方法计算出的期望车速信号变化比较灵敏，车速的选择也没有实际驾驶人的操作那么灵活，如何模拟驾驶人的思维智能地选择车速是一个难题。

第四节 被动安全技术

一、汽车被动安全概述

汽车被动安全性是指当交通事故不可避免地要发生时，汽车本身保护成员和行人、减轻人员伤害和财物损失的能力。

汽车被动安全技术是指在交通事故发生、车辆已经失控的状况之下，对乘坐人员进行被动保护的技术，希望通过固定装置，让车内的乘员固定在安全的位置，并利用结构上的导引与溃缩（Collapse），尽量吸收撞击的力量，确保车室内乘员的安全。

二、汽车被动安全主要技术

由于汽车被动安全技术在交通事故发生后，可以极大程度地减轻乘员的人身伤害，故各大汽车厂商在设计、制造汽车时，对汽车被动安全技术越来越重视。汽车被动安全技术主要有：汽车安全带、汽车安全气囊、汽车安全玻璃等。

（一）汽车安全带

1.汽车安全带概述

当汽车高速运行时，乘客与车辆一起移动；当汽车撞到障碍物时，障碍物的阻力会使汽车突然停下，但是乘员的惯性运行速度仍保持不变，乘员将以汽车碰撞前的运行速度撞向方向盘或者撞击挡风玻璃，甚至飞出挡风玻璃。

安全带的作用就是将乘员束缚在（固定在车身上的）座椅上，使乘员停止惯性运动，从而避免二次撞击伤害。良好的安全带设计，将安全带对身体的作用力扩散到身体比较强壮的部位上，以尽可能减少伤害。安全带能够拉伸和收回，当安全带未拉紧时，身体可以轻松地前倾。但在车辆撞击、人体急速前倾时，安全带会突然收紧并将人体固定好。

安全带将制动力施加到人体能够较长时间承受压力的部分。典型的安全带由一个围在骨盆处的安全腰带和一个跨过胸部的肩带组成。这两段安全带紧紧固定在汽车框架上，以便将乘客束缚在座椅上。安全带所用的材料比较柔软，动作时可以略微拉伸，使停止过程不会过于突然。

2.汽车安全带分类

（1）按固定方式分类

按固定方式不同，安全带可分为两点式、三点式、四点式等几种。

1）两点式安全带。是与车体或座椅仅有两个固定点的安全带。这种安全带又可分为腰带（或膝带）式和肩带式两种。腰带式是应用最广的形式，它不能保护人体上身的安全，但能有效地防止乘客被抛出车外。肩带式也称斜挂式，盛行于欧洲，但美国、日本、澳大利亚等国基本不采用。

两点式安全带的软带从腰的两侧挂到腹部，形似腰带，在碰撞事故中可以防止乘员身体前移或从车内被甩出，优点是使用方便，容易解脱；缺点是乘员上身容易前倾，前座乘员头部会撞到仪表板或挡风玻璃上。这种安全带主要用在汽车后排座位上。

2）三点式安全带。在两点式安全带的基础上增加了肩带，在靠近头部的车体上有一个固定点，可同时防止乘员躯体前移和上半身前倾，增强了乘员的安全性，是目前使用最普遍的一种安全带。

3）四点式安全带。在两点式安全带上连接了两根肩带，一般用于赛车上。

（2）按智能化程度分类

按智能化程度不同，安全带分为被动式安全带与自动式安全带。被动式安全带需要乘员的操作才能起作用，即需要乘员自己挂接，目前大部分汽车所装配的都是被动式安全带。自动式安全带是一种自动约束驾驶员或乘客的安全带，即在汽车启动时，不需驾驶员或乘客操作就能自动提供保护，而且乘客上下车时也不需要做任何操作。自动式安全带有全自动式安全带和半自动式安全带两种。

1）被动式安全带。目前，汽车上普遍使用的被动式安全带主要由织带、卷收器和固定件（附件）等部件组成。织带是构成安全带的主体，多用尼龙、聚酯、维尼纶等合成纤维丝纺织成宽约 50 mm、厚约 1.5 mm 的带子，具有足够的强度、延伸性能和吸收能量的性能。对于织带的技术性能指标各国都有明确的规定，要符合规定才能使用。

卷收器的作用是储存织带和锁止织带拉出，它是安全带中最复杂的机械件。初期的卷收器里面是一个棘轮机构，织带从卷收器中连续拉出的动作一旦停止，棘轮机构就会做锁紧动作，使安全带不会自动放松。20 世纪 70 年代中期出现了当车辆遇到紧急状态时可将织带自动锁紧，而在正常情况下乘员可以在座椅上自由活动的卷收器，这也是目前使用最多的一种安全带卷收器。

固定件指与车体或座椅构件相接的耳片、插件和螺栓等。它们的安装位置和牢固性直接影响到安全带的保护效果和乘员的舒适感，因此，各国对于固定件的安装位置和安装标准也有明确的规定。

2）自动式安全带。由于被动式安全带需要乘员自己动手挂接与解脱，使用不够方便，所以人们往往不愿使用，从而导致安全带的使用率不高。自 20 世纪 70 年代以来，美国的通用、福特，德国的大众、奔驰以及日本的丰田等汽车公司相继开发出自动式安全带。采用了自动式安全带的汽车，只要乘员上车关上车门，安全带就能自动挂接在乘员身上，不需要乘员做任何动作。

自动式安全带主要由膝带、腰带、肩带、电动机以及紧急锁紧卷收器等组成。肩带由电动机驱动，与车门开关联动，大大改善了上、下车的方便性。打开车门时，可把肩带抽出；关上车门时，肩带上部的固定件就返回到中立柱的规定位置上，乘员也就被自动挂上肩带。自动式安全带本身是由织带、带扣、长度调节件、滑移导向件、安装附件及卷收器等组成的。有的自动式安全带还采用微机控制，当控制系统确认乘员安全带的使用正确无误时，发动机才能被启动，否则汽车无法启动。

（二）汽车安全气囊

1. 汽车安全气囊概述

安全气囊系统也称为辅助乘员保护系统。它是一种当汽车遭到冲撞而急剧减速时能很快膨胀的缓冲囊，通过它与座椅安全带配合使用，可以为乘员提供十分有效的防撞保护。当汽车发生碰撞时，在乘员和汽车内部结构之间迅速打开一个充满气体的袋子（安全气囊），使乘员撞在气袋上，避免或减缓硬碰撞，从而达到保护乘员的作用。

2. 汽车安全气囊分类

（1）按系统的控制类型分类

按控制类型不同，安全气囊可分为电子式和机械式两种。无论是电子式还是机械式，工作原理大体相同，不同的是控制系统的工作方式不一样。

电子式安全气囊由电子传感器、中央电子控制器、气体发生器和气囊等组成。传感器接到碰撞信号后，将信号传至中央电子控制器，信号经过判断、确认，当需要时，立即向引爆装置发出引爆指令，使气囊迅速充气。电子式安全气囊已经在现代汽车上被广泛使用。

机械式安全气囊由机械式传感器、气体发生器和气囊组成。气囊装于方向盘衬垫内，气体发生器在气囊之下，传感器在气体发生器的下面。这种气囊系统通过机械式传感器监测碰撞惯性力大小，并以机械方式触发气囊，进行充气。机械式安全气囊在现代汽车上已经很少使用。

（2）按系统的功用分类

安全气囊系统可分为正面气囊系统、侧面气囊系统。正面气囊系统以汽车前方碰撞保护为前提设计，也称作前方电子控制式安全气囊系统。侧面气囊系统是为了解决侧面碰撞问题而设计的。侧面安全气囊一般安装在车门上。

（3）按安全气囊数量分类

按气囊数量不同，汽车安全气囊系统可分为单安全气囊系统、双安全气囊系统和多安全气囊系统。

单安全气囊系统只有一个安全气囊，安装在驾驶员侧的转向盘中。

双安全气囊系统有两个安全气囊，一个安装在驾驶员侧，一个安装在前座乘员侧。由于前座乘员在汽车发生碰撞时面临的危险比驾驶员的要大，所以前座乘员侧的安全气囊的尺寸通常比较大，并与驾驶员侧的安全气囊同时起作用。一些车型将前座乘员侧安全气囊作为选装配置。

多安全气囊系统是指在车上安装了3个或3个以上的安全气囊。例如，瑞典沃尔沃850、通用的别克、大众帕萨特等车型都安装有多个气囊。

3.汽车安全气囊结构与工作原理

汽车安全气囊系统基本都由传感器、ECU、触发器、气体发生器和气囊组件等组成。

传感器用于检测、判断汽车发生碰撞时的撞击信号，以便及时点爆安全气囊。传感器按其功能可分为碰撞信号传感器和碰撞防护传感器两种，两者的结构原理基本相同，其区别在于设定的减速度阈值有所不同。一般碰撞传感器既可用作碰撞信号传感器，也可用作碰撞防护传感器，但是必须设定其减速度阈值。碰撞传感器负责检测碰撞的激烈程度；设置防护传感器的目的是防止前传感器意外短路而造成错误膨开，因为在不设置碰撞防护传感器的情况下，当监测前碰撞传感器时，如果不将其信号输出端短路，使点火器电路接通，那么气囊就会引爆充气膨开。碰撞传感器按其结构可分为偏心锤式碰撞传感器、滚球式碰撞传感器、滚轴式碰撞传感器、水银开关式碰撞传感器、有压阻效应式碰撞传感器和压电效应式碰撞传感器。

气体发生器又称充气器，当点火器引爆点火剂时，其产生气体并向气囊充气，使气囊膨开。气体发生器用专用螺栓螺母固定在气囊支架上，装配时只能用专用工具进行装配。气体发生器由上盖、下盖、充气剂和金属滤网组成。上盖上有若干个充气孔，充气孔有长方孔和圆孔两种。下盖上有安装孔，以便将气体发生器安装到气囊支架上。上盖与下盖用冷压工艺装成一体，壳体内装充气剂、滤网和点火器。金属滤网安放在气体发生器的内表面，用以过滤充气剂和点火剂燃烧后的渣粒。

目前，大多数气体发生器都是利用热反应产生氮气而充入气囊的。在点火器引爆点火剂的瞬间，点火剂会产生大量热量，叠氮化钠受热立即分解释放氮气，并从充气孔充入气囊。

气囊组件由充气元件和气囊组成，均安装在方向盘内或工具箱上端，不可分解。充气元件由电爆管、点火药粉及气体发生剂组成。充气元件的功用是给气囊充气。气囊由尼龙布制成，内表面敷有树脂。

当汽车发生正面碰撞事故、安全气囊控制系统检测到冲击力超过设定值时，控制单元立即接通充气元件中的电爆管电路，点燃电爆管内的点火介质，火焰引燃药粉和气体发生剂，产生大量气体，在 0.03 s 的时间内给气囊充气，使气囊急剧膨胀，冲破方向盘上装饰盖板鼓向驾驶员和乘员，使驾驶员和乘员的头部和胸部压在充满气体的气囊上，缓冲对驾驶员和乘员的冲击，随后再将气囊中的气体放出。

安全气囊可将撞击力均匀地分布，防止脆弱的乘客肉体与车身产生直接碰撞，大大减少受伤的可能性。在遭受正面撞击时，安全气囊的确能有效保护乘客，即使未系上安全带，防撞安全气囊仍足以有效减轻伤害。据统计，配备安全气囊的车发生正面碰撞时，可降低乘客受伤的程度高达 64%，甚至在其中有 80% 的乘客未系上安全带，至于来自侧方及后座的碰撞，则仍有赖于安全带的功能。

此外，气囊爆发时的音量大约只有 130 分贝，在人体可忍受的范围；气囊中 78% 的气体是氮气，十分安定且不含毒性，对人体无害；爆出时带出的粉末是维持气囊在折叠状态下不粘在一起的润滑粉末，对人体亦无害。

安全气囊同样有危险的一面，据计算，若汽车以 60 km/h 的速度行驶，突然的撞击会令车辆在 0.2 s 之内停下，而气囊则会以大约 300 km/h 的速度弹出，而由此所产生的撞击力约有 180 kg，这对于头部、颈部等人体较脆弱的部位就很难承受。因此，如果安全气囊弹出的角度、力度稍有差错，就有可能酿成一场悲剧。

（三）汽车安全玻璃

1. 汽车安全玻璃概述

汽车安全玻璃是汽车被动安全设施之一。汽车安全玻璃必须满足以下安全因素：良好的视线、足够的强度、意外事故发生时能对乘员起到保护作用。汽车玻璃的发展将会越来越信息化、科技化、智能化。

2. 汽车安全玻璃的发展趋势

随着汽车工业的发展，汽车上的玻璃面积在逐步增加。目前，不少玻璃生产厂家致力于研究、开发应用新一代玻璃，有的已取得很多成果，智能化的汽车玻璃也正在开发应用。

（1）防光、防雨玻璃。这种玻璃采用新的材料、技术及表面的处理方法，使玻璃表面既光滑又清晰，从而达到防雨、防光的效果。下雨时，落到玻璃上的雨水可很快流走且不留水珠，无须通过雨刮器强制刮水。由于内表面反射性低，仪表盘及其他装饰物不会反射到挡风玻璃上，这样既不浪费电，也不干扰驾驶员视线。

（2）电热融雪玻璃。下雪时，汽车雨刮器下的雪堆在前挡风玻璃下方，雨刮器的工作会受到影响。目前，一些汽车在挡风玻璃下方安装有电热丝等发热体，从而使积雪迅速融化。

（3）影像显示玻璃。在挡风玻璃的某一部分涂上透明反射膜，在片膜上可根据需要显示从投影仪转过来的仪表盘上的图像和数据。这种玻璃的应用范围可扩展到导航系统，驾驶员能在行车时平视观看图像，不需在车辆高速行驶时低头观看仪表，因而具有较高的安全性。这种玻璃如与某一种红外线影像显示系统配合，能使驾驶员在雾天看清远方 2 km 左右的物体。

（4）防碎裂的安全玻璃。为提高玻璃的耐撞性及防止玻璃碎片将乘员划伤，在车窗玻璃内侧表面粘贴塑料片的安全玻璃已进入实用阶段。为防止汽车侧窗玻璃破碎，一种与前挡风玻璃同样结实的防碎、防撞、防噪声、隔热及防紫外线辐射的新型安全玻璃已用于奥迪、宝马等品牌的汽车上。

（5）具有调光功能的玻璃。大部分用户的最迫切需求是具有调光功能的玻璃，这种玻璃可根据车外光线的变化来调节车窗玻璃颜色的深浅，调节驾驶员的眼睛对光的适应性，从而避免戴变色眼镜驾车，增强行车安全性。

（6）光电遮阳顶棚玻璃。这种顶棚玻璃在轿车行驶、停车时，能自动吸收、积聚、利用太阳能来启动车内风扇，以保持车内空气新鲜，还可用来对轿车蓄电池进行连续充电。

（四）汽车安全转向盘和转向柱

在汽车发生正碰撞时，碰撞能量使汽车前部发生塑性变形。布置在汽车前部的转向柱及转向盘在碰撞力的作用下会向后，即驾驶人胸部方向运动。这种运动的能量应该通过转向柱以机械方式予以吸收，防止或减少其直接作用于驾驶人而造成人身伤害。另外，汽车发生正碰撞时，驾驶人受惯性的影响有冲向转向盘的运动。驾驶人本身的运动能量一部分由约束装置加以吸收，另一部分则传给转向盘和转向柱系统。这部分能量要通过转向盘和转向柱予以吸收，以防止超出人体承受能力的碰撞力伤害驾驶人。

在撞车时，骨架可以发生变形以吸收能量，从而减轻对驾驶人伤害的转向盘，称为吸能式转向盘。防止或减少碰撞能量对驾驶人造成伤害的转向柱，称为吸能式转向柱。

吸能式转向柱和转向轴，大体上可分为以下两类：

1. 可分离式安全转向操纵机构。该机构的转向轴分为上、下两段，当汽车发生碰撞时，上、下两段互相分离或互相移动，从而避免在第一次冲击时转向盘随车身后移对驾驶人造成伤害。

2. 缓冲吸能式转向操纵机构。这种操纵机构从结构上能使转向轴和转向柱在受到冲击后，轴向收缩并吸收冲击能量，从而有效缓和转向盘对驾驶人的冲击。

缓冲吸能式转向操纵机构又包括以下 3 种常见形式。

（1）网格状转向管柱。转向管柱的部分管壁制成网格状，当撞车而受到压缩时很容易轴向变形，从而吸收能量。

（2）波纹管变形吸能装置。其转向管柱和转向轴均能分为上、下两段，在转向轴上套有波纹管。当发生撞车时，上、下转向轴和转向柱错开缩短，压缩波纹管吸收冲击能量。

（3）钢球滚压变形吸能装置。其转向轴和转向柱也能分为上、下两段。上、下两段转向轴用安全销相连，上、下转向管柱中间压入带有塑料隔套的钢球。当发生撞车时，安全销被破坏，上、下转向轴轴向收缩，上、下转向管柱也开始轴向收缩，其内的钢球边转动边在上、下转向管柱的壁上挤压出沟槽，使之变形并消耗冲击能量。

（五）汽车座椅系统安全性

汽车座椅系统安全性研究始于 20 世纪 50 年代。以往的研究主要集中在汽车尾部碰撞的乘员保护以及头枕和座椅靠背后部的冲击能量吸收等方面，逐渐形成了两种主流设计概念——柔性设计和刚性设计。按照上述方法设计的各种结构形式的座椅在安全性试验中虽然取得了较为令人满意的结果，但是由于碰撞模型试验的条件具有局限性，某些条件如乘员坐姿、加速度作用方向、约束系统的佩带及使用状态和各种约束系统的相互影响等，事故发生情况千变万化，是在实验室中不可能全面模拟的。

近年来我国在轿车被动安全性的法规、试验和研究方面取得了一定的进展。相对于轿车，客车的乘员更多，因此人们对客车乘员的保护和碰撞安全性的研究更为集中。

第五节　智能网联汽车信息安全

随着汽车智能网联技术的发展，汽车内电子信息化水平不断提高，随之而来的汽车信息安全问题也变得日益突出。在车联网"云—管—端"的三个环节上，其实都暴露了若干可以被恶意攻击的端口，隐藏了信息安全的风险。

汽车的信息安全问题，在小的层面上会威胁人身安全和泄露用户隐私，在大的层面上会影响社会的稳定。可以说，一个没有信息安全保障的智能网联系统在未来是很难生存和发展的。

一、智能网联汽车信息安全防护技术体系

将智能网联汽车的通信数据流抽象化，可以得到从车外云服务器到车内电子控制器的 6 层架构。构建整个智能网联汽车信息安全防护体系，需要在每一个层级部署相应的信息安全防护技术，以保障和提升整个系统的信息安全特性。

在进行信息安全防护技术的部署时，一方面需要识别出系统中的安全短板，并给出针对性的防护方案；另一方面，需要考虑部署的代价和对整车电子电器架构的影响，避免引起系统的过度设计，导致系统的臃肿。

二、利用硬件安全芯片打造车端信任根

不同于利用纯软件代码实现加密和解密，利用专用硬件安全芯片来实现信息的加密和解密，具有以下优点：

1. 可以实现硬件加速，更快地完成信息的加密和解密。

2. 可以实现密码的安全存储，密码一旦写入其中，便不能被轻易地读取出来。

3. 很难被篡改，可以用于构建"不可抵赖"的信任链。利用安全芯片的这些特性，可以构建车端的安全"信任根"。

在未来的整车电子电器架构中，网关扮演着车辆信息中枢的作用。对如此关键的零部件，往往更容易被攻击者攻击，对应的信息安全的防护等级需要相应地提高，硬件安全芯片便是一个很好的防护措施。联合电子互联网关产品中，集成有硬件安全芯片，借此打造了车端信任根。它可以实现对车外连接的身份认证，对车内连接的数据加密和产品本身的安全性保证。

三、建立产品信息安全开发流程

安全设计的理念需要贯穿产品的整个生命周期，从前期的产品设计，到产品上线后的运维。对于零部件企业而言，要做好产品的信息安全设计，在设计初期就需要开展相关的工作。联合电子在既有开发流程体系中，融入了信息安全的开发工作包，在产品的基因里就注入"安全"的属性。产品信息安全的开发流程包括以下关键工作活动：需求搜集、安全分析、安全概念设计、安全需求定义、安全架构设计和信息安全测试。这些工作任务会贯穿产品开发的各个阶段，并分配专门的信息安全经理对接各项工作的开展。

四、智能网联汽车网络安全

（一）车联网存在的隐患——黑客攻击

随着汽车互联程度的增加，对汽车互联的安全性的需求也与日俱增。汽车已经成为一台装在轮子上的"超级计算机"。一辆高端汽车所运行的代码数比F-35喷气机或安卓操作系统所运行的代码数还要多。同时，汽车互联的范围也越来越广，与其他汽车互联（V2V）、与手机互联、与基础设施互联（V2I）。随着汽车"上网"，一旦与网络互联的汽车或车队受到网络黑客技术的攻击，后果可能是灾难性的。2014年，我国举办了"国家网络安全宣传周"，在场工程师通过捕捉车辆的钥匙信号，通过计算机模拟，成功地开启了一辆汽车的车门和行李舱。2015年，两名美国工程师做了远程控制汽车的测试。工程师先展示了如何进行外围的入侵，接着展示了对娱乐系统、刮水器的控制，最后，在没有任何物理接触的情况下，通过无线网络，切断自由光变速箱的动力传递。同时，还能通过网络控制汽车的制动系统，在试验中，这两名工程师曾经让车辆强行驶出路面。他们表示，目前可以对路面上所有装配有"Uconnect"的克莱斯勒和吉普车型进行基本的干扰和操控。

（二）黑客入侵车联网的途径

1. 通过窃取车主个人数据和记录入侵

智能网联汽车会记录很多关于驾驶人的信息。这些信息可能来源于手机这样的与车互联的外部设备，个人信息包括通信录、短信、通话记录甚至音乐品味。汽车可以记录变化模式和其他驾驶人的习惯等，这些信息可以对驾驶人进行画像。这些信息可能被保险公司在向驾驶人提供保险服务时作为参考。

2. 通过干扰电子钥匙入侵

攻击者利用电子钥匙入侵技术可以在不硬性闯入的情况下进入汽车。攻击者经常使用这种技术，而且成本很低。这种攻击包括拦截来自无线钥匙的信号来阻止汽车接收锁车信号或者重放该信号来获取权限。该攻击的一种变种是利用 Jammer 干扰器来拦截信号。Jammer 会干扰与车辆通信的电磁波，拦截信号，阻止汽车接收锁车信号，攻击者就可以进入汽车。有一部分 Jammer 的应用范围超过 500 m。另一个攻击是拦截钥匙的发送信号并重放来打开车门。汽车厂商通过应用安全算法来避免对相同信号的简单重放攻击达到预防此类攻击的目的。这样，每个从钥匙发送给汽车的信号都是唯一的，可以避免重放。

3. 通过（CAN）后门入侵

20 世纪末期，汽车开始用 CAN 标准来进行汽车内部微控制器和其他设备部件之间的通信。车内的安全气囊、门锁、音频系统以及发动机等都是通过 CAN 总线通信的。现在的汽车都有 OBD–II 端口，可以通过该端口来诊断车辆存在的问题。攻击者可以通过 OBD 接口拦截 CAN 总线的流量。外部的 OBD 设备可以插入汽车作为外部命令的后门，比如 WiFi 连接，性能统计数据，解锁车门这样的控制服务。

4. 通过垃圾邮件和广告入侵

向智能网联汽车中增加服务同时会增加新的安全风险。以 Tesla 为例，Tesla 允许浏览器访问 Internet，可能会通过这种方式进行基于位置的垃圾邮件推送。比如当你靠近一家快餐店时，会弹出折扣的弹窗。首先，这种行为是用户并非想要的，其次，会让驾驶人分心。而且，垃圾邮件和广告邮件是恶意软件的感染单元。

5. 通过恶意软件入侵

车内含有固件的 ECU 都有可能被黑客攻击。汽车使用影音娱乐系统来控制不同功体的音频和视频。这些系统的复杂性在不断增加。MirorLink、Bluetooth 和内部 WiFi 是改善驾驶体验的其他技术。通过将智能手机与汽车互联，就增加了利用车辆打电话、发短信和播放音乐等功能。恶意软件的目标正是这些设备、手机、浏览器和车内其他嵌入的通信网络都是可以安装恶意软件的感染单元。

6. 通过第三方 APP 入侵

许多汽车都允许第三方与互联服务创建应用。比如，用智能手机上的 APP 去锁和解锁车门。虽然这些 APP 非常方便，但是这些服务很快变成一个攻击单元。攻击手机 APP 比攻击汽车 ECU 要简单得多，因为有很多的可用资源。汽车内的 APP 也是易被攻击的，因为第三方在开发时可能并没有使用最佳安全实践，比如使用明文存储证书等。但是这些 APP 可能会存储个人信息，比如 GPS 数据、汽车型号等。

7. 通过 V2V 通信入侵

V2V 是一种使用无线网络来使路上行驶的汽车可以互相通信的技术。该技术可以增强行驶的安全性，比如当另一辆车离得很近的时候进行减速。除了车和车之间的通信外，还可以与路边的基础设施进行通信，比如路标设备等。这可以改善驾驶体验和安全性。假设该单元被恶意软件入侵了，恶意单元可以创建恶意软件来感染更多的网联汽车。

参考文献

[1] 王温.全球卫星导航系统的现状与进展 [J].电子技术与软件工程,2019,（11）：17-17.

[2] 祁玉婷.浅析北斗导航定位系统在智能交通中的应用 [J].山东工业技术,2019,（15）：152+154.

[3] 李阳,董涛."北斗"卫星导航系统的概述与应用 [J].国防科技,2018,39（3）：74-80.

[4] 张志勇.关于惯性导航技术分析 [J].电子测试,2019,（12）：132-133.

[5] 谭祖锋.惯性导航技术的新进展及其发展趋势 [J].电子技术与软件工程,2019,（5）：76-76.

[6] 周勇,刘尚魁.构建基于 Appollo 的高精度地图解决方案 [J].电子技术与软件工程,2018,（21）：139-139.

[7] 石雨峰.自动驾驶临近高精地图上演"抢滩战"[J].商学院,2018,（9）：68-70.

[8] 王涛,陈艳丽,贾双成.简述高精地图的特点 [J].软件,2018,39（9）：183-187.

[9] 杨玉荣,李峰.基于激光点云扫描的高精导航地图关键技术研究 [J].现代计算机（专业版）,2018,（9）：23-26.

[10] 贺文.高精地图：自动驾驶商业化的"水电煤"[J].IT 经理世界,2017,（14）：36-37.

[11] 郭蓬,吴学易,戎辉.基于代价函数的无人驾驶汽车局部路径规划算法 [J].中国公路学报,2019,32（6）：79-85.

[12] 张翔,李智.智能网联汽车技术的发展现状及趋势 [J].汽车与配件,2018,（8）：58-59.

[13] 王建强,王昕.智能网联汽车体系结构与关键技术 [J].长安大学学报：社会

科学版，2017，19（6）：18–25.

[14] 张永丽，陈卫东，孟婷婷 . 北斗导航系统应用前景初探 [J]. 价值工程，
2018，37（36）：203–205.

[15] 李晶 . 探析智能网联汽车技术 [J]. 汽车实用技术，2019，（24）：44–45.

[16] 张志强 . ADAS 的发展历程及趋势 [J]. 内燃机与配件，2019，（1）：80–82.

[17] 陈山枝，胡金玲，时岩 . LTE–V2X 车联网技术、标准与应用 [J]. 电信科学，
2018，34（4）：1–2.

[18] 卓义斌，缪照浜，高月红 . V2X 技术发展历程及应用研究 [J]. 电信工程技术
与标准化，2016，29（2）：20–24.

[19] 刘宗巍，匡旭，赵福全 . V2X 关键技术应用与发展综迷 [J]. 电讯技术，2019，
59（1）：124–124.

[20] 许伦辉，罗强，夏新海 . 车道偏离预警系统中偏离时间的估算方法 [J]. 华南
理工大学学报，2014，42（3）：59–65.

[21] 左培文，孟庆阔，李育贤 . 自动泊车技术发展现状及前景分析 [J]. 上海汽车，
2017，（2）：44–45+56.

[22] 蒋德彪，孙丽娟 . 车辆安全气囊系统分析 [J]. 纳税，2017，（20）：174–174.

[23] 甘海云 . 智能网联汽车的技术架构及测试方法 [J]. 天津职业技术师范大学学
报，2018，28（1）：1–5.

[24] 韩博砚 . 智能网联汽车技术与标准分析研究 [J]. 时代汽车，2020，（23）：
12–13.

[25] 李克强，李家文，常雪阳 . 智能网联汽车云控系统原理及其典型应用 [J]. 汽
车安全与节能学报，2020，11（3）：261–275.

[26] 张吉宇 . 智能网联汽车感知系统电磁兼容分析 [J]. 电子元器件与信息技术，
2021，5（1）：1–3.

[27] 靳聪，郭强，侯学轶 . 智能网联车辆技术及相关测试方法分析 [J]. 汽车文摘，
2019，（10）：51–58.

[28] 李克强，常雪阳，李家文 . 智能网联汽车云控系统及其实现 [J]. 汽车工程，
2020，42（12）：1595–1605.

[29] 李学慧，李玉善 . 智能网联汽车技术在线课程建设探索与实践 [J]. 教育现代

化，2019，（44）：111-113.

[30] 赵福全，匡旭，刘宗巍.面向智能网联汽车的汽车产业升级研究——基于价值链视角 [J].科技进步与对策，2016，33（17）：56-61.

[31] 王中娇.智能网联汽车技术的发展现状及趋势 [J].中国战略新兴产业：理论版，2019（21）：1-1.

[32] 姜澎，赵宁.智能网联汽车政策标准及典型企业技术应用研究 [J].智能网联汽车，2020（3）：88-92.

[33] 姚锡凡，张剑铭，LINYingzi.智慧制造系统的基础理论与技术体系 [J].系统工程理论与实践，2016，36（10）：2699-2711.

[34] 皮大伟.基于 OBE 的智能网联汽车技术课程项目引导式教学设计 [J].高教学刊，2021，7（29）：70-73+79.

[35] 谭征宇，戴宁一，张瑞佛.智能网联汽车人机交互研究现状及展望 [J].计算机集成制造系统，2020，26（10）：2615-2632.

[36] 王丹萍，关志伟，刘云鹏.智能网联汽车自主换道控制策略与仿真 [J].天津职业技术师范大学学报，2021，31（4）：19-24.

[37] 李立，徐志刚，赵祥模.智能网联汽车运动规划方法研究综述 [J].中国公路学报，2019，32（6）：20-33.

[38] 孙凤霞，周勇.信息时代下高职院校智能网联汽车技术专业发展分析 [J].无线互联科技，2021，18（11）：121-122.

[39] 马兴.智能网联汽车技术的发展研究 [J].无线互联科技，2021，18（23）：88-89.

[40] 周超.智能网联汽车技术与标准发展研究 [J].内燃机与配件，2021，（23）：197-198.

[41] 贾亚军.人工智能在智能网联汽车上的应用进展 [J].中国战略新兴产业：理论版，2019（19）：1-1.

[42] 刘颖琦，席锐，周菲.智能网联汽车产业技术创新优化路径研究——基于 DEMATEL 和系统动力学模型的实证分析 [J].软科学，2021，（9）：37-46.

[43] 丁田妹，付丹丹，徐发达.跨学科交叉视角下的智能网联汽车团队建设研究 [J].汽车实用技术，2020，45（23）：235-237.

[44] 郝庆民，蔡立峰. 技工院校智能网联汽车专业课程开发研究——以浙江交通
技师学院为例 [J]. 汽车实用技术，2020，（13）：231-232.

[45] 朱小燕，邹亚强，何寿柏. 浅析智能网联汽车技术 [J]. 汽车实用技术，
2020，（13）：20-22.